卑南族

1

頭戴花飾是卑南族的特殊文化

❷

❸

❷❸❹

卑南族少年會所

卑南族青年大狩獵祭凱旋歸來

卑南族舞蹈

5 **6**

鞦韆盪也是卑南族祭儀的特色

卑南族女巫祭屋

台灣原住民系列51

卑南族
神話與傳說

【布農族】
達西烏拉彎・畢馬 著
（漢名：田哲益）

晨星出版

【推薦序】
龐大深邃的原住民口傳文學

　　一九九五年田哲益君應廣西民族研究所，邀請台灣學者到廣西從事學術交流，並展開壯族與苗族的田野考察，從此我們建立了良好的持續性的學術交往。

　　一九九六年吾亦經國務院對台辦公室批准，到台灣進行學術訪問，考察台灣原住民的歷史文化與風俗習尚。在台期間承蒙哲益君鼎立相助，研究順利，收穫豐碩；深情厚誼，刻骨銘心，終生難忘也。

　　哲益君是吾所認識在民族文化沃野辛勤耕耘的學者之一；哲益君是研究民族文化與民間文學著作頗豐的台灣布農族學者，其已出版成書的著作有二十多部，著作類型非常廣泛，研究領域包括台灣原住民、中國少數民族、中國民俗學、中國科學等。

　　哲益君海郵寄來五千頁的書稿，是其已經撰述完成的巨型著作之一，是一套台灣原住民神話與傳說口傳文學叢書，計分為十冊：《泰雅族神話與傳說》、《賽夏族神話與傳說》、《鄒族神話與傳說》、《布農族神話與傳說》、《排灣族神話與傳說》、《魯凱族神話與傳說》、《卑南族神話與傳說》、《阿美族神話與傳說》、《達悟族神話與傳說》、《邵族神話與傳說》等。

　　知悉哲益君又完成了多部著作，心裡非常欣奮，哲益君要我寫個序文，樂意之至。在大陸雖然也有一些有關台灣原住民民間口傳文學的著作，但是由於並非實地調查，對於台灣原住民文化的認識不夠，因此，閱後總有隔山望水之感。台灣也有一些台灣原住民的民間口傳文學著作，不過都是「總」的撰述，對於各族的民間口傳文學只能予人模糊而不完整的輪廓與概念。

　　無疑的，哲益君撰寫多年的這套台灣原住民神話與傳說口傳文學叢書，是目前大陸與台灣地區，用力最多也最深切的著作，而且是十族分別撰述與詮釋，對於研究台灣原住民文化將是最重要的參考資料。

　　仔細拜讀后，有以下體會，略寫于后，供海內外讀者與學術界、文化界參考：

　　原住民神話與傳說叢書具有龐大的訊息量與資訊，包含巨大的學術容量，給人以多方面的啓迪，方便吾人以後繼續作深入的研究。

　　原住民神話與傳說叢書收集龐大的材料，不管是書籍的、報章的、雜誌的、日據的、現代的、日人的、國人的、作者的皆所收錄，為目前原住民民間口傳文學收錄最多者，是作者數十年來收集積累的成就。

　　原住民神話與傳說叢書的每一則神話傳說故事都是實錄，沒有增添臆測或加油添水，忠於事實的真相與本質，這是民族人類學研究者最基本的學術態度。

　　原住民神話與傳說叢書以族群為主體分別撰述，作者把握該族群的文化特色，加以詮釋與註解，便於族外人理解。

　　原住民神話與傳說叢書的每一則神話傳說故事，作者皆作分析與說明，使故事的意義明朗易解。

　　原住民神話與傳說叢書對於同類型式的神話傳說故事會作比較之研究，使故事內涵更明白易懂。

　　原住民神話與傳說叢書，作者運用了夾敘夾議的手法，適度的提出批評與討論，有時亦會褒貶撻伐故事中的人物，體現了正直學者的學術良知。

　　原住民神話與傳說叢書，作者善於運用該族的文化以解釋該族傳說故事的內容與意義，此種以文化解釋民間口傳文學的功

力，實非長期研究與觀察者所能為之。

　　原住民神話與傳說叢書，作者以該族文化為主體釋意，這樣對於口傳文學的解釋就不致偏離軌道，甚至牛頭不對馬嘴。因此作者對於該族口傳文學的詮釋，無懈可擊。

　　原住民神話與傳說叢書，作者會投入民族情誼，表示讚賞與認同，並且有積極性的建議與觀點。表明了作者身為原住民的一員的鮮明態度，表達了作者崇高的情操和深切的人文關懷。

　　原住民神話與傳說叢書，作者均投入民族感情，又不帶民族偏見與民族溢美。作者雖有原住民布農族身分背景，而最大的忌諱之一便是以民族偏見去研究本民族，而導致只視優長之處而無視於缺點的溢美問題，作者顯然正視此問題，對於其所見之缺點，絕不護短，該指責則貶之，體現了作者作為一個學者的科學、求實的態度。

　　原住民神話與傳說叢書，貫穿了作者濃郁的民族憂患意識，表達了一位原住民學者對民族文化發展前途的殷切期望，對於他深厚的民族責任感，我們深受感動。

　　原住民神話與傳說叢書，作者建立了理論體系，台灣原住民民間口傳文學的理論構架系統從模糊臻於明確化。

　　原住民神話與傳說叢書，分類獨具一格，符合台灣原住民各族的歷史實際，為學術界深化對原住民歷史與文學的認識有所裨益，也為民族人類學界和歷史學界研究中國和世界各民族民間口傳文學提供了頗有典型意義的實例，豐富了中國少數民族研究的資料寶庫。

　　原住民神話與傳說叢書，從各書章節的標題可以看出，結構設置條理基本掌握住了原住民各族群的社會與文化的主要內容，構思是全面與周詳的，對讀者了解台灣原住民歷史發展的脈絡頗具參考價值。

　　原住民神話與傳說叢書，作者謀篇布局周詳，與作者對材料的熟悉程度密切相關，這又得益於作者長期研究與厚實田野調查的積累，體現一個民族學者的特殊關注。

　　原住民神話與傳說叢書，表現了一個客觀的人類學者調查和研究各民族的文化，需要正確對待和慎重處理的態度，顯然作者的論述，符合了這個條件。

　　原住民神話與傳說叢書，作者運用了社會學、語言學、文化人類學、醫學、地質學、考古學、歷史學、地理學、科學等學科旁證，以增加說服力。這些特點在各書中都有生動的體現。作者正是依靠多學科材料的梳理辨析，從線索中解釋口傳文學，得出科學、可靠的學術結論。

　　原住民神話與傳說叢書，作者十分重視這些神話傳說故事中蘊藏的歷史真實與史料價值，透過分析考證某些具體的歷史問題，是民族學者習用的研究方法，作者能夠得心應手，運用自如，加以辯證之。

　　原住民神話與傳說叢書，作者微觀論析具體，顯然做到了駕馭和使用各類原始材料的能力。如果作者沒有很好的文學修養，顯然是不行的。因此閱讀作者的每一部著作，文筆流暢，讀之順暢無礙。

　　原住民神話與傳說叢書，作者既有宏觀的整體把握，又有微觀的細部深入，宏觀與微觀兩者進行辯証統一的研究，構成了這位原住民學者的一個顯著研究特色。

　　原住民神話與傳說叢書，作者發揮其身為原住民布農族的優勢，為民族文化與文學的發展、繁榮做出了重要貢獻。

　　原住民神話與傳說叢書，作者以樸實、流暢的文字為我們描繪了一幅幅生動鮮活的畫卷，一步一步導引我們走入原住民的心靈世界，使我們深切地感受到原住民的生命意識與熱愛生命的氣息。

　　原住民神話與傳說叢書，作者收錄材料豐富，描述細緻、具體，但沒有給人以臃贅之感，實為難得之佳作。作者論述頗中肯綮，實為不刊之論。

　　總而言之，我從哲益君的著作中，獲益匪淺，我們對於哲益君這部台灣原住民神話與傳說叢書著述的評語：這是一部台灣布農族學者寫作的台灣原住民族民間口傳文學，優秀的民族學與文學著作，作者體現了他熱愛民族的抱負；台灣原住民神話與傳說叢書是頗有學術份量與說服力的巨著，在中國民族學學科領域增添了新鮮的材料，作出了可貴的貢獻。我們也看到了台灣少數民族學術隊伍的實力，我們衷心地祝賀哲益君的學術成就。

覃聖敏 序於廣西民族研究所

2003.06.13

【自序】

記錄原住民文學與文化的瑰寶

　　從日治時代至今不知有多少中外人士在不同的時間與空間進入了台灣土著原住民族的生活領域，進行人類學研究調查訪問，搜集原住民族的口述歷史文化史料與文學材料，俾便整理出原住民的發展來源與進化的歷史過程，經過科學分析與研究，從而整理出原住民的發展史、來源、語言、藝術、文學、宗教、信仰、道德、法律、風俗、習慣等，將研究成果公諸於世，原住民神秘的歷史文化於是日臻明朗化，這些成果皆歸功於這群默默辛勤調查研究的前輩學者們。

　　人文社會科學研究，總是在前賢的基礎上前進的，有了前人筆路藍縷的開拓，後人才有平坦寬廣的大道；有了前人種樹，後人才有乘涼的地方；有了前人深入不毛之荒涼境地開拓學術領域，才有後人的開花結果。

　　前賢探索原住民的民間口傳文學，或從宏觀的角度去研究，或從細部的微觀深入，兩者都已經有了相當的成績，從而自民間口傳文學中獲得一個民族的族群發展、社會制度、經濟生活、信仰祭儀、生命禮俗、生活習尚、藝術表現、邏輯思維等等的大致輪廓。

　　後人便踩踏著前人的足跡，就前賢的成績，繼續豐富之，又據新的材料使之更為充實與完整；這一套台灣原住民神話與傳說叢書即是前賢研究成績的完滿呈現，是前賢們的集體成就。

　　台灣原住民自古以來即無書寫文字，因此口耳相傳的神話傳說故事就成了傳遞民族文化、歷史薪火的唯一工具，所以研究原

住民的文化歷史，研究民間口傳文學是最直接的途徑之一。

　　冀望本叢書能夠對於台灣原住民的文學、歷史與文化的研究有所助益，願望原住民繁衍不息，如烈日般熊熊發亮，原住民的智慧永續承傳，原住民的生活快樂健朗。

　　謝謝恩師政治大學中文研究所黃志民博士引領進入中國民俗學的研究領域，謝謝曾經指導過我田野調查的俄羅斯漢學家李福清B.Riftin博士。

　　謝謝文化大學中文研究所金榮華教授以及逢甲大學歷史與文物管理研究所陳哲三教授對於拙著台灣原住民神話與傳說叢書的指導與提出許多寶貴的意見，使本書更具價值；亦謝謝廣西民族研究所研究員覃聖敏教授的飛函推薦，使筆者備感榮幸。

　　台灣原住民神話與傳說叢書，得以成書，感謝內子全妙雲女士不畏風雨與辛勞陪伴著我到部落田野訪查，充擔我的私人司機，使我能夠安心從容的從事民族文化的研究工作，更感謝的是長期關注原住民的晨星出版社陳銘民先生，以及編校筆者台灣原住民神話與傳說叢書的薛尤軍小姐。

　　筆者資材駑鈍，恐多疏漏與未逮之處，祈願拋磚引玉之效，尚祈海內外專家學者與讀者，不吝指導與糾正，祝福您生活美滿。

田哲益 於山水居

2003.06.13

卑南族神話與傳說

目次 CONTENTS

【導讀】
原住民的神話與傳說

田哲益

　　「文化」一詞，可以說是生活的總稱，是一個綜合的整體，為一個民族的根與文治教化。人類社會由野蠻而至文明，其努力所得之成績，表現於各方面者，為科學、藝術、宗教、信仰、道德、法律、風俗、習慣等，以及其他作為社會一分子所獲得的任何能力與習慣，其綜合體，則謂之「文化」。

　　文化可看作是成套的行為系統，而文化的核心則是由一套傳統觀念，尤其是價值系統所構成，由此而形成一個民族的特殊表現。

　　一個民族，「文化」正是其根本命脈；一個民族如果沒有文化，便等同滅族了，相對的，一個民族要興旺，必須讓自己的文化特質，使之發揚光大。

　　原住民的歷史信史時代雖然只有短短的四百年，但是其神話與傳說故事內涵稱得上博大精深、淵遠流長。

　　不過原住民與漢系文化交融以及在西洋文化的衝擊下，原住民文化的內涵，幾乎就要漸漸淡出，如何讓固有優良文化，得以保留和傳承，甚至發揚光大，確實有待吾人努力。

　　台灣原住民是沒有文字的民族，其文學和文化的傳承即是靠口耳相傳的神話與傳說故事。

　　原住民神話傳說故事是台灣文學的一部分，也是原住民文化重要的部分。原住民的民間文學傳述的方式都是口耳相傳，因此很容易散失，在這樣的情況之下，原住民的文學一定要在自己歷史文化的脈絡裡面建構出自己的系統。台灣的文學如果沒有原住民的文學，尤其是神話傳說等作為基礎的話，對台灣文學的發展是一個非常嚴重的遺憾。

　　今日時局，原住民文化的內容多只強調文物的展示而已，而忽略了文物內涵中的風化與教化作用；換言之，在整個文化內涵的表現上，只有實物等部分的呈現，而「風化」與「教化」的影響，卻一點都看不出來；族人的文化氣質並沒有提昇，原住民社會依然充滿了各種迷惑、失落與媚外的現象，令人擔心與憂懼。

　　台灣原住民文化從何源起？其文化特色為何？有趣的是，台灣本島原住民族群並非由單一民族所構成，按語言、風俗、習慣、生理特質與民族性，都有其截然明顯的分界。本套叢書則是以各族群為主體，透過個別化來處理，以避免在理論架構上犯了概念籠統的忌諱。

　　神話是一個民族的夢，台灣原住民的神話傳說非常純真與無邪，是追求理想與企圖突破困境的渴求；原住民的神話與傳說故事是構成其文化的最主要依據，內涵豐富繁多，其有諸多之特色：

　　原住民的神話與傳說故事在許多不同之族群或地方上的觀念是共通的，也有許多神話與傳說故事是相同的。

　　原住民的神話與傳說故事雖然不是長篇巨構，但是情節豐富複雜。

　　原住民的神話與傳說故事不離於道，即「真理」與「因果」，凡事皆顧慮到「天理人情」，闡明因果真理，因此能夠產生移風易俗的「風化」與教化作用。

　　原住民的神話與傳說故事強調群性的勸戒與教化，絕少標榜個人與師心自用，以免陷入自我為主與不顧天理人情、不講因果，甚至違背真理之事實。

　　照現代台灣原住民的生活上面觀察，原住民同胞很開朗、健壯、誠實、擅長歌舞與運動等等，其神話傳說故事亦粗獷、原始、幽默有趣、真心誠摯。

　　原住民神話傳說故事是原住民日常生活實踐行為的準則，傳說中有許多禁忌信仰與宗教儀式故事等，皆是族人的行儀規範；原住民的禁忌信仰蘊藏著經驗智慧的思考，他們就是靠著這些傳說故事避過一次又一次的天災人禍；古代原住民知識未開，因此沒有辦法以進化論和生物學的觀點告誡子孫，因此藉神話傳說故事、禁忌信仰，告誡子孫不要違反自然的規則；這樣的思考，以今天生態學的發展過程來看，是非常進步的一種生態思考。

　　原住民的神話傳說故事蘊藏著很獨特的思維模式，其中蘊含了一種對上天的尊敬；人只是生命網路中的一部分，不是生命界的全部，只有和自然界保持和諧，才能夠找到救贖。

　　原住民神話傳說故事多具勸戒性，這顯然就是希望藉諸一些人為的創作來從事改變部落社會的塑造功夫；當然，成效如何，關鍵就在於人為的力量怎樣去強力實施與實踐。

　　原住民神話傳說故事裡祖先的教訓，是無時無刻存在的，用以強化口傳的權威性與實踐面；族人的行為習俗有了既定的規範，和可循的方針，就不致發生驚世駭俗逆倫之事。

　　原住民神話傳說可以說是原住民各族群整個歷史動力的來源，原住民各族群皆有豐富的族群創世說、來源說及發展說等神話與傳說故事。

　　原住民神話傳說故事是一種集體性的創作力量，並進而成就一個族群做為主體所具有的「個體性」；原住民各族群難免有許多相似或重疊的神話與傳說故事，但是其所存有的意涵卻不盡相同，都有其個別且特殊的意義。

　　原住民神話傳說故事有其個別的、具體的獨特性。三百多年前，西班牙及荷蘭時代使用懷柔、愚惑政策，企圖以宗教教義歸化原住民，明鄭及滿清時代雖略有經營，但成效不彰；日治時代之隔離與奴化政策，也使「順良日本臣民」的「皇民化」陽謀付

諸東流，而原住民文化千百年的傳統獨特性，卻沒有消失或變質，僅是在生活起居上微波盪漾，稍有變異而已，這就是靠著神話傳說故事繼續著其文化的延續。

原住民神話傳說故事具有外塑的力量，潛移默化，讓部落族人一體遵行，並且有因果與神罰的意識。

原住民神話傳說故事具有「人文化成」的人格論，著重個人的修養、努力與成就，例如織布、狩獵、道德修養、英勇禦敵等成績，皆為族人所敬重。

原住民神話傳說故事，男子狩獵於林野間等於是他們生命與自信的泉源，狩獵文化對原住民而言，扮演了生命禮俗及社會組織化的實質過程；透過生態教育認清自己的渺小，而更謙卑仁厚地跟萬物相處，尊重每一物種的生存權，適度地運用而不巧取豪奪。

原住民神話傳說故事，歌謠與舞蹈是原住民族長久以來情感與肢體協調及精神氣度活化的結晶，原住民的歌舞與神話傳說文化的脈絡有著緊密關係，他們唱歌不僅僅是要表現個人的情感，很多的部分其實是集體向天神表達其虔誠的心聲。

原住民神話傳說故事，自古以來即重視男女兩性教育，實施軍事教育、宗教教育、禁忌教育、倫理教育、工藝與技藝教育、生活教育、狩獵漁撈與農耕教育等等；不容否認的，原住民神話傳說故事中的宗教教育與禁忌教育，影響原住民最深刻也最重大。

原住民神話傳說故事，祖靈崇拜（祭祖）涵蓋著原住民的人生觀、價值觀與社會觀和邏輯觀。

原住民神話傳說故事如日常生活所用的服飾、裝飾與器用等等具物質性介體之背後，都有其象徵意涵；可惜原住民豐富的文物，在缺乏認識、鑑賞及運用下，失去文化推廣、教育與利用功

能，殊為遺憾，畢竟人類諸多偉大的藝術與發明，都是啟發自這些智慧文物。

原住民神話傳說故事具有道德與倫理的涵育與實踐，例如：親情的倫理與道德、民族的倫理與道德、父子的倫理與道德、母子的倫理與道德、兄妹的倫理與道德等等。

原住民神話傳說故事具有生命境界的培育，大凡一個人自出生開始即必須透過各種進階人生的生老病死，死後還有「善界」、「祖靈之境」、「鬼界」、「鬼靈之界」等概念。

原住民神話傳說故事對於整體人類具有反省、有批判、有想像、有創意、且有特色的反應。

原住民神話傳說故事對於勤儉善良者予以褒獎，暴戾者予以懲罰，甚至使之消聲匿跡，隔離人寰。

原住民神話傳說故事的本質是具集體性的，所以其內容則必然是跨世代的，即從上一代傳給下一代，而且，可以連續好幾代一直流傳下去。

原住民神話傳說故事可知古代原住民是過著群體生活的社會，服從、互助、協調性極高，是樂天知命的民族。

原住民神話傳說故事具有用集體的力量來成就整體，基本上是運用透過種種具體性的社會制裁來推動，最後付之實踐，使它具形化，展現這樣具形化的現象，最具體而微的就是表現在生活方式上面。

原住民神話傳說故事具有企圖透過神話政治的手段來捍衛土地與經濟利益，推動部落政治體制的基本歷史形式。

某些原住民神話傳說故事具有創造階級屬性的特殊形式，例如排灣族、魯凱族之貴族與平民制度，卻帶動了整個部落的活潑氣息與發展，舉凡雕刻藝術、建築藝術等蓬勃展開。

從原住民神話傳說故事中可以看出，原住民生活中不變的核

心價值觀念是土地、植物、動物和同族群的和諧，原住民的小孩從小時候起就被教育要在土地、植物、動物和同族群族人之間保持和諧。

　　台灣原住民的經濟在歷史發展的過程中，絕對不會離開它的基本生產要素——土地，亦即在台灣這塊土地上種植農作物、畜養牲畜、涵養森林和撒網捕魚；因此原住民各族群都有大量與土地、農耕、作物、狩獵、動物、植物等相關的傳說故事。

　　原住民各族群由於居住的地區與地域不同，就產生不同的文化，這些都很明顯的反映在神話傳說中的慶典、宗教、建築、藝術、物產、語言、風習以及歷史傳統上。

　　從原住民神話傳說故事中可以看出，原住民各族群是互助、分享的社會生活方式，是將有限的自然資源做最有效的分配和分享。

　　從原住民神話傳說故事中可以看出，原住民各族群尊重大自然，學習與大自然、土地共榮共存，這是現今全球對人類反省的共識和人權主張的原則；自然界擁有繁複多樣的生態資源，人類的生命來自大地，原住民對於所賴以安身立命的大自然恆常存有一顆感恩、敬畏的心與孺慕的情懷；原住民神話傳說故事之創作、孕育者，都滿懷著自然生態的思考。

　　從原住民神話傳說故事中可以看出，古代原住民對於大自然的各種災禍例如：洪水、地震、海嘯、颱風、瘟疫等等，有著危機處理的意識和應變的能力。

　　台灣原住民分布的範圍很廣，因為區域性的不同，因此文化的表現也不盡相同，本叢書對於不同的原住民族群，考慮其獨特性與個別性，予以分別詮釋，亦即將原住民十個族群分別立說，以使各族群的文化有一個完整的輪廓形象與整體的觀念思維。

　　自古以來，台灣原住民社會一直持續的變化，不同時期的原

住民社會環境和社會關係不斷的改變；原住民納入複雜社會後，社會形式改變，而其原來社會與文化的基礎已然處於消失和脫離的狀態，由於進入當代社會之後，原住民在社會體系層面受到外在社會的影響，文化的象徵面相便顯得特別重要。本叢書纂述台灣原住民十族神話與傳說故事，即是冀望原住民傳統文化表徵之重現，而原住民獨特的傳統神話、傳說、故事，實為建構原住民文化與生活的依據之一。

明末延平王鄭成功東征，驅逐荷蘭人，重兵屯墾，台灣始正式編入中國閩粵文化的版圖；自清朝閩粵移民入台至日人的強奪，台灣可說歷盡滄桑，而原住民也就在近代由原始生活的狀態下，在短時間裏捲入文明社會的洪流裏；無疑地，生長在此時代的原住民同胞們，生活形態正面臨著另一種空前急遽的變遷。

際此同時，原住民文化必須面對新的挑戰，最主要的是在現代化急流中原住民文化將何去何從？她將以甚麼姿態繼續繁衍下去？這是吾人所最關心的問題，本叢書是將原住民最精華的神話傳說故事文化整理出有系統的一系列套書，對於原住民文化、文學、神話、傳說、故事、生活、宗教、政治、祭儀等等的研究，或可造成影響與貢獻。

在今日社會一般評價原住民所給予低劣的印象，譬如嗜酒、不善儲蓄、自卑、過著沒有前瞻性的生活，這種蓋棺論定的評論，在遽變的原住民社會中，實在令人不敢苟同，將過度時期之特例視為原住民文化千百年來之傳統代表，不但以偏概全，而且論斷之幼稚令人莞爾；過去的原住民在未受到現代大文化的衝擊時，絕不是過著嗜酒、不善儲蓄、自卑的生活，反而是過著自信與積極的生活態度；論者不但沒有給予關心與伸出友誼的關懷，企圖解決原住民當前的困境，尋求原住民的出路與未來，甚至可以說是污衊了原住民的先人。

　　一個國家，不論是由一個或多個種族所組成，一旦成為一個國家，便應存異求同，形成多元一體的文化。

　　台灣原住民文化亦是台灣文化重要的資產，如何整頓、提倡、維護、澆灌，實為當務之急，而不是淪為口號。

　　以關愛國家提倡文化，這才是「智者」的行為，今日，國人多有自卑而崇洋的現象而忽略了自己本身的文化之美，更忽略了少數族群或民族的優美文化。

　　社會的發展乃一整體性的演進，雖然原住民社會的一些舊秩序，將不可避免要面對絕望的、悲劇的、無能為力的、逐漸被消化殆盡的下場，為了防範淪為滅族的命運，揆諸各民族都不免帶有自尊的成份與優越的色彩，尤其原住民族更應拿出自信心，相信自己的歷史文化，堅守優良的傳統，並自信有能力解決所遭遇的任何荊棘與困頓。

　　用心關懷原住民，舉凡文物的維護與保存、民俗的提倡與發揚，具體地在各鄉鎮設立原住民文物館、各縣市設立原住民文化中心或研究開發中心等等，原住民文化的再生與再造開拓才有可能；本叢書本著歷史性的契機與文化深耕的舞台，務使原住民文化重整旗鼓與發揚光大。

　　本叢書在原住民優美文化涵育下建立原住民神話與傳說口傳文學完整體系，冀望原住民文化薪火永續。

　　由於台灣地區的原住民沒有自己的文字、文化背景特殊、生活環境資源貧乏，導致原住民社會逐漸解體，文化瀕臨消失，本叢書的撰述，對於原住民的文化教育，希望產生啟迪的影響作用。

　　過去對於原住民的探討，非常缺乏從原住民的神話與傳說的民間口傳文學觀點去了解原住民的文化，台灣原住民各族嚴格說是一個尚未創作文字的民族，因此其所賴以生存的文化空間即存

於神話與傳說中和由此空間所形成之民族個性與表現：本叢書即是企圖將原住民的深層文化展現出來，除了從外在社會去檢討外，更從原住民內部的文化去著手詮釋，如此原住民社會的親族制度、部落制度、經濟制度、宗教制度、社會制度、傳統風俗、思想邏輯等等，都將提供很好的思考切入點。

原住民文學不僅在內容上可以豐富台灣文學，在語言的譯解運用上，亦能使漢系族群文學的構辭及修辭意涵，得到更多的創造空間。

台灣是多元文化的社會，多元文化所賦予的符號意義是什麼呢？基本上就是「差異」，因此創造多元文化的意義，就是創造具有美感的「差異」。

多元文化之原則是基於尊重各原住民族傳統風俗、信仰與文化差異，使各民族與各族群保有各自獨特的生活方式與文化，並在一個相互依存、尊重、平等及包容的關係上共同互賴生活。

當前台灣原住民面對的真正困境可能還不是發展的問題，而是民族生存的問題，只有落實多元文化價值，原住民本身自立自強，才能建立雙贏互利。

尊重原住民族傳統對文化孕育之土地、場所，應該予以保存，並培養國民尊重、鑑賞不同民族文化之態度與觀念。

尊重原住民的歷史、語言，促進多元民族文化，肯定原住民族維護與發展自己民族的社會、文化、財產、政治、與價值觀的自主權力：只有尊重原住民文化，才能對台灣的文化內涵做出貢獻。

為了原住民的生存與延續，不管在政治、經濟、教育、文化與語言方面的扶持，都應以國家的力量特別予以保護。

確認原住民族是台灣歷史的起點，台灣任何有關的主張與宣示，必須從這個本質與演變的脈絡概念開始，進行台灣歷史詮釋

的認識和基礎，整體政策規劃的權利重組才有真正的族群正義。

　　協助編輯原住民各族的鄉土文化教材，以促進原住民文化保存與傳承，整合資源，促使原住民部落歷史重建、文化藝術及語言復振，有系統發揚原住民族的文化。

　　政府應依原住民族意願與尊重、平等、多元而發揮社會正義精神，絕對保障原住民族教育文化權，充分發展原住民教育，並保有其持色及文化傳統，建立多元發展的教育制度。

　　國民教育應納入多民族文化之差異，相互尊重等概念，在現行教育體制下，儘速增設原住民文化教育機構，以推廣與保存文化機制，有效傳承與發揚原住民優良傳統文化，培育原住民多方面的人才；事實上，原住民族教育政策不僅在於民族文化的「挽救」，更在於促進民族文化的再生。

　　文化的重要性，在於它是各種制度的生命內涵，在於它是一個民族和社會精神之所依托，所以世界上任何一個文化如果不能夠建立自主性，則其亦不能自我向上昇華。

　　台灣由於特殊的歷史環境與歷史的經驗，台灣文化最早的根源是南島語系的原住民文化以及閩粵文化，讓台灣的文化景象非常的多元，充滿生命力、創造力與充滿多元性。

　　台灣的文化如同一道絢爛的彩虹，原住民文化也是其中亮麗的一種色彩，如果少了這樣的色彩，彩虹就不再美麗與燦爛。

　　由於現代文明的引入，使原住民文化在久經壓制與衝擊之後，有逐漸流失和衰頹的趨勢，但是學術界和民間團體的長期關懷和努力，使原住民文化仍能達到相當程度的保存，然而這種保存僅是一種靜態的文物展示和學術研究資料，仍缺乏一種動態性生機和前瞻性的開展，如果原住民教育的目標僅著重於「維護」文化，顯示它仍是一種靜態的、被動的、非生機性的目標，欠缺積極發展的功能；當前原住民族群的當務之急，不僅是如何透過

教育制度來維護、傳遞、擴散文化，更需要透過教育來融合外來文化，創造文化，開展文化的生機，當然守住自己的文化也是要靠自己自我意識的覺醒與努力。

我們期盼生活在台灣的原住民各族群人民，能夠正視自己優良的傳統文化，重構自己的根，大聲的唱著自己的歌，乃至於宗教儀式、藝術活動、傳統手工藝、道德價值觀、宇宙觀等等都能復振起來，以原住民文學藝術與生活樣態，特別是以神話傳說與宗教為素材的音樂、舞蹈、文藝、影藝等創作，也如雨後春筍般的出現。

第一章

卑南族石生與竹生系統口傳文學

壹、卑南族石生與竹生兩大系統

卑南族乃台灣原住民十族之一，集中分布於花東縱谷尾端台東扇狀平原附近，即台東市及卑南鄉一帶。

清康熙六十一年擔任巡台御史的黃叔璥在他的《台海使槎錄》上，稱卑南族為卑蘭覓，其族人的活動範圍大致不超出台東平原，也就是現今台東縣卑南鄉。

卑南族可以分為「南王群」和「知本群」兩大系統，依據卑南族祖先起源的神話傳說，「南王群」和「知本群」兩個系統對於自己的鼻祖出自於哪裡，都各有各的說法。

南王群說他們的祖先出自於「竹子」（竹生說）；知本群則說，他們的始祖源自於「石頭」（石生說）。

按卑南族之「石生說」或「竹生說」，同樣都是位於知本附近的海岸。

卑南族依照其起源傳說分為兩個系統：①

一、卑南社群：為竹生起源傳說的後裔，發祥自巴那巴那樣 panapanayan地方。台東縣卑南鄉：南王村、賓朗村；台東市：寶桑里。

二、知本社群：為石生起源傳說的後裔，發祥自知本附近海岸ruvoahan。台東縣卑南鄉：知本村、建和村、利嘉村、賓朗村、泰安村、初鹿村。

貳、卑南族石生的知本系統傳說故事

發源知本附近海岸的石生起源說（知本系統知本群），咸信祖先是由巨石裂開所生，發源地為ruvoahan，即今台東太麻里鄉美和海岸附近的山坡地上。

「石生」系統以知本為主社。知本群系統包括知本、建和、初鹿、泰安、利嘉、檳榔、阿里擺等。

　　知本村、建和村的卑南族人於民國四十九年在ruvoahan竹林立了一塊發祥地的紀念碑，石碑上頭寫著「台灣山地人發祥地」。

　　並且在石碑的後方建造一個小石板屋用以祭祀渡台的祖先，上頭寫著渡海來台的三位先祖的名字，也爲感念神明保護祖先上岸，又建了一間小屋來敬拜。在每年的清明節，知本、建和的村民會到此祭拜。

　　在卑南族傳統的歌謠中，有一首「米呀咪」的歌曲，就是描寫當時開發此地的心情。②

　　知本社群因爲深受排灣族和漢族的影響，而且分子複雜，所以傳統文化彼此融合的情形很多。

　　至於石生的知本系統如何變成七個部落，卑南族長老陳光榮有非常完整的傳說故事，茲錄如下：③

　　　　爲什麼知本變成七個部落？那是因爲在幾千年以前，知本有一個頭目，他認爲他們從蠻荒漂到這地方，是最先來到的，所以有權力管理這地方，而後到的應該要納貢給部落。

　　　　後來頭目派二十個青年到北方去，向後來的人要東西，一年一次。當時沒有錢，只要肉或年糕。

　　　　二十個青年向別族要肉和年糕拿回來知本。是誰享用呢？是頭目和他的家人。

　　　　那時交通不便，頭目派的二十個青年到檳榔時，已天黑，就在檳榔再過去一點的地方搭茅草屋，等到天亮再將貢品拿去知本。幾年下來都是這樣，他們從來沒有嘗過貢品的滋味，白白的送給頭目。

　　　　有一次二十個青年就商量，這次不要送回給頭目，就在檳榔對面的山上，晚上回去叫自己的家人一同來享用貢品，就不回去了。

　　因爲交通不便，頭目也就算了，後來這二十人在當地形成一個部落。他們在那種芋頭，因爲土壤太肥沃，芋頭葉很像帽子一樣，在卑南語帽子叫kabon。有人問他們住在那裡，他們回答kali　kabon（在那像帽子的地方），從此就以likabon把ka去掉簡化。到日本人來時又把bon去掉才成利嘉。而利嘉就成爲第一個分出去的。

　　本來第一個分出去的是建和，建和的母語叫kasavagan。建和的祖先是一個女孩子，她的弟弟是一個頭目，她和弟弟發生了嚴重的爭吵。因爲這姐姐長得很清秀，對男人十分有吸引力，常常換男人。而這事傳到弟弟的耳朵，弟弟決定給姐姐教訓。姐姐就翻臉了，就帶一群人離開，就順著溪流往上走了。

　　後來姐姐擔心她的後代會和弟弟的後代發生戰爭，便叫人順著溪流到平地弟弟的部落，就和弟弟合併在一起。而卑南語合併叫putipu，而katipu的名就是由putipu合併而來，而姐弟的後代也是不合，於是又分開。姐姐的後代就往裡住，在卑南語就是kasavagan，而知本的名字是由tipu而來，到目前爲只有三個部落。

　　以後知本的人又派二十個青年去要貢品，這一次到太平農家天黑了，又睡茅屋，等天亮再把貢品送回頭目那邊，他們心裡也產生了像利嘉人一樣，年年帶這個，都沒享受過吃過，難道我們不能這麼做？他們就不回去了，就在太平農家的上面搭茅屋，就在那邊晚上他們的孩子，父母親，兄弟太太食用貢品，他們就不回去了。

　　有一天經過了很久，好幾年後，他們認爲這地方經常缺乏野生動物，因爲那時沒有養家畜，要打獵才有肉吃，要打獵要到很遠的地方。「不行啊，我們要靠近山」。

　　他們要搬家的時後分成兩派，一派往現在的初鹿，他們的人數比較多。另一派比較少的到了一個山谷，中間有一條河。而這地形如同在走廊，可以展望到各地方，那種地alisulie。sulie就是走廊，一開始的時這部落叫alisulie，因為他們的部落如同在走廊。

　　後來他們發生火災，所以他們到一個地方，那地方叫damalawon。amalawon的意思是很有勇氣的意思。

　　在三百年前，荷蘭人被鄭成功的兵打敗後，那時有很多漢人來到台東。也有漢人到那個地方，愛上了泰安的姑娘，就在那邊。這樣的地形靠近河川，於是有人說要叫damalawon，不可以叫damalagwo，因為漢人把河川叫溝，就是溝（台語），damalagwo名字的典故是這樣。

　　現在從知本分出去的部落的已有三個，而從泰安分出去的是到bonbon。有人到他們的部落時，看到很多鳥的毛，問他們這是什麼鳥的毛，他們說是beceiu beceiu。以後初鹿叫beceiu beceiu族，後來搬到現在的初鹿。

　　一到那的他們的村莊被山包圍，原住民的話叫velivelibu。velivelibu是包圍，風也不會打到，所以初鹿母語的名字叫velivelibu。但是很多人往北的時候一定會順路去休息，母語叫baliwon。因此初鹿有beceiu beceiu的名字，也有velivelibu的名字，還有一個liba liba。

　　liba liba的意思是突然會攻擊，布農族看到初鹿的人的時候，初鹿的人好像在擦他的鎗，布農的人很親切的問候，看初鹿的人好像沒有什麼惡意，很親切很溫柔，布農的人沒有心裡準備，突然間就「碰」的一聲鎗響。這就叫做liba liba，就是突然會攻擊，人家不在意的

時候，跟你笑的時候就開鎗，所以初鹿也有liba liba的名字，那麼平常就是叫velivelibu，現在知本有泰安、初鹿、利嘉、建和。

現在孫大川的部落benaski，也是從知本來，他並不是被派去要貢品的。那時候在還沒分以前，建和、利嘉、泰安、初鹿還沒分出去以前，知本的人和南王的人打仗，很大的戰爭。

知本的人打敗仗了，打敗仗以後，南王的在野外看到知本的人就捉起來，帶回南王，叫他們工作。知本有一青年他的名字叫bawomin，他想：「南王的人和我們的話差不多，怎麼會虐待我們，我們戰爭輸了，應該要同情我們，現在我們整天提心吊膽，很怕不小心就被捉到南王去。」

然後這個bawumin說：「我要前往南王去求和，不要虐待我們，你們要什麼盡量給，不要嚇唬我們。」知本部落的人說：「不要去，很危險，你到南王人家會殺你。」他說：「沒關係。」拿出勇氣來到南王，那時南王不是現在的南王。是在卑南的北邊，叫zka。南王的部落全部都圍有刺的竹子，只有一條路可以通，那個青年來到南王找頭目。

那時南王還沒頭目。知本很早就有頭目，南王產生頭目的開始是荷蘭人統治台灣的時候，產生了頭目，那時南王的領導人就是司祭長。

那bawumin來南王的時候，差一點被南王的青年殺掉，南王的人說：「為什麼冒犯？不規矩！」這時有一個阿公，這阿公就是司祭長，叫那個青年：「不要殺，先帶來這邊講，我很欣賞他，我要收他義子。」就問

他：「我很欣賞你，要收你爲義子，你答不答應？青年說：「阿公願意收我爲義子的話，好啊！」「可是你雖然答應了，可是你的父母親，知本的頭目都不知道，他們不曉得會不會答應？明天我們一起到知本去給知本的頭目講和，你的父母親，兄弟姐妹問一問答不答應？不要勉強。」

他們就去了，南王的勇士三十個也陪他去。到知本青年聚會所，知本的人一直在發抖，心想：「南王的人來了是不是會出問題？」這個阿公宣布：「昨天你們的孩子違反了我們的規矩，隨便來，差一點被殺掉，可是我欣賞他啦，我很想收他爲義子。我問他了，他答應。可是你們父母親兄弟姐妹，知本的頭目不曉得答不答應，現在我是來請求你們答應。」

他們說：「既然阿公要收他呀！我們也沒話講。」那阿公很高興，說：「既然你們答應的話，那從今天起我們南王和知本就是一家人」。

順其自然，當南王部落叫puyuma的時候，知本大族也叫puyuma。這情況好像我們台灣，日本來的時候我們變成日本人；中華民國來的時候，我們變成中華民國。那時候知本比較大的稱呼叫卑南族。而這個問題就擺平了。

那bawumin在南王非常受到阿公的款待。有一次泰安的人去打獵，發生了火災，燒到山了。因爲人家說這個山是南王的地盤，所以必須和南王說一聲。

泰安的青年來南王和南王報告：「我們去山上打獵燒到山了。」那領導人，也就是那阿公說：「那你們去獵個白色的熊帶來。」可是他們都沒有找到白熊，就回

到南王說：「我們走遍了半個台東都沒有找到白色的熊。」那阿公說：「白色的熊不是真正的熊呀！你們泰安村最漂亮的姑娘送到這邊。」他們就找一個漂亮的姑娘叫licrlr。送到南王，送到南王的時候，阿公就把她和bawumin結為夫妻。

有一天他和阿公說：「阿公我去石壺那邊，檳榔的東邊一點，去打獵的時候看到一個很好的地方，我想搬到那邊去。」

這個阿公說：「好，你願意獨立離開我，好呀！」就在那邊蓋房子，有一天阿公想念他了，南王的阿公想念知本的青年，就去找他。發現他打的獵物幾乎來不及吃完，肺、心臟堆在外面，因為這樣的關係把這地方取名benaluka，luka是腸子。

那麼這些病人為了怕傳染，就從利嘉部落出去。日本人來的時候，把他們規劃在一起住，就是現在的阿里擺。

後來有一天又去了，在茅屋外有一顆樹，它的果實裂開裡面的很多子，掉到屋頂發出the the的聲音，又改名叫pabali。

後來bawumin又搬到靠近斜坡的地方，阿公又想他了，去又發現他的家改到上坡的地方，卑南族上坡叫benaski。benaski名稱的典故是這樣來的，現在有六個族了。

還有一個阿里擺，阿里擺怎麼產生？利嘉在檳榔牧場南邊居住的時候，有一個眼睛的流行病，這病讓人的眼睛一直流水，睫毛掉光，古話叫這種病aliby。

那麼這些病人為了怕傳染，就從利嘉部落出去。日

本人來的時候，把他們規劃在一起住，就是現在的阿里擺。因生病的人不多，所以這部落人不多。阿里擺的名稱的典故就是這樣來的。

依據本則故事，知本系七個部落之產生是由於知本頭目派赴各地取貢的人，最後都不回去知本了，而分別在各地落腳，因此形成了知本系七個部落。

本則傳說故事情節要述如下：

一、知本頭目認為他們是最先從蠻荒之地漂流到這個地方，因此認為有權力管理這個地方，而且其後來到這個地方的人應該要納貢給部落。

二、當時納貢一年一次，頭目派遣青年人到北方去收取納貢，貢品是肉或年糕。給頭目和他的家人享用。

三、有一次，頭目派二十個青年到北方去收取納貢，這一批人就不回去了，這二十人在當地形成一個部落。他們在那種芋頭，因為土壤太肥沃，芋頭葉很像帽子一樣，在卑南語帽子叫kabon。有人問他們住在那裡，他們回答kali kabon（在那像帽子的地方），從此就以likabon把ka去掉簡化。到日本人來時又把bon去掉才成利嘉。而利嘉就成為第一個分出去的。

四、有一位姊姊很清秀，常常換男人，做頭目的弟弟決定給姊姊教訓。姊姊就帶著一群人順著溪流往上離開了。後來姐姐擔心她的後代會和弟弟的後代發生戰爭，便叫人順著溪流到平地弟弟的部落，就和弟弟合併在一起。而卑南語合併叫putipu，而katipu的名就是由putipu合併而來，而知本的名字是由tipu而來。而姐弟的後代也是不合，於是又分開。姐姐的後代就往裡住，在卑南語就是kasavagan。

五、又有一次，知本頭目又派二十個青年去要貢品，就在太平農家的上面搭茅屋，他們就不回去了。好幾年後，他們要搬家的時後分成兩派，一派往現在的初鹿，他們的人數比較多。另一派比較少的到了一個山谷，中間有一條河。而這地形如同在走廊，可以展望到各地方，那種地alisulie。sulie就是走廊，一開始的時這部落叫alisulie，因爲他們的部落如同在走廊。後來他們發生火災，所以他們到一個地方，那地方叫damalawon。amalawon的意思是很有勇氣的意思。

六、從泰安分出去的是到bonbon。有人到他們的部落時，看到很多鳥的毛，問他們這是什麼鳥的毛，他們說是beceiu beceiu。以後初鹿叫beceiu beceiu族，後來搬到現在的初鹿。初鹿也有velivelibu的名字，velivelibu是包圍，風也不會吹到之意；亦有liba liba之名，意即突然間就「碰」的一聲鎗響，有一次布農人見卑南人親切沒有惡意，卻突然遭受攻擊。

七、benaski部落則是以前知本的人和南王的人打仗，知本的人打敗仗了，打敗仗以後，南王的在野外看到知本的人就捉起來，帶回南王，叫他們工作。知本有一勇敢的青年名字叫bawomin，來到南王找司祭長求和，司祭長很欣賞他的勇氣，便收他爲義子，後來司祭長給他娶了泰安村最漂亮的姑娘。之後bawomin輾轉搬到靠近斜坡的地方，卑南族上坡叫benaski。benaski名稱的典故是這樣來的。

八、利嘉在檳榔牧場南邊居住的時候，有一個眼睛的流行病，這病讓人的眼睛一直流水，睫毛掉光，古話叫這種病aliby。

曾建次亦載有石生系統的知本系之部落沿革：④

　　卑南族的傳說中，亦有洪水的故事。但並非只有一次，除了「蘭嶼」島與「綠島」中間板塊被淹沒以外，還有一次發生在來到台灣後，洪水也淹沒了所有人，只剩下一男一女，因此又重新開始。

　　祖先們經過了一段時間後，在發祥地的上方，發現了一塊視野廣又遠的大平原，於是決定遷移到過去所指的「秀山國小」附近。

　　由當時頭目的兒子，在那裡建立了一個非常大的部落，成片的石板屋矗立。從此，發祥地那地方便不再有人煙。

　　然而頭目的女兒，帶領著一部分的族人沿「太麻里」的河流往深山走去，來到了大武山。當他們在此地開墾時，不小心將整座山給燒了。雖然經過了兩三年，地表上仍有熱度，無法耕種。

　　就在無計可施之時，有一位居住在此地相當有名望的排灣族祭師，願意幫助他們解決這個問題，但條件是頭目的女兒必須嫁給他，而她也答應了。

　　於是他從家裡牽來了一隻白豬，在聚集膜拜後，燒了這隻豬。此時天突然下起了大雨，澆熄了地表的熱氣，重振了他們的生活，人口也因此越來越多。

　　所以，頭目的女兒吩咐她的兒女們，一定要回到當初登岸的地方居住。然而，在遷村時，由於人口眾多，實在不方便，於是分開成兩個團體。

　　其中一個團體沿著山澗往北至現今的「初鹿」稱之為mulybelybek，意思是他們來到一個四面環山，像是個被隱藏的地方。

　　而他們之中有些人，遂又沿著大南溪來到了已有卑南族居住的地方，但受到欺負及刁難，因此被迫移至現在的「泰安」。

　　另一個團體，經過大武山沿著「知本」山澗下來，至現今的「建和」村稱之爲kasabakan。意思是因爲「知本」的人不接納他們，因此要他們到內側居住。

本則故事暗示著卑南族人是從海外來到台灣，來到台灣後開始散播遷移最後定居。

本則傳說故事情節要述如下：

一、卑南族的祖先從「蘭嶼」島與「綠島」漂流到了台灣島，又發生一次洪水侵襲，也淹沒了所有人，只剩下一男一女，因此又重新開始。

二、祖先居住在發祥地經過了一段時間後，在發祥地的上方，發現了一塊視野廣又遠的大平原，於是決定遷移到過去所指的「秀山國小」附近。

三、當時頭目的兒子，在那裡建立了一個非常大的部落，成片的石板屋矗立。從此，發祥地那地方便不再有人煙。

四、頭目的女兒，帶領著一部分的族人沿「太麻里」的河流往深山走去，來到了大武山。當他們在此地開墾時，不小心將整座山給燒了。雖然經過了兩三年，地表上仍有熱度，無法耕種。

五、有一位居住在此地相當有名望的排灣族祭師，願意幫助他們解決這個問題，但條件是頭目的女兒必須嫁給他，而她也答應了。於是他從家裡牽來了一隻白豬，在聚集膜拜後，燒了這隻豬。此時天突然下起了大雨，澆熄了地表的熱氣，重振了他們的生活，人口也因此越來越多。

六、頭目的女兒吩咐她的兒女們，一定要回到當初登岸的地
　　方居住。其中一個團體沿著山澗往北至現今的「初鹿」
　　稱之為mulybelybek，意思是他們來到一個四面環山，像
　　是個被隱藏的地方，有些人移至現在的「泰安」。另一個
　　團體，經過大武山沿著「知本」山澗下來，至現今的
　　「建和」村稱之為kasabakan。意思是因為「知本」的人
　　不接納他們，因此要他們到內側居住。

參、卑南族竹生的南王系統傳說故事

竹生的南王系統（南王群或卑南群）發源地為Panapanayan，
同樣是位在知本附近的海岸，竹生起源傳說系統，是以卑南社為
主，認為祖先出自於「竹子」。

「竹生」的南王系統南王群（或稱卑南群）包括南王（現隸屬
台東市）、寶桑（從南王分支出來）、下檳榔等為主，及其由卑南
分出住在台東市博愛里一帶的apapolo。

南王群的卑南社，即今日的南王村，為今卑南傳統文化保存
最多的一個部落。根據南王長老口述，祖先是由竹子所生。

卑南族由於起源傳說的不同與地理位置的差異，卑南八社在
歷史的洪流裡呈現了一些差異。

清康熙年間，以南王為首的卑南族人，平定了朱一貴之亂的
餘黨。因此被清廷冊封為「卑南大王」，並且賜予朝服，鄰近的阿
美族、排灣族都要向其納貢、賦稅，是卑南族的全盛時期，也是
族人至今津津樂道的光榮史蹟。

卑南族長老陳光榮於八十九年八月第三屆全國原住民大專青
年文化會議演講說：⑤

　　　卑南族有兩大組織系統，一大族是知本有七個部
　落，一大族是南王，十個部落的話大致一樣。

　　而puyuma這名字的典故，是南王的六個聚會所集中在一起，祖先稱這樣子叫puyuma。

　　puyuma就是集中的意思，因爲南王的會所是分散的。在卑南博物館那有四個，一個在貓山，一個在卑南國中後面。他們要過年的時候很不好聯絡。老人說：「我們都是一家人，我們的聚會所那麼分散，將來敵人攻打的時候，我們沒有辦法團結，所以必須把六個聚會所集中在一起，把聚會所的門口相對。」後來說我們起一個名字，他們說叫puyuma。

　　卑南族這個名字是從卑南王而來的，在南王有一個人名叫penalie。在乾隆時代，那時大陸皇帝叫penalie這個頭目幫忙，把海盜和犯人逮捕送回大陸，爲什麼大陸皇帝選penalie幫忙？因爲他精通各族語言。爲什麼呢？因爲高雄有漢人來台東做生意，而他跟著漢人，漢人說在西部有種水田，地瓜，生活方式不一樣，他就學習。而penalie和各族合作捉犯人、海盜。因有大功，所以大陸皇帝召見，賜給他官服，並封他卑南王，以後他就叫卑南王。日據時代延用這名字做地名，國民政府來的時改成南王里和卑南鄉，所以叫南王人爲卑南族。

本則傳說故事情節要述如下：

一、卑南族有兩大組織系統，一是知本系統，一是南王系統，兩個系統的語言大致一樣。

二、puyuma是集中之意，古代南王的聚會所是分散的，不但聯絡不方便，而且沒有辦法團結一致，因此必須把六個聚會所集中在一起，把聚會所的門口相對。

三、卑南族這個名字是從卑南王而來的。

四、在南王有一個人名叫penalie，他精通各族語言，與各族

合作捉犯人、海盜。因有大功，所以大陸皇帝召見，賜給他官服，並封他為卑南王。

五、日據時代延用「卑南王」名字做地名，國民政府來的時改成南王里和卑南鄉，所以叫南王人為卑南族。

肆、卑南族知本群與南王群兩大系統的傳統關係

卑南族雖然分成兩大系統，但是知本社與南王社兩大社，傳統上是脫離不了關係的：⑥

約是五百年以前，知本是各部落的盟主，便要求其他地方納貢。但很多部落並無按時繳納，知本的頭目於是派了一群年輕人，到各部落取貢。

因為在利嘉建立了一個驛站，頭目認為那裡是個重要的地點，便下令族人在此耕種。之後，生長出了遍野的芋頭。由於芋頭的葉子貌似帽子，因此將那地方取名為ly kabung，指帽子的意思。

經過一段時間之後，知本仍然掌權，但與他勢均力敵的南王部落不願屈服。因為傳統貴族的身分是世襲的，於是想利用婚姻來奪取大權。

由於知本部落有個祭師的後代，生性非常懶惰，因此被趕出了村莊，卻結識了南王頭目的兒子。他看上了村裡的一位女孩，恰巧是頭目兒子的女友，但為了爭奪權力，便讓賢要求他入贅到南王來。

經過了這件事之後，知本的勢力慢慢減退，南王也趁機不再納貢，知本的頭目忿怒之下，派了一群年輕人到南王取貢，這群年輕人被引到巴拉貫，沒想到受到攻擊，甚至在回程的路上亦遭到陷阱。

在寡不敵眾的情況下，全數落敗，因為這個事件，

知本頭目又派了一隊青年到南王部落，沒想到這隊的隊長，結識南王部落的女孩，也入贅到南王去了。

一段時間後，其它隊友到南王探視他，沒想到受到他的屈辱，於是一氣之下，攜家帶眷移居至屏東，成了現今的「蘇卡羅族」，也就是排灣族的分支。

從本則傳說故事來看知本群與南王群（卑南群）有其一定的臣屬關係，過去南王群也是要納貢知本社頭目的。後來卑南社欲藉婚姻關係建立自己的權利與威望。而且卑南社的武力已在知本社之上，知本社頭目派遣前來卑南社取納貢的人都落敗，因此自此獨立自成一個系統。

從本則故事來看，南王群積極自成一格獨立成一系統是很明顯的，從「由於知本部落有個祭師的後代，生性非常懶惰，因此被趕出了村莊，卻結識了南王頭目的兒子。他看上了村裡的一位女孩，恰巧是頭目兒子的女友，但為了爭奪權力，便讓賢要求他入贅到南王來」可知。

又南王社不再納貢，又攻擊知本社頭目派遣前來取納貢的勇士，展現出強大的武力與抗拒的堅強行動。

其次南王社也得到知本社人之助威，例如知本社頭目派遣青年人前往南王社取貢品，沒想到這隊的隊長，結識了南王部落的女孩，也入贅到了南王社。給予知本社很大的打擊，卻給了南王社莫大的信心。

【註釋】

① 林道生編著《原住民神話故事全集（一）》，台北，漢藝色研文化事業有限公司，2001.5。

② 曾建次〈卑南族歷史與傳說〉，載於行政院原住民委員會《第二屆全國原住民大專青年文化會議紀錄》，1999.8。

③ 陳光榮〈卑南族族語〉，載於《第三屆全國原住民大專青年文化會議紀錄》，2000.8。

④ 同②。

⑤ 同③。

⑥ 同②。

第二章

卑南族創世神話口傳文學

壹、卑南族神造萬物神話傳說

〈天地初創〉，《祖靈的腳步》，曾建次編譯：①

　　根據卑南族知本部落的傳說，人類的起源是由造物主（神）所創造。這可由祭司和巫士（婆）的經句和詩歌得知。

　　至高之神demaway-hemasi（創造者），亦可稱爲pakataw-pavensen（造人者），na ula i kaylangan i-kaytasan（在天者），napakuwamau-na paku-waziu（宰制者）。

　　從這些族語辭彙可以瞭解：卑南族的先祖們不否認在冥冥中有位至高無上的神明，也就是「造物神」。

　　至於這造物神如何創造萬物，並無口述承傳，只知族人對祂極爲敬重。

從本則傳說故事來看，卑南族的祭司和巫師施法的時候，念咒的經句和詩歌經常提到所謂之「創造者」、「造人者」、「在天者」、「宰制者」等辭彙，可知卑南族的先祖們不否認在冥冥中有位至高無上的神明，也就是「造物神」。

貳、卑南族竹生創世神話傳說

《台灣高砂族系統所屬の研究》，移川子之藏：②

　　太古時有叫做奴奴兒nunur的女神從海裡面出來，說是把「aruno」茅草摘下來作爲枝，將之插在巴那巴那彥panapanayan（或ruvoahan）的海岸。因在插「aruno」茅草時將之倒插，所以在枝上端生根，此後由根而生竹子，竹子則分裂，由竹之上節生出叫做巴克馬來pakmalai的男人，從下節生出叫做芭古慕雪pagumuser的女人。

　　還有比二人更早，另外從同地的石頭中，生出巴那巴那彥族（卑南族）與班古達茲族pangutats（阿美族）的説法。

　　巴克馬來與芭古慕雪結婚之後，生了幾個孩子，長男巴隆奧palongao，以及長女芭庫斯庫斯pakuskus到巴巴都蘭vavatoran來建立了巴拉哪杜valangto家，同時次男拉烏拉威rauraui與次女斯娃拉告soaragao到了馬依塔得爾maedatar來，建立了巴沙拉阿爾pasara?al家。又，末女瑪魯格魯格marugrug到了阿拉哇拉外arawarawai，建立沙巴彥sapayan家，這就是卑南社的開始。

本則傳說故事情節要述如下：

一、太古時有叫做奴奴兒nunur的女神從海裡面出來，把「aruno」茅草摘下來作爲枝，將之插在巴那巴那彥panapanayan（或ruvoahan）的海岸。

二、因爲女神奴奴兒在插「aruno」茅草時將之倒插，所以在枝上端生根，此後由根而生竹子。

三、後來竹子分裂，由竹之上節生出叫做巴克馬來pakmalai的男人，從下節生出叫做芭古慕雪pagumuser的女人。

四、竹生的巴克馬來與芭古慕雪成婚後生下了孩子，男女孩互婚建家：

　　1.長男巴隆奧palongao，以及長女芭庫斯庫斯pakuskus到巴巴都蘭vavatoran來建立了巴拉哪杜valangto家。

　　2.次男拉烏拉威rauraui與次女斯娃拉告soaragao到了馬依塔得爾maedatar來，建立了巴沙拉阿爾pasara?al家。

　　3.末女瑪魯格魯格marugrug到了阿拉哇拉外arawarawai，建立沙巴彥sapayan家

《台灣原住民史卑南族史篇》，宋龍生：③

　　許久許久以前，有一位名叫奴奴兒茅蘇斯nunur
maosus的男子，在海上飄流到海岸，在海岸上拾到了一
根竹子，以之爲杖，很艱難的爬行於沙灘上。……因爲
太累了，想休息一下，把竹杖插在地上，再走一步，把
頭抬起來看前面的山，他整個的人，漸漸的變成一塊石
頭，而插在地上的竹杖，則在該地生長。那個地方就是
巴那巴那彥panapanayan。

　　不久，那插在地上的竹杖，在手握的竹節地方，開
始生出新的竹枝，上節的竹枝生出後，變成一個男人，
名叫柏克瑪萊pakmalai，下節的竹枝生出後，則變成一
個女人，名叫芭谷慕莎pagumuser。這男女二人結爲夫
婦，在巴那巴那彥panapanayan一帶繁衍後代。

　　他們生下兒子卡普又灣kapuyuwan和女兒塔都木洛
tatumulao，成爲第三代的傳人。後來，這對兒女也結爲
夫婦，生了三個子女。其中大哥哥叫巴都奧patuʔao，二
哥叫拉烏拉威rauraui，小妹叫卡莉卡莉kalikali。他們是
第四代傳人，也是最早到卑南地區求發展的卑南族。

　本則傳說故事敘述在海上飄流到巴那巴那彥的男子「奴奴兒
茅蘇斯」，在海岸上拾到了一根竹子，以之爲杖，因爲太累了，他
整個的人，漸漸的變成一塊石頭，而插在地上的竹杖，則在該地
生長。上節的竹枝生出後，變成一個男人，名叫柏克瑪萊；下節
的竹枝生出後，則變成一個女人，名叫芭谷慕莎。這男女二人結
爲夫婦，在巴那巴那彥panapanayan一帶繁衍後代。

　〈卑南社の祖先〉，《人類學雜誌》，森丑之助著（1916），劉佳
麗譯：④

　　在知本社南方海岸的banabavhiyan有一塊大石，據

說卑南社的祖先是由長在石上的竹子中產生出來。

竹子上節生出男子叫gomaraeru，下節生出女子叫gomuseru，他們結為夫婦後，遷到puyuma，創立了卑南社。……

本則傳說故事情節要述如下：

一、本創世神話故事發生在知本社南方海岸的banabavhiyan的一塊大石上。

二、傳說卑南社的祖先是由長在石上的竹子中產生出來。

三、竹子上節生出的男子叫做gomaraeru，下節生出的女子叫做gomuseru。

四、竹生的男女長大後結為夫妻，他們遷到puyuma，創立了卑南社。

台灣總督府臨時台灣舊慣調查會《番族慣習調查報告書》第二卷〈阿美族、卑南族〉載一則卑南族〈火之源起〉傳說故事：⑤

從nunur所插的竹節中生出的pagumalay、pagumsir，兩人命令叫做beru的蟲（蒼蠅之意）由此地前往東方日出之國，向maledi、maledaw兩神求取火。……

本則傳說故事pagumalay、pagumsir夫妻是從nunur所插的竹節中生出的，他們曾經叫beru的蟲（蒼蠅）前往東方日出之國向maledi、maledaw兩神求取火。

卑南及檳榔二社發祥於「帕那帕那樣」的竹桿中：⑥

在原來的卑南及檳榔二社，說他們的祖先發祥於「帕那帕那樣」的地方，而祖先係從該地的竹桿中生出來，後因下海捕魚被大颱風吹到台東平原來定居。

本則傳說故事謂卑南及檳榔二社祖先發祥於「帕那帕那樣」的地方，其祖先係從該地的竹桿中生出來。

卑南族創生神話傳說中，有一則謂卑南人緣於阿美人之竹杖：

古時候，這裡只有阿美族人。有一次阿美人把一根
竹杖插在地上，這個竹杖逐漸長大，變成了卑南人。

本則傳說故事謂卑南族人是有一次阿美族人把一根竹杖插在
地上，這個竹杖逐漸長大，變成了卑南族人。

〈台灣卑南族的竹生信仰〉，簡榮聰：⑦

太古之時，在「帕那帕那樣」地方出現一女神，名
奴奴拉教，神的右手持一石，左手持一竹。

有一天，女神投石於地，石裂開，有一神出來，此
即後來「馬蘭社」的祖先。後又插竹於地上，其上節裂
開生出一女神，名孔賽爾；下節裂開生出一男神，名
「帕考馬拉伊」，此二神為「卑南社」的祖先。

按本傳說亦見於范純甫主編《原住民風情》。本則傳說故事
反映了這一地區原住民在古代有二個族群，他們曾經歷過原始的
氏族生活。

本則故事「卑南社」的祖先女祖名叫「孔賽爾」（出於竹之上
節）、男祖名叫「帕考馬拉伊」（出於竹之下節）。

《蕃族調查報告書》卑南族卑南社，佐山融吉著（1913），黃
文新譯：⑧

太古時代在panapanayan的地方，有一個名叫numrao
的女神出現，其右手持石，左手持竹，她將手中之石擲
出，石破生出一人，此人日後是馬蘭社的祖先。

又將竹子樹立在地上，上節生出一女pskoshiselu，
下節生出一男pakomarai，兩人即是卑南的祖先。他們生
下了palogao和pakasukau，其後裔為raoraois和soragao，
下一代是palogao、pakasukasu、pakorashi、parapi。

parapi和pakorashi在mitonomakuhahishi所生出的人，
已具備人類的型態了，其後裔為sulunakku、ranao，這時

人已漸多有遷居他地的情形。

本則傳說與上則故事相似，惟本故事敘述比較詳細，本故事要述如下：

一、卑南族「石生說」與「竹生說」的產生地點是在「panapanayan」。

二、卑南族「石生說」與「竹生說」的主持者是名叫numrao的女神。

三、女神numrao在panapanayan出現的模樣是「其右手持石，左手持竹」。

四、女神numrao將右手中之石擲出，石破生出一人，此人日後是馬蘭社的祖先。

五、女神numrao將左手之竹子樹立在地上，上節生出一女pskoshiselu，下節生出一男pakomarai，兩人即是卑南的祖先。

近代以來，中外學者大都認為台灣土著仍有許多東南亞古文化的特質，因而台灣原住民的文化，是屬於東南亞文化中重要的一環。類似「竹生」的傳說，在東南亞區域中分布很廣。如中國古代西南的夜郎國、馬來半島negrito的西曼（semang）族、蘇門答臘的達利巴塔卡族、菲律賓蘇祿土人、婆羅洲土人、岷答那峨島土人、密克羅尼西亞的培雷娃土人等等，都有盛傳。更妙的是，連處在東北亞的日本，都有竹生的故事。由此以觀，台灣雅美族、排灣族、卑南族的「竹生始祖」傳說，所產生的「竹子崇拜」之文化類緣，確是重要而珍貴的。⑨

〈卑南族歷史與傳說〉，曾建次：⑩

　　有一位仙女，拿著一根竹竿倒插在「都蘭山」附近的海岸邊，當這根竹子存活下來後，在竹子的上節生出了一個男人，而竹子的下節生出了一個女人，他們就是

竹生部落的祖先。

本則故事與上則相反的是「竹子上節」出生的是「男人」；「竹子下節」出生的是「女子」，洽與上則傳說顛倒。

本「竹生人」故事是由一位仙女，拿著一根竹竿倒插在「都蘭山」附近的海岸邊，當這根竹子存活下來後，竹節即生人。這是卑南族竹生部落的祖先。

參、卑南族石生創世神話傳說

《台灣高砂族系統所屬の研究》，移川子之藏：⑪

上古時代，在陸浮岸ruvoahan的海岸裡，湧現著海潮的泡沫，之後產生了如塵芥般的東西，後又變成了石頭，石頭裂開來而有人形模樣的東西出來，兩膝上長著眼睛，前後都有臉孔，總共有六隻眼睛。在右足的小腿肚裡懷著小孩，後來生下男女二人，男的叫蘇介蘇告（或譯做「索加索加伍」）sokasokau，女的叫塔巴塔布tavatav，那一位先出生的並不清楚。

他們成婚後在陸浮岸生下了石頭，其後去到介浮隆岸kavorongan，也就是大武山，又生下了石頭。出生自陸浮岸石頭的女孩叫拉麗幸rarihin，出生自大武山石頭的男孩叫法沙加瀾vasakaran，從這個時侯才開始有了真正的人類。法沙加瀾入贅到拉麗幸那裡生下了阿魯鄂阿戴arongatai的男孩和法雅蓉vayayon的女孩，後來二人又成婚生下了叫露妃露妃ruvi-ruvi及達達ta-ta兩姊妹，露妃露妃招贅了叫西哈西浩sihasihau的阿美族男子。這就是知本社的祖先。

本則傳說故事情節要述如下：

一、卑南族石生傳說發生在陸浮岸ruvoahan的海岸裡。

二、上古時代，有一天，陸浮岸湧現著海潮的泡末，之後產生了如塵芥般的東西，後又變成了石頭。

三、石頭裂開來而有人形模樣的東西出來。

四、最初石生人，兩膝上長著眼睛，前後都有臉孔，總共有六隻眼睛。在右足的小腿肚裡懷著小孩。後來生下男女二人，男的叫穌介穌告（或譯做「索加索伍」）sokasokau，女的叫塔巴塔布tavatav。

五、他們成婚後在陸浮岸生下了石頭，其後去到介浮隆岸kavorongan，也就是大武山，又生下了石頭。

六、出生自陸浮岸石頭的女孩叫拉麗幸rarihin與出生自大武山石頭的男孩叫法沙加瀾vasakaran相婚，從這個時侯才開始有了眞正的人類。

七、拉麗幸與法沙加瀾生下的男孩阿魯鄂阿戴與女孩法雅蓉又成婚生下了叫露妃露妃ruvi-ruvi及達達ta-ta兩姊妹。

八、露妃露妃招贅了叫西哈西浩sihasihau的阿美族男子，此即知本社的祖先。

《台灣原住民的歷史源流》，潘英：⑫

　　知本、呂家諸社說他們的祖先，發祥於ruvaan的大石，曾經到過hadawayan以及karukalan等山地，然後來到台東平原，其中有一部分人還南下恆春。

本則故事還敘及現今居住在恆春半島上已排灣族化的卑南族人的遷移故事，他們亦屬於石生系統。

本故事敘及知本、呂家諸社的遷移歷史，他們是發祥於ruvaan的大石，曾經到過hadawayan以及karukalan等山地，然後來到台東平原，更有一部分人到達了恆春。

又載：⑬

　　太古ruboan地有一巨石，石頭裂爲二，出現一女人。

本則故事很簡單，惟巨石只有生出女人。

又載：⑭

太古，panapanayan地有巨石，祖先由該石中出現。

或許卑南族眞如宮本延人《台灣的原住民族》所說「居住在東海岸的阿美族和卑南族的祖先，是經由蘭嶼、火燒島，像飛濺於水上的石頭般地，移民到台灣來」。

卑南族初鹿部落的祖先傳說：

從前，紅葉溫泉的山上有一個地方叫「大浴林」，那裡有一塊比房子還要大的巨石。

有一天，天搖地動，巨石裂開了，有一位美麗的女孩從石縫中出來。山林中有一種非常漂亮發出「比鳩！比鳩！」的鳥，羽毛有紅、綠、黃和白色。

石縫中生出的女孩就是專門捕抓這種鳥作爲食物，而且以漂亮的羽毛，用藤蔓連串起來，圍在身上當作衣物以避寒。

在「大浴林」對面的山下，有一個部落叫「大魯馬」，住著一位獵人。有一天，獵人到大浴林去狩獵，發現了身披漂亮羽毛衣裳的女孩。

獵人愛上了這位女孩，欲娶之爲妻，可是女孩謂其不可越過大浴林之界限，於是，獵人決定離開「大魯馬」，便來到「大浴林」和女孩一起生活，並且生下了很多孩子。據說，他們就是初鹿部落祖先的由來。

本則傳說是初鹿部落的故事，本故事情節如下：

一、「大浴林」有一塊比房子還要大的巨石，有一天，天搖地動，巨石裂開了，有一位美麗的女孩從石縫中出來。

二、石生的女孩專門捕抓發出「比鳩！比鳩！」的鳥爲食物，且以其羽毛當作衣物以避寒。

三、在「大浴林」對面的山下，有一個部落叫「大魯馬」，
　　住著一位獵人。有一天至大浴林狩獵，發現身披漂亮羽
　　毛衣裳的女孩。

四、獵人愛上了這位女孩，欲娶之爲妻，便來到「大浴林」
　　和女孩一起生活，並且生下了很多孩子。據說，他們就
　　是初鹿部落祖先的由來。

《老人的話知本卑南族發展史中的傳說》（上），Alton quack
編，洪淑玲譯（1988）：⑮

　　在遠古時，在revoaqan處有一塊叫poraq的岩石，這
個岩石的外形有個頭及脖子，當人們要爲它取名時，它
卻開始冒起了泡沫，當停止時，就出現名叫tinaqi的人，
之後又出現了pudek。

　　又有一說，在洪水浩劫餘生的五個兄弟姊妹，飼養
著魚蝦蟹和鳥，並照料著五粒黑、紅、綠、黃、白色的
石蛋。

　　tinaqi及pudek就是從黑色石蛋中生出的。稍晚的人
們即是那些蛋及tinaqi、prdek和sokasokao的子女。

本則傳說同一人物的兩種版本說法，其一說謂叫tinaqi的人及
pudek的人，是在revoaqan處有一塊外形有頭及脖子叫poraq的岩
石，當人們要爲它取名時，岩石開始冒泡，當停止時，就出現
tinaqi的人及pudek的人。

其第二說是在洪水浩劫餘生的五個兄弟姊妹，飼養著魚蝦蟹
和鳥，並照料著五粒黑、紅、綠、黃、白色的石蛋。tinaqi的人及
pudek的人是從黑色石蛋中生出的。稍晚的人們即是那些蛋及
tinaqi、prdek和sokasokao的子女。

《老人的話知本卑南族發展史中的傳說》（上），Alton Quack編，洪淑玲譯（1988）：⑯

　　遠古時代洪水湮沒了現在居住的地方，劫後餘生的五個兄弟姊妹，思索著生存之道，於是派遣一男一女到世界頂端成了月亮和太陽。

　　天漸明亮tavtav、paroaq及sokasokao便去找尋其他人類，一無所獲，只好回到revoaqan。

　　在太陽和月亮的指示下tavtav與paroaq便成了一對，他們生育了魚、蝦、蟹及小鳥，魚會在祈禱及歌頌的詞中出現，蝦蟹是用作祭祀，鳥成爲傳遞消息。

　　但兄妹作夫妻總是不好，太陽告訴他們在居處築道牆挖個小洞，想生育時再將陰莖塞入。他們如是作，女的生產了白、紅、綠、黃、黑石頭。黑色石中是tinaqi、pudek，紅、黃、綠就是西方的人，白色石頭出現了日本人和中國人。

本則傳說故事敘述洪水後餘生五個兄弟姊妹，其中兩人成了月亮和太陽。tavtav（妹）與paroaq（兄）成了夫妻，生育了魚、蝦、蟹及小鳥。太陽指示他們因爲是兄妹，所以要在居處築道牆挖個小洞，想生育時再將陰莖塞入。

　　兄妹依照指示從事性交，結果妹妹生產了白、紅、綠、黃、黑石頭。黑色石中是tinaqi、pudek，紅、黃、綠就是西方的人，白色石頭出現了日本人和中國人。

肆、卑南族海外來源神話傳說

《台灣原住民史卑南族史篇》，宋龍生：⑰

　　從前有夫妻二人，不知道是從那裡來的，男的叫沙德勒茂satelemaw，女的叫沙德勒少satelesaw。他們從海

上，到達了蘭嶼butul，上岸後與蘭嶼的人一同生活。但是蘭嶼的人很小氣，不給二人東西吃，因此二人就私下商量，認為如果一直呆在蘭嶼生活下去，會受不了蘭嶼人給他們的待遇，將來也不會有辦法，前途是暗淡的。二人商量說：「蘭嶼人不給我們東西吃，我們不如早一點離開這裡，去別的地方。」於是二人決定要離開蘭嶼。……

本則傳說故事是卑南族祖先從海外遷徙至蘭嶼島，再由蘭嶼島遷徙至目前居住之台灣島的東海岸。

日人幣原坦博士〈卑南大王〉，《南方土俗》第一卷第一號載：(引自宮本延人著、魏桂邦譯《台灣的原住民》)⑱

　　昔日由南方海上乘竹筏而來的一對夫妻，在台東沿岸（知本南方，今日的美和村）登陸。

　　將手上竹杖插在地面，不久便長成茂盛的瑞竹，其後代便以此地為祖先發祥地，視為神聖的地方，敬畏之餘都不敢靠近。但據說七、八年前已經枯萎了。

　　這對夫妻生了兩個兒子，其兄便是知本的祖先，為弟的便成卑南附近的開山鼻祖。

　　知本和卑南的人口日益增加，原先知本因是兄長的聚落，所以也較有勢力。可是後來反而卑南方面卻比較繁榮，權勢也逐漸轉移到卑南了。

　　這原也是卑南社頭目所留下來的傳說，明顯地說明他們的祖先是由南方移民前來的。

本則傳說故事情節要述如下：

一、卑南族的祖先是從南方海上乘竹筏移民前來的一對夫妻。

二、卑南族從南方海上乘竹筏移民前來的一對祖先夫妻，在台東沿岸（知本南方，今日的美和村）登陸。

三、這對夫妻生了兩個兒子，其兄便是知本的祖先，其弟為
　　卑南附近的開山鼻祖。

四、知本因為是兄長的聚落，所以原先比較有勢力；可是後
　　來反而卑南方面卻比較繁榮，權勢也逐漸轉移到卑南
　　了。

幣原坦博士〈卑南大王〉引《台灣通史》：⑲

　　唐貞觀間，馬來群島洪水，不獲安所，各各駕竹筏避
難，漂流而至台灣。……是為外族侵入之始，……而統一
之者為卑南王，王死後，各社分立，以至今日。……

　　上兩則幣原坦博士所載口傳神話傳說故事，都強調卑南人是
由南方渡海來台的民族。

　　本則故事謂卑南族是「唐貞觀間，馬來群島洪水，不獲安
所，各各駕竹筏避難，漂流而至台灣」。

　　故事謂漂流至台灣的族群，是由卑南王統一，王死後，各社
分立，以至今日。

　　傳說，在很久很久以前，台灣原來是在海底的，現
在的蘭嶼和綠島之間有陸地相連著。

　　後來，台灣島浮出海面，而祖先居住的陸地則沉入
了海底，天地一片漆黑，族人全部滅頂，只剩下五位兄
弟姐妹在海上漂流，僥倖的活了下來。

　　此回洪水滅世，太陽和月亮也都不見了。五位兄弟
姐妹經過商量與討論，其中有一位男孩被推上天，變成
了太陽，一位女孩變成了月亮，輪流照亮大地，自此以
後，大地又有了太陽和月亮。

　　卑南族的先祖，傳說飄浮到華源村附近，此地族人
稱為「陸發岸」或者「巴拿巴拿樣」，是「發祥地」之
意。

經過了許多年以後，族人不斷遷移和繁殖後代，形成了卡地布社、卡沙發幹、利下夢社、大八六九社、比拿斯齊社、阿里拜社以及烏利烏利布克社等。

此外，卑南族之普悠瑪社的起源說則不同，傳說他們的祖先是從都蘭山遷移而來，後來人口繁殖增多，於是有部分人搬到比拿斯齊社，有部分人則沿著卑南溪遷徙，定居於現在的阿巴布魯社。

這是一則卑南族在不知名的年代裡，陸地被海水淹沒的洪水神話傳說，也是卑南族人自其他地方漂流至台灣本島定居的神話故事，並且輾轉遷徙建立了許多部落。

當時洪水陸沉的一場災難，太陽與月亮也消滅了，人類也絕滅了，只剩下五位兄弟姊妹存活，其中一兄弟升天變成太陽，一姊妹升天變成月亮，拯救了大地，大地的時序正常了，人類又可以安居樂業了。

住在台東平原的卑南族和阿美族共同為台灣東部兩大平地的原住民族，他們傳說他們的祖先係來自太平洋中的小島，靠近台東附近，叫做「帕那帕那樣」panapanayan，一直到今天在他們舉行祭祖之時，仍須面對著綠島及蘭嶼方向祭拜。⑳

他們的祖先係來自太平洋中的小島，乃屬近台東附近，叫做panapanayan。一直到今天，在他們舉行祭祖之時，仍須面對綠島及蘭嶼方向祭拜。這可能說他們的祖先確是從那個地方移來。㉑

卑南族知本部落的傳說：㉒

根據卑南族的口傳歷史：洪水時期，所有的一切全被淹沒，……只剩五位兄弟姊妹逃過劫難，乘坐木臼漂浮海上。由於天地一片漆黑，五位兄弟姊妹商議後，決定要有一位上天成光體。於是，其中一男被四人推上天去，成了太陽；另一女亦被推上天成了月亮。……洪水

過後，台灣島浮出海面，其餘三人則漂流到台東附近被稱作「陸華罕」ruvuwahan或「巴拿巴拿揚」panapanayan的地方，即發祥地的意思。……

　　登陸之後，三人往北勘察。至大武山，蘇卡索高已走不動，願意留在當地安居而巴陸赫與達夫塔芙則到發祥地居住下來。爲繁衍人類，……兄妹同房之後，生下蝦、魚、蟹、飛禽等異形體。……太陽說：「……至於你們再行房時，兄妹不宜面對面，應隔板穿孔，只需生殖器接觸。」兄妹按太陽指示行房，生下不同顏色的卵石，有白石、紅石、綠石、黃石、黑石，並由這些石頭蹦出人形來，白石蹦出來者即漢人，紅石、綠石、黃石蹦出來者即不同種族之西洋人；黑石蹦出來者，即台灣原住民族。黑石蹦出來的原住民有兩人，一個名叫「底那依」Tinah，（意即腸子），另一個名叫「布德克」Pudek（意即肚臍）。他們分別繁衍後代，其子孫成了阿美族、知本部落、南王部落、魯凱大南部落的祖先。巴陸赫還不時到大武山探訪其妹蘇卡索高並與她同房，生下的孩子已成人形，即成爲現在排灣族的祖先。

本則傳說故事是整個人類的創生神話傳說，記載著西洋人、原住民阿美族、卑南族、排灣族等之創生神話，都是由石頭創生，敘述非常可愛。本則故事爲同胞兄妹型傳衍子孫後代的故事。

〈卑南族歷史與傳說〉，曾建次：㉓

　　「知本」、「建和」、「泰安」、「利家」、「上賓朗」、「初鹿」等部落，屬於石生支系。故事開始於「蘭嶼」與「綠島」之中曾有的一塊版圖上。

　　一天，洪水淹沒了這塊土地，而當時存活下來的五個人，漂洋過海到台灣東岸就在知本往南五公里處。……

　　飄流過來的五個人，其中的一男一女，一個成了太陽，一個成了月亮。其剩餘的三人，……便沿著海岸一直走到屏東的大武山。其中一個女人留在此地，因此有人說她是排灣族人的祖先。至於另外一對兄妹，又回到原來登岸的地方，然而爲了繁衍後代便相結合了。

　　但最初生下的並非人類，而是螃蟹、魚、蝦及飛鳥，……太陽又說了，由於他們是兄妹，因此結合時不得面對面，必須以一塊木板相隔。再一次，他們又生出了一堆石頭，有著不同的顏色，白的生出了白種人，黃的生出了黃種人，而我們祖先是從黑石頭裡蹦出來的。……

本則傳說故事謂洪水淹沒了祖居地「蘭嶼」與「綠島」，僅存五人「漂洋過海到台灣東岸就在知本往南五公里處」。

後來一對兄妹相結合繁衍後代，最初生下的孩子並非人類，而是螃蟹、魚、蝦及飛鳥等。

經過太陽指示兄妹婚交媾之禁忌之後，兄妹夫妻生下了許多顏色不同的石頭，「白的生出了白種人，黃的生出了黃種人」，而卑南族是從黑石頭裡蹦出來的。

陳光榮口述南王群海外移來台灣的故事亦很詳瞻：㉔

　　聽老人的傳說故事說，卑南族的祖先，是來自南方的島嶼。島民自稱是irur，卑南族的古話是「魚」之意。

　　有一年，因颱風沖毀了部落，大水久久不退。有一對夫妻，男的名叫adulumaw，女的叫adulusaw，他們坐上竹筏，在海上漂流了好幾天之後，才被現今的蘭嶼島民救起。

　　他們在該島上生活沒多久，因生活習慣不同且無法適應，夫妻商議要遷往他處，於是造了小船離開蘭嶼島，往北航行了幾天後，看見遠處有個像倒放的黑鍋般

的島嶼，他們登岸查看的結果，他們很喜歡，取名爲aranum，但是他們覺得腹地太小，於是那男的adulumaw先抓了一把泥土撒向西邊。因男的所抓泥土較多，就形成了如今的台灣中央山脈，成了卑南族男性的獵場。女的也抓了一把泥土撒向南邊，她抓的泥土較少，所以形成了如今的台東平原，成了卑南族女性的耕作地。

　　過了幾代之後，繁衍了很多子孫，aranum的腹地已不夠用，就有一部分南遷到平原（今台東市的腹地），第一批南遷的是由rⴰurauy帶頭其家族，到達了的現今南王里與鐵路新站之間，抓了泥土看看，覺得很滿意，就落腳定居下來，其家族名稱爲pasaraʔad。後來就成立了卑南族的第一所成年會所palakwan，取名爲patapang。

　　第二批南遷的是由padungaw領頭的家族，在現今的卑南里西北近郊落腳，他們也成立了成年會所，取名爲kinutul，其家族名爲balangatu。

　　kalunung的成立，是由pasaraʔad家族有一位叫pasyar的青年，入贅到佣僕戶。雖然其貌不揚，但各方能力都很強，具有領導能力。入贅之後不斷擴充其獵場，拓荒墾地，建立了自己的勢力，成立了成年會所，取家族名稱爲raʔraʔ，爲「繁盛」之意。

　　族中共有六個成年會所如下：

patapang…………… pasaraʔad
kinutul…………… balangatu
gamugamut………… arasis（tuʔetuʔer→surugiyan）
barubaru………… babaduk
kinaburaw………… lungadan,tabelengan
kalunung………… raʔra

　　族中的會所成立至六所時，長老們認爲，過多的會
所易生事端，就此不再增設成年會所，而其他後來產生
的家族都各合併在六所組織裡。如此爲的是整合全族對
外的防禦力量。此一行爲卑南古語中稱puyuma，爲「集
中、團結」之意，自此puyuma爲卑南族之族名。
　　本則故事敘述卑南族南王群海外輾轉移來的故事，其祖創造
了台灣，其後各氏族陸續搬遷至新址，並且陸續成立了六個會
所，建立了卑南族政治與軍事制度。
　　本則傳說故事情節要述如下：
一、傳說卑南族的祖先，是來自南方的島嶼。島民自稱是
　　irur，卑南族的古話是「魚」之意。
二、有一年，颱風沖毀部落，大水持續不退。有一對夫妻
　　adulumaw（男）、adulusaw（女），乘坐竹筏在海上漂流
　　了數日，最後才被現今的蘭嶼島民救起。
三、他們在蘭嶼島上生活沒多久，造了小船往北航行了幾天
　　後，看見遠處有個像倒放的黑鍋般的島嶼，他們登岸查
　　看的結果，他們很喜歡，取名爲aranum。
四、但是aranum島腹地太小，於是男的抓了一把泥土撒向西
　　邊，因其所抓泥土較多，就形成了如今的台灣中央山
　　脈；女的也抓了一把泥土撒向南邊，她抓的泥土較少，
　　所以形成了如今的台東平原。
五、後來aranum的腹地已不夠用，就有一部分南遷到平原
　　（今台東市的腹地），第一批南遷的是由raurauy帶頭其家
　　族，到達了的現今南王里與鐵路新站之間，就落腳定居
　　下來，其家族名稱爲pasara?ad。後來就成立了卑南族的
　　第一所成年會所palakwan，取名爲patapang。
六、第二批南遷的是由padungaw領頭的家族，在現今的卑南

里西北近郊落腳，他們也成立了成年會所，取名爲
kinutul，其家族名爲balangatu。

七、kalunung的成立，是由pasaraʔad家族有一位叫pasyar的青
年，入贅到佣僕戶。成立了成年會所，取家族名稱爲
raʔraʔ，爲「繁盛」之意。

八、卑南族全部成立了六個會所。就此不再增設，而其他後
來產生的家族都各合併在六所組織裡。如此爲的是整合
全族對外的防禦力量。此一行爲卑南古語中稱puyuma，
爲「集中、團結」之意，自此puyuma爲卑南族之族名。

在卑南族的神話傳說故事中，有許多是與蘭嶼相關的，這或
許可以說明卑南族人從海外遷移至台灣島，可能曾經居住過蘭嶼
島，或者至少有經過蘭嶼島，一些傳說中更謂古代台灣島與蘭
嶼島可以相通的故事，後來就不通了。

《老人的話知本卑南族發展史中的傳說》（上），Alton Quack
編，洪淑玲譯（1988）：㉕

　　……名叫samirikan這女子居住在蘭嶼。有一次當她
的情人samorido到她那兒時，她正在睡覺。於是samorido
就將黍作的粥塗抹在samirikan的身上，因此她成了一個
跛足的人，有著潰傷、腫瘤並流著膿及分泌物，此外全
身還有皮疹。

　　此事件後samirikan便離開了蘭嶼，向西部去。回到
了西部以後，她把wanai竹似匙般的根拔起，從此便斷絕
人們去蘭嶼拜訪人或賞玩的通路。

本則傳說故事samorido將黍作的粥塗抹在samirikan女子的身
上，因此她成了一個跛足的人，有著潰傷、腫瘤並流著膿及分泌
物，此外全身還有皮疹。此事件後samirikan她把wanai竹似匙般的
根拔起，從此便斷絕人們去蘭嶼拜訪人或賞玩的通路。

伍、卑南族對其他民族的起源創世神話傳說

卑南族知本部落的傳說：㉖

　　……洪水時期，所有的一切全被淹沒，……只剩五位兄弟姊妹逃過劫難，……為繁衍人類，……兄妹按太陽指示行房，生下不同顏色的卵石，有白石、紅石、綠石、黃石、黑石，並由這些石頭蹦出人形來，白石蹦出來者即漢人，紅石、綠石、黃石蹦出來者即不同種族之西洋人；黑石蹦出來者，即台灣原住民族。黑石蹦出來的原住民有兩人，一個名叫「底那依」Tinah，（意即腸子），另一個名叫「布德克」Pudek（意即肚臍）。他們分別繁衍後代，其子孫成了阿美族、知本部落、南王部落、魯凱大南部落的祖先。巴陸赫還不時到大武山探訪其妹蘇卡索高並與她同房，生下的孩子已成人形，即成為現在排灣族的祖先。

〈卑南族歷史與傳說〉，曾建次：㉗

　　……洪水淹沒了這塊土地，而當時存活下來的五個人，……一對兄妹，……為了繁衍後代便相結合了。……他們又生出了一堆石頭，有著不同的顏色，白的生出了白種人，黃的生出了黃種人，而我們祖先是從黑石頭裡蹦出來的。……

《老人的話知本卑南族發展史中的傳說》（上），Alton　Quack編，洪淑玲譯（1988）：㉘

　　遠古時代洪水湮沒了現在居住的地方，劫後餘生的五個兄弟姊妹，思索著生存之道，於是派遣一男一女到世界頂端成了月亮和太陽。

　　天漸明亮tavtav、paroaq及sokasokao便去找尋其他人類，一無所獲，只好回到revoaqan。

在太陽和月亮的指示下tavtav與paroaq便成了一對，他們生育了魚、蝦、蟹及小鳥，魚會在祈禱及歌頌的詞中出現，蝦蟹是用作祭祀，鳥成為傳遞消息。

但兄妹作夫妻總是不好，太陽告訴他們在居處築道牆挖個小洞，想生育時再將陰莖塞入。

他們如是作，女的生產了白、紅、綠、黃、黑石頭。黑色石中是tinaqi、pudek，紅、黃、綠就是西方的人，白色石頭出現了日本人和中國人。

而sokasokao就停留在kavorangan，paroaq時常找他，生下的子女便是排灣族。

至於pudek有子女vajajong、arongatai、patongao、raqoraqoi、kalikali、vatengajan及danapan。

arongatai和vajajong則定居在revoaqan；patongao、raqoraqoi及kalikali遷移到南王。

vatengajan、danapan便遷移至大南（taromaq）及kindopor。

tinaqi的孩子是懷在小腿肚，自足趾出生，眼睛長在膝蓋上，擁有二個臉，二個臉無法移動，於是消除了背後的那張，但人們仍稱呼他叫「怪胎」。

他有了孩子lepang及longi，而longi和lrpang也撫育有了子女rapiq、latok、panai和anai。

rapiq和panai前往馬蘭（varangao），到達了tolik；latok和anai在tolik居住繁殖了阿美族，rapiq及panai則遷往山上，成為布農族。

台灣總督府臨時台灣舊慣調查會《番族慣習調查報告書》第二卷阿美族卑南族，載「西洋人之傳說」：㉙

始祖pagumalay剖開竹子拿出裏面的膜，將其一吹，

落到海面上，從中生出叫做bara（男）、duosak（女）的兩個西洋人。

此兩人結爲夫婦，生下nimernir（男）、kubusgun（女）兩兒女。他們一家人經常想著黃金的事，但是苦無礦石。

最後他們製做竹筏想要前往日出之東方，一家人四口遂乘筏往東航行，不復歸來。

台灣總督府臨時台灣舊慣調查會《番族慣習調查報告書》第二卷阿美族卑南族，載「台灣人之初始」：㉚

從上述西洋人出生的竹紙筒裡，第二次生出uwuw（男）和akim（女）兩個台灣人。

此兩人結爲夫婦，生下兩兒女，命名爲liua（女）、kilay（男）。夫妻聚集了海岸的砂，燃燒後得到粗金，雖然製作了兩支矛、兩把刀，不過兩人知道此地無良鐵，乃航向南方。

後世相信南方遠處住著以鍛冶爲業，叫做semuliyur的台灣人，其爲uwuw夫婦之子，即liua、kilay之兄弟。

台灣總督府臨時台灣舊慣調查會《番族慣習調查報告書》第二卷阿美族卑南族，載「關於加禮宛」：㉛

依據他們原有的傳說，加禮宛族是badagau所率領的papyan之後裔，其祖先爲從宜蘭移來的熟番。

這樣的說法並不正確，加禮宛語中的kalyawan是竹子之意，表示其祖先乃出自於竹。

【註釋】

① 曾建次編譯《祖靈的腳步》,台中,晨星出版社,1998.6。

② 宋龍生《台灣原住民史卑南族史篇》,台灣省文獻委員會,1998.12。

③ 同②。

④ 尹建中《台灣山胞各族傳統神話故事與傳說文獻編纂研究》,1994.4。

⑤ 黃智慧、許木柱主編《番族慣習調查報告書第二卷阿美族卑南族》,台灣總督府臨時台灣舊慣調查會,中央研究院民族學研究所編譯,2000.11。

⑥ 簡榮聰〈台灣卑南族的竹生信仰〉,台灣新生報,1988.1.09。

⑦ 同⑥。

⑧ 同④。

⑨ 同⑥。

⑩ 曾建次〈卑南族歷史與傳說〉,載於行政院原住民委員會《第二屆全國原住民大專青年文化會議紀錄》,1999.8。

⑪ 同②。

⑫ 潘英《台灣原住民的歷史源流》,台北,台原出版社,1998.10。

⑬ 同⑫。

⑭ 同⑫。

⑮ 同④。

⑯ 同④。

⑰ 同②。

⑱ 宮本延人著、魏桂邦譯《台灣的原住民》,台中,晨星出版社,1993.9。

⑲ 同⑱。

⑳ 同⑥。

㉑ 同⑫。

㉒ 曾建次〈卑南族知本部落口傳歷史及神話故事〉,《山海文化》雙月刊第二期,1993。

㉓ 同⑩。

㉔ 林豪勳、陳光榮著《卑南族神話故事集錦》,台東縣立文化中心,1996.7。

㉕ 同④。

㉖ 同㉒。

㉗ 同⑩。

㉘　同④。

㉙　同⑤。

㉚　同⑤。

㉛　同⑤。

第三章

卑南族遷徙歷史口傳文學

　　卑南族有關遷徙的傳說故事非常多，〈卑南族歷史與傳說〉，曾建次：①

　　「知本」、「建和」、「泰安」、「利家」、「上賓朗」、「初鹿」等部落，屬於石生支系。故事開始於「蘭嶼」與「綠島」之中曾有的一塊版圖上。

　　一天，洪水淹沒了這塊土地，而當時存活下來的五個人，飄洋過海到台灣東岸就在知本往南五公里處，有一塊「知本」族人於民國四十九年時，在那片竹林立下石碑的地方，石碑上頭寫著「台灣山地人發祥地」。

　　在卑南族傳統的歌謠中，有一首「米呀咪」的歌曲，就是描寫當時開發此地的心情。

　　並在石碑的後方建造一個小石板屋，上頭寫著三個登陸人的名字，也為感念神明保護祖先上岸，又建了一間小屋來敬拜，據說阿美族人也曾在此居住過。

　　漂流過來的五個人，其中的一男一女，一個成了太陽，一個成了月亮。其剩餘的三人，上岸後並無發現任何人跡，便沿著海岸一直走到屏東的大武山。

　　其中一個女人留在此地，因此有人說她是排灣族人的祖先。至於另外一對兄妹，又回到原來登岸的地方，然而為了繁衍後代便相結合了。……

本則遷移傳說故事情節要述如下：

一、「知本」、「建和」、「泰安」、「利家」、「上賓朗」、「初鹿」等部落，屬於石生支系。他們原來在「蘭嶼」與「綠島」之中曾有一塊版圖。

二、有一天，洪水淹沒了「蘭嶼」與「綠島」這塊土地

三、當時倖存的五個人，飄洋過海到達台灣東岸知本往南五公里處。

四、當年祖先最初登岸處，族人於民國四十九年時，在那片竹林裡，立了一塊石碑，石碑上頭寫著「台灣山地人發祥地」。「並在石碑的後方建造一個小石板屋，上頭寫著三個登陸人的名字，也為感念神明保護祖先上岸，又建了一間小屋來敬拜」。

五、如今在卑南族的傳統歌謠中，有一首「米呀咪」的歌曲，就是描寫當時祖先漂洋過海，開始開發此地的心情。

六、飄流過來的五個人，其中的一男一女，一個成了太陽，一個成了月亮。

七、剩餘的三個人，沿著海岸一直走到屏東的大武山。其中一女留在此地，故有人謂她就是排灣族人的祖先。

八、「另外一對兄妹，又回到原來登岸的地方，然而為了繁衍後代便相結合了」。

〈族長之子惹禍〉，《祖靈的腳步》，曾建次編譯載：②

　　在harawayan的這些族群，一直過著平安的日子。有一天，上部落知本家族的一群孩童，把圓石板製成的石輪順著斜坡道路往下滾動直到下方pangcah家族的部落，如此上下來回嬉戲，玩得非常高興。

　　玩童中有族長之子，他無意中將石輪滾衝到下方部落一住家屋頂，造成屋頂嚴重破損。這群孩子眼見闖出大禍，個個落荒而逃。唯有那位持著石輪闖禍的族長之子站在原地一動也不動，似有一人做事一人當的心態來承受將發生的事。

　　此時，屋主出來環視四周，只見一孩童站在那附近。一問之下，那孩童膽顫欲哭地點頭表示是他闖的禍。屋主無意原諒他，氣憤地揪住孩子的耳朵拉進一間

地下室關起來。

到了黃昏，那孩子的父母發現孩子不在，於是尋遍整個部落卻都沒找著。後來他們把整個部落的孩子集合起來，逐一追問才知道與下方pangcah部落有關係。於是便下去尋找，挨家探問卻始終沒著落。

事隔兩天兩夜之後，終於在一間地下密室裏找到孩子，但這孩子已是奄奄一息，見到父母後不多時即告斃命。上下兩部落爲此而產生嫌隙，不時發生爭執。

由於pangcah部落位處下方，防禦工事不如位處高地的知本部落占優勢。pangcah部落因而屢次戰敗，常有人被俘擄做爲知本部落的苦力和傭工，他們因此被稱爲pappiyan。

pangcah人因承受不了知本人的百般羞辱和刁難，遂決定攜家帶眷離開此panapanayan（發祥地），遷往北邊海岸線即現在的turik（都壢村）。他們在那裏建造家屋，把房子排成「一」字形，因而有turik之名，即「排列」之意。

本則傳說故事敘述由於上部落知本家族的一群孩童，把圓石板製成的石輪順著斜坡道路往下滾動直到下方pangcah家族的部落嬉戲，族長的孩子把石輪滾衝到下方部落一住家屋頂，造成屋頂嚴重破損。因此他被關在密室裡。當其父母找到他時，已是奄奄一息，見到父母後不多時即告斃命。因此上下兩部落爲此而產生嫌隙，不時發生爭執。

由於下部落屢次戰敗，被俘擄做爲知本部落的苦力和傭工，因此他們遂決定攜家帶眷離開此panapanayan（發祥地），遷往北邊海岸線即現在的turik（都壢村）。因爲他們蓋房子，把房子排成「一」字形，因而有turik之名，即「排列」之意。

《老人的話知本卑南族發展史中的傳說》（上），Alton　Quack
編，洪淑玲譯（1988）：③

　　遠古時期，老sixasixao企圖從revoaqan起程往
kazekalan遷移，並想要在該處建立一個村莊。在途中經
過kanaqeving時，他便舉行祭祀，射箭將惡魔趕走，箭向
山中射進了一個裂縫，而箭又在panapanjan這個地方出
現，人們便將那個地方的田野地區叫作panapanjan。

本則傳說故事老sixasixao是一位具有神力的人，他舉行祭祀，
於是射箭將惡魔趕走，箭向山中射進了一個裂縫，而箭又在
panapanjan這個地方出現，人們便將那個地方的田野地區叫作
panapanjan。

《老人的話知本卑南族發展史中的傳說》（上），Alton　Quack
編，洪淑玲譯（1988）：④

　　sixasixao的兒子kazanglagan、pangorian、paroxxox
出去狩獵時發現了kazekalan這個地方，認為此地非常適
於居住，便提議遷村，但老sixasixao及長老均不同意。

　　他們便剪斷綁aliso的繩索，召集了一批年輕人，抬
起了aliso便出發了，而那些長者發覺aliso被他們帶走，
只好隨著他們的足跡前去，其他的婦孺亦一同前往。

　　來到taringaringajan時已經精疲力盡了，那些老人便
決定留在那兒，並要求孩子們以後將其獵物之耳朵留給
他們，而sixasixao跟著孩子們前往kazekalan，在那定居
建立村落，過著舒適的生活。

本則遷移傳說故事情節要述如下：

一、sixasixao的兒子們狩獵時發現了kazekalan這個地方，認
　　為適於居住，便提議遷村，但遭其父及長老反對。

二、sixasixao的兒子們不理會族人們的反對，召集了一批年

輕人，抬起了aliso便出發了。

三、族人們發覺aliso被他們帶走，只好隨著他們的足跡前去，其他的婦孺亦一同前往。

四、還未到達目的地kazekalan，只到了taringaringajan的時候，已經精疲力盡了，那些老人便決定留在那兒，並要求孩子們以後將其獵物之耳朵留給他們。

五、sixasixao跟著孩子們前往kazekalan，在那定居建立村落，過著舒適的生活。

《老人的話知本卑南族發展史中的傳說》（上），Alton Quack編，洪淑玲譯（1988）：⑤

　　住在kazekalan老kazanglaqan的女兒tauavas，與來自大南qamnai，一起去tavoali（原意花朵）定居，這也是知本人到西部微稅休息之處。他生有一子venario，日後去了南王進了valivali家，女兒toko則與takili結婚，生下二子paqaran、moraneng。paqaran一系的孫子avangen在liliv建立了vavorengan家，其他人則向toalitaq遷移，之後遷到sinapajan，最終向北到了tavoali與kazanian家結合，這個家亦是tanavas在知本與mavario家分的家。而toko的次子moraneng則到ropaqat（原意草）建立viring家。

本則遷移傳說故事情節要述如下：

一、tauavas（女）與來自大南的qamnai，一起去tavoali定居。

二、tauavas的女兒toko的孩子paqaran一系的孫子avangen在liliv建立了vavorengan家。其他人則向toalitaq遷移，之後遷到sinapajan，最終向北到了tavoali與kazanian家結合，這個家亦是tanavas在知本與mavario家分的家。

三、tauavas的女兒toko的次子moraneng則到ropaqat建立viring家。

《老人的話知本卑南族發展史中的傳說》（上），Alton　Quack 編，洪淑玲譯（1988）：⑥

　　mavario家最早是源於sixasixao建立的。他的兩個兒子趁其不注意將alisao和palingez拿走，方能遷移至 kazekalan，老人kazanglaqan則待在mavario家和dolai生下 tanavas遷居tavoali，ranao與karimazao結婚，但karimazao 卻殺了他的大舅子pisao，所以生下一視力不良的女兒 kalalo。

　　此時，來自tarolivak的zazaja嫁給了pangtez，生下 invil。invil長大後開始去西邊征收獵物，但卻不進入 kazekalan，當地人將其僕役殺死，他就跑到馬蘭山定居 下來。

　　之後大南kavtaqin前去邀請invil參加喜宴，不料invil 看中了他的情人rengangan，kavtaqin只好割愛；而invil又 前往pinaski定居，生下小孩pangodal、patokar等。

　　patokar娶了tavoali，tanavas的女兒valaivai，生下了 小孩saroqeliv，小孩與下建和的saliwai生下kai、 paqaziras。

　　kai生下小孩tanorak、tontori、aroreqai；而paqaziras 則生下一男一女kelasai和sirkai……kataoepan家、 karoxolan家，tarolivat家和reponajan家均是源自於mavario 家。

本則遷移傳說故事情節要述如下：

一、mavario家最早是源於sixasixao建立的。

二、mavario家兩個兒子遷移至kazekalan。

三、mavario家遷居tavoali。

四、invil定居馬蘭山，又前往pinaski定居。

五、invil後代繼續創家，如kataoepan家、karoxolan家，
　　tarolivat家和reponajan家均是源自於mavario家。
《老人的話知本卑南族發展史中的傳說》（上），Alton　Quack
編，洪淑玲譯（1988）：⑦

　　　　toko和sixasixao是姐弟，toko離開revoaqan，到了
　　kavorongan墾荒地，但那場火卻燒了三年。

　　　　於是toko去請教meras，meras籍此機會與toko結婚生
　　下lavir和qamanion，他們繼續遷移romingan，saoraman，
　　rovarovangan，但卻被牛虻、蟹及鹿群趨趕，在masilid又
　　與大南居民發生衝突，於是又往kanarorang又遷移，到此
　　地就碰上荷蘭人，給荷蘭人指路去kazekalan就在
　　sixasixao在附近定居下來。toko大兒子娶了sixasixao長孫
　　女ranao，lavir往rikarong遷移，qamanion建立了
　　kasavakan。此時便分配了varovaro和zanoman之間的地，
　　toko的另一兒子taqasun建立了pakarok家，生下了三個兒
　　子tarorativ、kako和tinvengan。

本則遷移傳說故事情節要述如下：

一、toko離開revoaqan，到了kavorongan墾荒地。

二、toko與meras結婚，繼續遷移romingan，saoraman，
　　rovarovangan等地。又往kanarorang又遷移，後在
　　sixasixao附近定居下來。

三、lavir往rikarong遷移，qamanion建立了kasavakan。

四、toko的另一兒子taqasun建立了pakarok家。

本故事也涉及到卑南人與荷蘭人接觸的情形，toko曾經給荷
　　蘭人指路去kazekalan。

《老人的話知本卑南族發展史中的傳說》（上），Alton Quack 編，洪淑玲譯（1988）：⑧

老toko和她的女兒qimanion合建下建和這個村落，她們的範圍有zanoman、varovaro、qanqan，包括海邊和山巒，邊界是那條直通tarenaqowan的路。

老sixasixao並不同意，他覺得toko的地那麼寬廣，而他向南到zanoman之地只有kaqizangan，toko回答說：你在panapanajan還有其他部分。

於是老sixasixao便在北方latailatai擴大他的地，而此亦是toko和sixasixao的分界，自此toko向北發展，sixasixao則向南發展。

本則遷移傳說故事情節要述如下：

一、老toko和她的女兒qimanion合建下建和這個村落，範圍非常寬闊。

二、老sixasixao便在北方latailatai擴大他的地，而此亦是toko和sixasixao的分界。

三、自此toko向北發展，sixasixao則向南發展。

《老人的話知本卑南族發展史中的傳說》（上），Alton Quack 編，洪淑玲譯（1988）：⑨

老toko從知本沿著河向東遷移，在romingan、saoraman、rovarovangan時，因牛虻、螫蝦和鹿群的趨趕而離開。

因此她便來到masilid的山頂上，卻又因大南居民的壓迫，而逃到kanarovang，並在那兒建村。

後來有西方人向東來在kanarovang登陸，向西沿著鬼蘆葦移動時，遇見了toko，並要求帶路去kazekalan，老toko給他們指路，他們就帶著kalokal走了。

老toko希望在她兄弟sixasixao附近定居，其居處旁要有tovaronieq樹。如此，就產生tovaronieq這個家，也有了kasavakan和katatipol這個名字。

本則遷移傳說故事情節要述如下：

一、老toko曾經從知本沿著河向東遷移到romingan、saoraman、rovarovangan等地。

二、老toko又來到masilid的山頂上，又到kanarovang建村。

三、後來老toko希望在她兄弟sixasixao附近定居，其居處旁要有tovaronieq樹。如此，就產生tovaronieq這個家，也有了kasavakan和katatipol這個名字。

本故事也涉及到卑南人與荷蘭人接觸的情形，荷蘭人「在kanarovang登陸，向西沿著鬼蘆葦移動時，遇見了toko，並要求帶路去kazekalan，老toko給他們指路，他們就帶著kalokal走了」。

《老人的話知本卑南族發展史中的傳說》（上），Alton Quack編，洪淑玲譯（1988）：⑩

當toko居住在revoaqan時，依小鳥的指示成立了poringao職務和手鐲祭禮，toko聚集眾人學禱歌，並將獵物拿來招待他們。

此舉引起老sixasixao的不滿。toko只好遷移，起初在qaraeno，但害怕sixasixao的追殺，又來到ropaqat的kinaporeq，但又離開了，後來到了kavorogan開墾。

但用火燒材地，三年不熄滅，便請教mexas，mexas說：「如果這場火能熄，我們就結婚吧！」他用大豬祭神，熄了火，兩人便在一起了。婚後育有兒子karimazao、lavir、maraopit，女兒qamanion。

maraopit留在pakaroko家，qamanion則住在下建和（kasavakan），karimazao則與在kazanglaqan老sixasixao最

長的孫女ranao結婚進入了mavario家。

　　之後老toko則沿著知本河向前進，希望能遷到東方可以看到日出的地方，一連三個地方分別遭受蚊子、螯蝦、鹿群的驅趕，於是再度前往pinaqeliol，卻與大南居民發生衝突，後來逃到kanarovang，遇到了荷蘭人，便告訴他們往kazekalan的路，荷蘭人為酬謝送了一個有龍圖的水罐。

　　離開kanarovang時，老toko表示希望住在老sixasixao的附近，而且旁邊有tovaronies樹叢，後來就定居在kasavakan，於是就有了tovaronieq這個家名產生，kasavakan和katipol也由此而來。

本則遷移傳說故事情節要述如下：

一、toko居住在revoaqan，遷移qaraeno，又來到ropaqat的kinaporeq，又到kavorogan開墾。

二、老toko沿著知本河向前進，再度前往pinaqeliol，又逃到kanarovang。

三、又離開kanarovang住在老sixasixao的附近，而且旁邊有tovaronies樹叢，後來就定居在kasavakan，於是就有了tovaronieq這個家名產生，kasavakan和katipol也由此而來。

本故事老toko曾經遇到了荷蘭人，便告訴他們往kazekalan的路，荷蘭人為酬謝送了一個有龍圖的水罐。

〈南王村卑南族的會所制度〉，《考古人類學刊》，宋龍生（1965）：⑪

　　pakmalai與pagumuser結婚後，其長男與長女到vavatoran建立了valangato家，次男及次女到了maedatar建立了pasarapal家，么女到了arawarawai建立了sapayan，這

就是卑南社的開始。

　　其次arasis家祖先來到vokid，totoor家祖先來到了totoor，patung家來到kanaudo，ringaringai來到maedatar，前者後來成為longadan家，後者在rara家的支配之下。

　　繼之votol家的祖先來到台東街的南方tokos，rara家的silor家皆來到maldatar。而arasis家從vokid移到maedatar，sapayan亦遷移到maldatar。

這時均在此地建立會所，而patung家分支longadan成為了頭目，管理該集會所。最初的卑南社在maedatar，後來逐南遷成為現址。

本則遷移傳說故事情節要述如下：

一、pakmalai與pagumuser結婚後生子，卑南社於焉肇始：

　　1.長男與長女到vavatoran建立了valangato家。

　　2.次男及次女到了maedatar建立了pasarapal家。

　　3.么女到了arawarawai建立了sapayan。

二、arasis家祖先來到vokid。

三、totoor家祖先來到了totoor。

四、patung家來到kanaudo。後來成為longadan家。

五、ringaringai來到maedatar。後來在rara家的支配之下。

六、votol家的祖先來到台東街的南方tokos。

七、rara家的silor家皆來到maldatar。

八、arasis家從vokid移到maedatar。

九、sapayan亦遷移到maldatar。

十、這時均在此地建立會所，而patung家分支longadan成為了頭目，管理該集會所。

十一、最初的卑南社在maedatar，後來逐南遷成為現址。

《老人的話知本卑南族發展史中的傳說》（上），Alton　Quack編，洪淑玲譯（1988）：⑫

　　從前有三個人，ngatengatan，ngarengaran和magerev，他們來自東方向西方遷移，於是來到revoaqan，停留了一下，便繼續向前，到達variarian，ngategatan提議留在此地，並獨自找尋適合居住的地方。

　　但一年過去，仍無他的訊息。magerev和ngrengaran便去尋找他。在途中他們發現了一塊小鹿的皮，將之帶走。

　　一直到達kavorongan才得到ngatengatan的回音，隨著來自山中峽谷的聲音找去，他們找到了ngatengatan，然而他的身軀卻已化成二個部分，一半是石頭，一半是人。ngatengatan要回去revoaqan，他們便居住於此。

　　他們將竹子劈開，自其中出現了maxomalai和maxomsir，剝下了竹子的內膜，西方人拿用竹膜書寫的文字給他們，他們覺得他們是山地人又不懂文字，拿來又有何用，於是他們便回到卑南。

　　他們在kinotol築起了壯丁聚集所，門朝向東。但早上醒來時，門卻朝西。他們再度將門築向東邊，但隔天早上卻又發現門是朝西。

　　探究原因，原來在所在地有一隻死了的麝香貓。他們將貓安置在馬蘭（varangao）村落西方的小山。

本則遷移傳說故事情節要述如下：

一、有三個人自東方向西方遷移，到達variarian，其中一人留下獨自找尋適合居住的地方。

二、一年過了，留在variarian的人都沒有他的訊息。

三、其餘二人在kavorongan找到他，但是他已變成半石半人了。

四、被找到的ngatengatan要回去revoaqan，他們便居住於此。

五、他們將竹子劈開，自其中出現了maxomalai和maxomsir。

六、他們在kinotol構築壯丁聚集所，門是朝向東方，但是第
　　二天門變成朝西，他們又把門朝向東方，可是隔天門又
　　朝西了，原來在所在地有一隻死了的麝香貓。
七、他們將貓安置在馬蘭（varangao）村落西方的小山。
《台灣高砂族系統所屬の研究》，移川子之藏（1935）：⑬

　　　從前，從知本社分離而移到恆春parilarilao地方去的
有karimalao（男）、palaor（男）、ranao（女）、munuman
（女）、topijin（女）、tartar（男）等六人。

　　　起初，karimalao與卑南社友好，但卑南社的人命他
磨刀，他大為憤怒，將刀折斷而插上屋頂，又將卑南社
祭祀小屋之竹拔出，而與前記的人們一起向恆春方面出
發。為卑南社所知，通知排灣族pariwan阻礙他們南下。

　　　karimalao之一行到達hutsurin社時，果然受到他們的
阻礙而不能通過。於是，他乃作咒術而使海潮退去而登
上海中之石岩，後又使海水漲來，排灣族驚而逃走。後
來再使海水退而登陸，一行順利抵達了恆春地方。這個
岩石至今猶存，因其名而稱呼為karimalamalao。

　　　他們的南下，正在知本社從卡砦卡蘭（karukalan即
kazekalan）下移平地的時代。……而現在有名為潘阿別
apeq者，就是karimalao之子孫。

本則傳說敘述知本社karimalao遷徙到恆春的故事，本來
karimalao與卑南社友好，但卑南社的人命他磨刀，他大為憤怒，
將刀折斷而插上屋頂，又將卑南社祭祀小屋之竹拔出。

　　於是離開知本社南下，卑南社得知，通知排灣族阻礙他們南
下，他們使咒驚走了排灣族人，而順利抵達了恆春地方。現在有
名為潘阿別apeq者，就是karimalao之子孫。

【註釋】

① 曾建次〈卑南族歷史與傳說〉，載於行政院原住民委員會《第二屆全國原住民大專青年文化會議紀錄》，1999.8。

② 曾建次編譯《祖靈的腳步》，台中，晨星出版社，1998.6。

③ 尹建中《台灣山胞各族傳統神話故事與傳說文獻編纂研究》，1994.4。

④ 同③。

⑤ 同③。

⑥ 同③。

⑦ 同③。

⑧ 同③。

⑨ 同③。

⑩ 同③。

⑪ 同③。

⑫ 同③。

⑬ 宋龍生《台灣原住民史卑南族史篇》，台灣省文獻委員會，1998.12。

第四章

卑南族洪水神話口傳文學

卑南族知本部落的傳說：①

　　……洪水時期，所有的一切全被淹沒，連天上的太
陽和月亮也在內，只剩五位兄弟姊妹逃過劫難，乘坐木
臼漂浮海上。……

從本則傳說故事來看，當時的洪水大氾濫，實在是非常的洶
湧巨大，就連天上的太陽和月亮都被淹沒了。當時洪水時期，只
有乘坐木臼的五位兄弟姊妹逃過了劫難，而人類的傳承創生亦由
他們繼續繁殖。

曾建次亦載有石生系統的知本系之部落沿革：②

　　卑南族的傳說中，亦有洪水的故事。但並非只有一
次，除了「蘭嶼」島與「綠島」中間板塊被淹沒以外，
還有一次發生在來到台灣後，洪水也淹沒了所有人，只
剩下一男一女，因此又重新開始。……

本則傳說故事敘述在卑南族人回憶的洪水神話傳說曾經發生
了很多次洪水氾濫大地，在卑南族還在「蘭嶼」島與「綠島」居
住的時候就發生過了洪水侵襲大地，以至於中間板塊被淹沒。

卑南族祖先漂流到台灣島之後，又發生生過一次洪水大災難
，「洪水也淹沒了所有人，只剩下一男一女，因此又重新開
始」。

〈洪水滅世〉，《祖靈的腳步》，曾建次編譯載：③

　　洪水氾濫之前，台灣島原本在海洋底下，東部海
上，即蘭嶼島和綠島之間，曾有過陸地存在。那塊陸地
曾是人類居住的地方，後來台灣島浮出海面，原來所居
住的那塊陸地沉沒於海底，如今的蘭嶼島和綠島即爲洪
水浩劫後所餘存的島嶼。

　　隨著那塊陸地的沉沒，所有的生物也跟著被淹沒，
就連天上的太陽和月亮也難逃此劫。只剩五位兄弟姊妹

乘坐在如同米臼的木頭上，漂浮於海面。

　　當時天空仍是一片昏暗，五位兄弟姊妹經過商量後，決定要有一位上天成為光體，於是其中一名叫hunin的男子便被其他四位推上天空，成了白天的光體——太陽。

　　到了夜間，名叫vulan的女子則被其他人推上天空，成了夜間的光體——月亮。兩個光體遂輪流於白天黑夜照耀大地，其餘三位則漂流至台灣島上稱為ruvuahan或panapanyan的地方。

　　註：ruvuahan是石生族群的說法，panapanyan則是竹生族群的說法，其意皆為「發祥地」，只是用字不同而已。地點位於知本部落往南約五公里，三和村與華源村的中間，於公路旁山坡地方並有石碑樹立，上刻「台灣山地人發祥地」。

本則傳說故事情節要述如下：

一、洪水氾濫之前，台灣島原本在海洋底下。

二、台灣東部海上，即蘭嶼島和綠島之間，曾有過陸地存在，那塊陸地曾是人類居住的地方。卑南族祖先曾經居住過。

三、遠古洪水氾濫的時候，如今的蘭嶼島和綠島即為洪水浩劫後所餘存的島嶼。

四、洪水氾濫後，台灣島浮出海面。

五、洪水浩劫後所餘存的人，只剩五位兄弟姊妹乘坐在如同米臼的木頭上，漂浮於海面。

六、洪水氾濫時，所有的生物也跟著被淹沒，就連天上的太陽和月亮也難逃此劫。

七、因為太陽與月亮也被洪水淹沒，所以天地變得一片漆

黑，五位兄弟姊妹經過商量後，決定要有一位上天成爲光體，於是其中一名叫hunin的男子便被其他四位推上天空，成了白天的光體——太陽。到了夜間，名叫vulan的女子則被其他人推上天空，成了夜間的光體——月亮。大地於是有了太陽與月亮。

八、其餘三位則漂流至台灣島上稱爲ruvuahan或panapanyan的地方。

卑南族陳實以日女所寫的一篇題爲《台灣原住民族的來源歷史》手稿，經其三公子陳明仁翻譯成中文，文中〈知本ka-tipol族民傳說〉：④

太古時天地間發生了大地震及火山大爆發，山崩地裂，平原都被熔掉，所有的動植物都毀滅了。只倖存了五位兄弟姊妹：大發大婦tavatav（女）、巴魯俄palor（男）、蘇尬蘇告sokasokao（女），另二人名不詳（傳說昇天後變成了太陽和月亮）。

三人乘著米白（大概是小型魚舟），漂流到了「巴那巴那彥」panapanyan地的海岸（知本村南邊四公里處，離現在美和漁場約五百公尺處，有三株刺竹的所在處），（巴那巴那彥族知本語又稱「陸浮岸ruvoahan，發祥地的意思」。最初在那裡的一個自然岩洞（現已因山崩被埋沒了）構築了居所而住了下來。……

本則傳說與上則故事相似，惟本故事對於倖存的五位兄弟姊妹交代的比較清楚，即：大發大婦tavatav（女）、巴魯俄palor（男）、蘇尬蘇告sokasokao（女），另二人名不詳者，即昇天變成太陽和月亮者。

在卑南族的神話傳說裡，洪水不只一次侵襲大地；〈洪水再滅大地〉，《祖靈的腳步》，曾建次編譯載：⑤

　　　　不久之後，tatta長得亭亭玉立，該是成家的時候了。此時從大武山來了一位俊美的排灣族男子名叫tanuvak，他與tata成婚生子，這時人們生活在安和樂利之中。

　　　　不知過了多久，地上又發生一次大洪水，所有的人再度慘遭滅絕的命運。此時在發祥地有一位名叫rarihin的女孩，在萬般驚險的濤天駭浪中緊抓著峭壁抓住一束叫haringay的草根，才得以存活。

　　　　待水位慢慢減退之後，從大南社kindupur來了一位叫vasakalan的男子，他來到發祥地探個究竟，發覺這劫後餘生的女孩竟是位漂亮少女。他救了這名奄奄一息的少女，並與她結婚生子。

本則傳說故事敘述洪水再度氾濫侵襲大地，當時只有名叫rarihin的女孩，在萬般驚險的濤天駭浪中緊抓著峭壁抓住一束叫haringay的草根，才得以存活。她後來與大南社的男子vasakalan結婚生子。

《老人的話知本卑南族發展史中的傳說》（上），Alton　Quack編，洪淑玲譯（1988）：⑥

　　　　遠古即存在這塊土地「台灣」。之後土地沒入海底，就連日月亦一起沈入海中，只剩下劫後餘生的五個兄弟姊妹，坐在一種研缽上，隨海飄浮著。

　　　　他們一直努力向前進，便在revoaqan處上岸了。當時天地仍是一片漆黑，就派遣一男一女至天頂，當作新的太陽和月亮。

　　　　天逐漸明亮以後，便出發至各處尋找存活的人類，卻一無所獲只好在原來上岸的地方住了下來。

　　　　其中，名叫sokasokao就曾落腳於大式山

（kavorongan），今日在revoaqan的「紙竹」，便是他當時遊走時所拿的木杖，而他卻一直向西走，或許到達了中國大陸或日本。

　　而其他二個兄弟姐妹，由於找不到存活人類只好躺臥而眠，繁殖下一代。他們飼養魚蝦蟹和鳥。關於鳥，太陽告訴他們，鳥將為你們傳送未知災難的警誡訊息。

本則傳說故事情節要述如下：

一、遠古即存在這塊土地「台灣」。之後土地沒入海底，就連日月亦一起沈入海中。

二、當洪水氾濫，土地沒入海底，只剩下劫後餘生的五個兄弟姊妹，坐在一種研缽上，隨海飄浮著。

三、這劫後餘生的五個兄弟姊妹在revoaqan處上岸了。

四、因為當時洪水侵襲的時候，太陽和月亮也都沉入海中。因此天地一片漆黑，五個兄弟姊妹就派遣一男一女到天上，做太陽和月亮。

五、天上有了新的太陽和月亮，天就逐漸明亮起來，剩下的三人便出發到處尋找還有沒有存活的人類，但是都沒有發現還有其他人活著。

六、三人找不到其他人，只好在原來上岸的地方住了下來。

七、三人中，其中，名叫sokasokao就曾落腳於大式山（kavorongan），今日在revoaqan的「紙竹」，便是他當時遊走時所拿的木杖，而他卻一直向西走，或許到達了中國大陸或日本。

八、剩下二個男女，由於找不到存活人類只好躺臥而眠，繁殖下一代。

〈普悠瑪puyuma的由來〉，《卑南族神話故事集錦》，林豪勳、陳光榮著：⑦

　　聽老人的傳說故事說，卑南族的祖先，是來自南方的島嶼。島民自稱是irur，卑南族的古話是「魚」之意。

　　有一年，因颱風沖毀了部落，大水久久不退。有一對夫妻，男的名叫adulumaw，女的叫adulusaw，他們坐上竹筏，在海上漂流了好幾天之後，才被現今的蘭嶼島民救起。

　　他們在該島上生活沒多久，因生活習慣不同且無法適應，夫妻商議要遷往他處，於是造了小船離開蘭嶼島，往北航行……

本則傳說故事情節敘述如下：

一、卑南族是來自南方的島嶼。

二、卑南族住在南方島嶼的時候自稱irur，古話之意是「魚」之意。

三、有一年，卑南族居住的南方島嶼，因為颱風沖毀了他們的部落，大水久久不退。有一對夫妻，男的名叫adulumaw，女的叫adulusaw，他們坐上了竹筏。

四、這一對夫妻在海上漂流了好幾天之後，才被現今的蘭嶼島民救起。

五、他們在蘭嶼島上生活沒多久，因為生活習慣不同而且無法適應，因此夫妻商議要遷往他處。

六、夫妻造了小船離開蘭嶼島，往北航行，最後到達了台灣。

【註釋】

① 曾建次〈卑南族知本部落口傳歷史及神話故事〉，《山海文化》雙月刊第二
　　期，1993。

② 曾建次〈卑南族歷史與傳說〉，載於行政院原住民委員會《第二屆全國原住
　　民大專青年文化會議紀錄》，1999.8。

③ 曾建次編譯《祖靈的腳步》，台中，晨星出版社，民1998.6。

④ 宋龍生《台灣原住民史卑南族史篇》，台灣省文獻委員會，1998.12。

⑤ 同③。

⑥ 尹建中《台灣山胞各族傳統神話故事與傳說文獻編纂研究》，1994.4。

⑦ 林豪勳、陳光榮著《卑南族神話故事集錦》，台東縣立文化中心，1996.7。

第五章

卑南族太陽與月亮神話口傳文學

壹、卑南族太陽與月亮是人變成的傳說故事

〈卑南族歷史與傳說〉，曾建次：①

> 「知本」、「建和」、「泰安」、「利家」、「上賓朗」
> 、「初鹿」等部落，屬於石生支系。故事開始於「蘭嶼」
> 與「綠島」之中曾有的一塊版圖上。

> 一天，洪水淹沒了這塊土地，而當時存活下來的五
> 個人，漂洋過海到台灣東岸就在知本往南五公里處。…
> …飄流過來的五個人，其中的一男一女，一個成了太
> 陽，一個成了月亮。

本則傳說故事謂天上的太陽和月亮是「人」變成的，祖先原
來居住在「蘭嶼」與「綠島」，因為一場洪水，僅五個人活了下
來，漂流到台灣東部知本附近，這五個人中，其中的一男一女，
一個成了太陽，一個成了月亮。

卑南族知本部落的傳說：②

> ……洪水時期，所有的一切全被淹沒，連天上的太
> 陽和月亮也在內，只剩五位兄弟姊妹逃過劫難，乘坐木
> 臼漂浮海上。

> 由於天地一片漆黑，五位兄弟姊妹商議後，決定要
> 有一位上天成光體。於是，其中一男被四人推上天去，
> 成了太陽；另一女亦被推上天成了月亮。光體白天黑夜
> 輪流照耀大地。……

本故事謂洪水時期，所有的一切全部都被淹沒了，無一倖
免，連天上的太陽和月亮也都被淹沒了。

這次洪水大氾濫，只剩下五位兄弟姊妹逃過了劫難，他們乘
坐木臼漂浮在海上。因為當時天地一片漆黑，所以他們五位兄弟
姊妹經過商量決議之後，決定要有一位上天變成光體。於是，他
們其中一位男孩被四人推上天去，成了太陽光體；另一位女孩也

被推上天去變成了月亮光體。太陽和月亮兩光體於白天黑夜輪流照耀著大地。

《老人的話知本卑南族發展史中的傳說》（上），Alton　Quack編，洪淑玲譯（1988）：③

　　遠古時代洪水湮沒了現在居住的地方，劫後餘生的五個兄弟姊妹，思索著生存之道，於是派遣一男一女到世界頂端成了月亮和太陽。……

本則傳說故事敘述洪水餘生的五個兄弟姊妹，思索著如何生存下去，便派了其中兄弟姊妹一男一女到天上當月亮和太陽。

貳、卑南族天是人推高的傳說故事

《老人的話知本卑南族發展史中的傳說》（上），Alton　Quack編，洪淑玲譯（1988）：④

　　據說，當時天幕降得很低，熾熱的太陽發出炎熱的光芒，天氣變得奇熱無比，一位孕婦因天氣異常炎熱而火大，她便作了個研缽和杵，之後抓起了一把黍，光著腳出門並用腳踏這把黍，遽料卻頂碰上天幕。天幕於是噠嘎、噠嘎往上推，升到了高處。……

傳說以前「天」很低，加上熾熱的太陽，因此天氣奇熱無比。有一位孕婦火大了，「她便作了個研缽和杵，之後抓起了一把黍，光著腳出門並用腳踏這把黍，遽料卻頂碰上天幕。天幕於是噠嘎、噠嘎往上推，升到了高處」。「天」升高之後，人們的生活就方便與舒適多了。

【註釋】

① 曾建次〈卑南族歷史與傳說〉，載於行政院原住民委員會《第二屆全國原住民大專青年文化會議紀錄》，1999.8。

② 曾建次〈卑南族知本部落口傳歷史及神話故事〉，《山海文化》雙月刊第二期，1993

③ 尹建中《台灣山胞各族傳統神話故事與傳說文獻編纂研究》，1994.4

④ 同③。

第六章

卑南族住居地名口傳文學

壹、卑南族的族名

「卑南」的稱呼其實是來自卑南社（今南王村）的自稱。就整個卑南族來說，雖然對於以「卑南」爲族名並不是令每一位族人都很滿意，但是在長老們提出「卑南」puyuma有「團結」之意的解釋之後，大部分的族人都可以接受族名爲「卑南」族。

「卑南」二字，有如是說法：①

　　　對於所謂「卑南」一語的稱呼，在馬來半島西岸有個叫檳南的小島，島上的原住民嗜食檳榔，故其種族又名爲檳南，或許在漢人的語音中音譯成「彼南」又轉譯成現在的「卑南」的吧！

「卑南」二字衛惠林氏於民國四十年代使用，民國四十三年三月爲台灣官方採行，其後除芮逸夫於一九七二年仍堅持「畢瑪」族稱外，無論官方或學界皆稱「卑南」。

貳、卑南族住居傳說故事

卑南族有關居住地之傳說：

　　　傳說，有一天，卑南人與阿美人去狩獵，捕捉到了一隻野鹿。他們分配獸肉時，阿美人得到了心臟，卑南人則得到肺臟。

　　　阿美人跟卑南人說：「心臟太小，我們人多無法分配，我們交換吧！」交換之後，彼此互相商量著把心臟和肺臟投入水裡，沈於水者即得到這塊土地。

　　　結果心臟沉進水裡，肺臟則浮在水面上，因此卑南族人就得到了現今這塊土地。

本則傳說故事情節要述如下：

一、有一天，卑南人與阿美人去狩獵，捕捉到了一隻野鹿。

二、卑南人與阿美人共同分配獸肉，阿美人得到了心臟，卑

南人則得到肺臟。

三、阿美人跟卑南人說：心臟太小，我們人多無法分配，於是與卑南人交換肺臟。

四、卑南人與阿美人商量著把心臟和肺臟投入水裡，沈於水者即得到這塊土地（目前阿美族佔有的土地）。

五、結果心臟沉進水裡，肺臟則浮在水面上，因此卑南族人就得到了現今這塊土地。

林道生編著《原住民神話故事全集（二）》，載卑南社「卑南社的起源」：②

古時候，現在的卑南社地方本來是先有阿美族人在居住。但是有一次，阿美族人把竹杖插在地上時，竹子越長越大，終於從竹子裡面生出了卑南族人。

有一次兩族人馬一起去狩獵，捕得鹿回來分配時，阿美族人分得心臟，卑南人分得肺臟。可是阿美族人覺得心臟太小了，拿回去很難分給部落的人，希望能與卑南人交換肺臟。在卑南人同意下阿美族人用心臟又換了肺臟，雙方都滿意地拿回去煮。

阿美族人與卑南族人各自把心臟和肺臟都煮了，他們又想：「把心臟和肺臟放在水裡不知道會怎樣？」雙方於是約定把它們放到水裡看看，並且同意會沈下的一方，這一塊土地就歸他們所有。

他們照約定的方式把心臟和肺臟放在水上面，結果卑南族人擁有的心臟沈了下去，阿美族擁有的肺臟浮在水上面，這塊土地便歸卑南族所有，而建立了卑南社。失去了大塊土地的阿美族人才後悔不該用心臟和卑南族交換肺臟。

本則傳說與上則故事相似，惟本故事阿美族與卑南族以心臟

和肺臟投入水中作爲佔領土地的憑據是煮熟之後爲之，上則故事則是心臟和肺臟還生鮮時投入水中，但兩者其結果是相同的。

目前居住在台東市新生里（舊稱馬蘭社）的阿美族，仍然被學者專家們分類爲卑南阿美，而不稱爲馬蘭阿美。③

參、普悠瑪社puyuma（南王村）傳說故事

puyuma意爲「集中團結」。南王的前身或許有好幾個小部落，是集合後才叫puyuma，因爲那集合的動作叫puyuma（共居）。

南王部落名稱及產生之背景，陳光榮記述、林清美整理翻譯〈卑南八社各部落名稱產生的背景〉：t

> 南王社的祖先從聖山a pa ngan（今巒山）下山後，各自找適合的地方分散居住，當時有六個家族設pa la kuan（集會所），六個會所分散有很多不便，經過各家族的長老商議，決定把集會所集中在may da tar（地名）地方，六個集會所面對面的集中在pasaraad（家族名）的本家前面，長老們開會如此集合各家族集會的行動稱爲pu yu ma（是集中團結之意）。從那時開始南王自稱是pu yu ma。

> 爲了南王社不納貢，知本人前往南王社興師問罪，引起雙方的衝突，進而發生格鬥，知本社落敗，從此雙方變仇人互不往來，直到有一位知本青年paunyn自告奮勇的到南王社請求講和，南王社sapayan長老被其勇氣與誠意所感動，欲收其爲義子而前往知本社請求同意，經知本社長老同意後，南王社的sapayan長老說了一句話，既然您們同意我收paunyn爲義子，現在開始我們都是一族人了，從此凡屬知本系的七個部落均與南王社同稱pu yu ma。

　　在荷蘭人之後，從大陸lutyu來了很多人，南王社頭目pynaday因協助大陸來的人（清朝）捉拿犯人，因而得到清朝皇帝的封號，把pynaday改爲卑南王，也因此之故，所有屬pu　yu　ma族的八個部落，因頭目pynaday之封號卑南王而稱爲卑南族。

　　於乾隆五十二年（一七六七）間，當時沒有所謂的政府機關，如法院、縣政府、警察局等，有關各族各部落的雜難問題的解決或排解糾紛，均來到pu　yu　ma部落解決問題，如此由各方部落集合的地方稱爲abay　wan　dung　du　ngan，故南王社又稱爲abay　wan　dung　du　ngan。

本則傳說故事情節要述如下：

一、南王社的祖先從聖山a　pa　ngan（今巒山）下山後，各自找適合的地方分散居住，當時有六個家族設pa　la　kuan（集會所）。

二、由於六個會所分散有很多不便，經過各家族的長老商議，決定把集會所集中在may　da　tar（地名）地方，六個集會所面對面的集中在pasaraad（家族名）的本家前面。

三、長老們開會如此集合各家族集會的行動稱爲pu　yu　ma，是集中團結之意。

四、因爲六個會所集合了，也就團結了，所以從那時開始南王自稱是pu　yu　ma。故「pu　yu　ma」有「集合」、「團結」之意。

五、因爲南王社不納貢，知本社頭目派人興師問罪而引起衝突格鬥，知本社落敗，雙方變仇人互不往來，直至有一位勇敢的知本青年paunyn到南王社請求講和，南王社

sapayan長老為其勇氣與誠意所感動，欲收其為義子而前往知本社請求同意，南王社的sapayan長老說您們同意我收paunyn為義子，現在我們都是一族人了，我們都是pu yu ma。

六、之後，南王社頭目pynaday因協助大陸來的人（清朝）捉拿犯人，因而得到清朝皇帝的封號，把pynaday改為卑南王，也因此之故，所有屬pu yu ma族的八個部落，因頭目pynaday之封號卑南王而稱為卑南族。

七、清朝時有關各族各部落的雜難問題的解決或排解糾紛，均來到pu yu ma部落解決問題，如此由各方部落集合的地方稱為abay wan dung du ngan，故南王社又稱為abay wan dung du ngan。

肆、比拿斯齊社pynaseky（下賓朗村）傳說故事

pynaseky意為「上坡的地方」。下賓朗部落名稱及產生之背景，陳光榮記述、林清美整理翻譯〈卑南八社各部落名稱產生的背景〉：⑤

賓朗社pynasky是知本的後代，在知本社ka ly tak頭目時代，因puyuma（南王社）好幾次沒有納貢，引起知本的不滿，群起去puyuma問罪，puyuma青年早有預謀不納貢，因此雙方發生衝突，在南王青年早有準備的情況下，知本被追殺，所剩無幾，從此知本和南王成為仇家，南王由於人數眾多且勢力強，故常逮捕知本青年為奴隸，支使其做苦工。

有一知本青年名叫paunyn（巴巫寧），聲稱要去南王與南王青年講和，被親友阻止以免被殺，但paunyn堅持要去，大有犧牲小我，完成大我之氣概。有一天，他

真的到南王去，卻被南王青年逮捕，正好被南王的sapayan長老看見，命青年勿殺害，將其帶至sapayan家，不久，sapayan長老收知本青年paunyn爲義子。

　　有一天，tamalakaw人在燒山開墾時，延燒到sapayan的獵場而發生火災，爲此，tamalakaw長老到南王來向sapayan長老報告並賠不是，sapayan長老說，既然如此，你們就帶一頭白熊吧！tamalakaw人始終都獵不到大白熊，最後他們只好硬著頭皮去見sapayan老人報告，我們只帶了一頭小白熊，是否可做爲賠償了事，結果sapayan長老說：我要一隻大白熊並不是要眞正的熊，而是要你們tamalakaw最美麗的姑娘，tamalakaw長老們再來的時候，帶了一位全部落最美麗的小姐做爲賠償禮，小姐名叫leg leg，sapayan長老把leg leg許配給paunyn做妻子。

　　paunyn成家生了孩子以後，想分家自立門户，因此向sapayan老人說：我看到有一個地方，非常適合居住，我想在那裏蓋屬於自己的家，不知可否？老人回答說，可以，你可自立更生了。

　　於是paunyn第二天就去sang lyng lyway的地方砍竹子，並堆成一堆，第二天又去砍竹子時，看到在他所堆的竹堆上，有一隻雲豹lykulaw所吃剩的山羌ura，當時有一種不祥的感覺，急忙回家去請示老人，老人聽了之後回說：那是好預兆，告訴你這裏的土地有很多蟲myyakutu，其意是會有很多獵物，是一個很富饒的地方，並不是你所想的不祥地，聽了老人的話以後，paunyn心中的不安一掃而空。

　　paunyn終於有了屬於自己的家，當paunyn遷居到新家以後正如sapayan長老所說的當地是一個非常富饒的地

106

方，獵物之多可以從paunyn所丟棄堆積如山的獵物內臟可證明。

有一天，sapayan長老去探望他們一家人時，看到paunyn所堆積的獵物內臟py na bu ka如小山堆，因此這位老人把paunyn所住的地方取名為pynabuka，其意為內臟堆，每當sapayan家老人要去看paunyn一家人時，總會說，我要去py na bu ka，因而得名。

不知過了多久，paunyn家子孫繁衍這一帶，在他們所住的地方，生長一種樹叫bua a yaw，每當夏天，天氣炎熱的時候，樹上的果子會掉下掉到屋頂上，會發出ri-r,ri-r的聲音，久而久之，外地人就以此音，取名此地為pataeryr，後來不知何因舉家遷居到ky na adaaw（現在下賓朗東北方的山坡地）的地方。

他們遷居後不久，sapayan的老人說，我們去看看孫子們的新居如何，結果老人們經過山坡地才到達，老人回來後告訴家人，他們住在上坡paskysky的地方，因而取名pyuasky，人口繁衍，家戶增加，慢慢的遷居到現在的居住地，日據時代，把散居的家戶，集中規劃成現在的部落，並取名為pynaseky，光復以後取名為下賓朗。

pynaseky為一位勇敢的知本青年paunyn（巴巫寧），為南王的sapayan長老收為義子，結婚娶妻後獨立成戶，最後居住於pynaseky。

伍、阿里擺社alipay（上賓朗村、頂永豐）傳說故事

alipay意為「眼睛微微張開，有眼疾的人」。阿里擺部落名稱及產生之背景，陳光榮記述、林清美整理翻譯〈卑南八社各部落名稱產生的背景〉⑥

　　　alypay（上賓朗）和ly ka bung（利嘉）是知本大頭
　　目分派出來收貢的一組人，每到了da u da u（現在賓朗
　　畜牧場南邊）天黑了，找地方搭寮過夜，久而久之習慣
　　了，也就不想回知本部落，而就此居住在da u da u這個
　　地方，繁衍下一代。

　　　後來族裡面有人得了眼疾，病名叫madyras，他們認
　　爲眼疾是見不得人的病，因此離開部落分散到各自的田
　　園居住，因爲不好意思直稱得madyras病，而以alypay一
　　詞婉轉替代，沿用迄今。

　　　日據時代，日本人在現在的賓朗牧場下面規劃部
　　落，讓散居在各地的居民集中在一起，因而形成現在的
　　上賓朗部落。

阿里擺社alipay，「alipay」是「眼疾」的意思，日據時日本
人於今賓朗牧場下面規劃部落，讓散居在各地的居民集中在一
起，因而形成現在的上賓朗部落。

〈阿力拜部落〉，《祖靈的腳步》，曾建次編譯：⑦

　　　利嘉社sinayhan的家族中，有幾戶家庭爲了尋找良
　　田，即往泰安村的東北yataw地方開墾築屋，後來獨立成
　　一個小小部落阿力拜。日後又從阿力拜部落分出斑鳩部
　　落。

大凡卑南族的遷徙皆與尋找適合的耕地而移動，阿力拜部落
自然也不能例外。

陸、烏利布利布克社ulivelivek（初鹿村）傳說故事

初鹿部落名稱及產生之背景，陳光榮記述、林清美整理翻譯
〈卑南八社各部落名稱產生的背景〉：⑧

　　　很早以前，初鹿和知本是同一族（或同部落），知

本的大頭目指示其部屬分別到各地去收貢，往北方收貢
的一族，每當從北方回來時，在sekung（現太平榮家上
面）的地方，天黑就此搭寮過夜，第二天才回到知本部
落繳交收集的貢物，經過多次在同一地方過夜住習慣
了，就不再回到知本本部落了。

後來，從知本來了幾家家族，希望與其共同生活，
日子久了，人口增加，相對的獵物越來越少，因此往北
遷居到現今斑鳩地點，但是並沒有全部遷居，有部分的
家族留下來，後來成了tamulakaw（現泰安村）人，遷出
的部分所到的新地方，發現當地有很多鳥，叫pykypykyu
的鳥，該地因而得名。

日據時代，日本人在離當地稍往北之處規劃成部
落，把住在pykypykyu的居民遷移過去，因為周圍都是
山，有阻擋隱蔽的作用，卑南語叫mulybek，所以卑南語
稱初鹿為mulybelybek，因此而得名。

ulivelivek意為「被隱蔽起來的地方」。「初鹿」村，現今以
觀光為主，農業為輔的開發，最有名的就是全省最大的初鹿示範
觀光農場。

柒、利嘉村傳說故事

〈利嘉部落的成立〉，《祖靈的腳步》，曾建次編譯：⑨

在屯落時期，知本人曾是東部各民族的盟主。不論
是南部的排灣族，北面的阿美族，西北面的布農族，或
是西面的魯凱族以及武力正逐漸擴展的南王部落，都一
致認同知本的盟主地位。因此，時節一到，各族各部落
均納貢獻禮；若不來納貢，知本人必催繳。利嘉村的設
立即與此有關。

　　　　彼時因知本人常往西北方向外族催收貢品，返家途
中常因夜黑不及趕回屯落，於是在利嘉地方設置驛站。
當初被派往利嘉的先祖在該地種植芋頭時，因土地肥
沃，所種植的芋頭葉子如同mukavukavung（大帽子），
因而得名為likavung（利嘉村）。

　　　　那些被派來利嘉地方成立部落的祖先均是女性，分
別為muwakay，sinayhan以及sanguv。muwakay成為
karangilan家族的祖先；sinayhan成為paranguran家族的祖
先，另外sanguv和大南社頭目masihasih之子mareval結為
夫妻，二人創立了sangiradan家族；另外一個家族叫
ringringay是最新成立的。

　　　　上述這些家族是目前利嘉社的四大家族。

　　本則傳說故事謂知本社派員催繳納貢，利嘉是一個驛站，催
收貢品的人，返知本途中常因夜黑不及趕回屯落，因此就夜宿此
地。後來就逐漸居住在這裡。

　　因為這裡土地肥沃，所種植的芋頭葉子如同mukavukavung
（大帽子），因而得名為likavung（利嘉村）。

捌、「馬當」、「母日那烏難」地名傳說故事

〈卑南族兩兄弟的傳說故事〉，《卑南族神話故事集錦》，陳
光榮、林豪勳：⑩

　　　　……話說有位女孩，名叫「卡利卡利」（kalykaly），
沒有結婚就受孕於風，……田裡工作時，總是將所生的
孩子「拉鹿高」（dadungaw）裝在工作籃裡，藏在草堆
裡，……

　　　　不多時，「拉鹿高」（dadungaw）已是婷婷玉立的
少女了，長的非常漂亮，……履次成婚沒幾天丈夫便死

亡，接連幾次都是如此。

「拉鹿高」（dadungaw）的母親……發現女兒的陰部長了牙齒，難怪丈夫都會死，是因為媾合時，被其女私處咬斷而死的。

母親「卡利卡利」（kalykaly），覺得可恥不已，就找人訂製了木箱，……把女兒放流到大海裡去。

那只木箱，被風吹到南方的知本部落的海域時，正好被一群，正在海邊捕魚的知本青年所發現，……就用酋長的長矛把木箱撬動……竟然裡面躺著，一個漂亮的美女。

……「拉鹿高」（dadungaw）姿色嬌美，酋長有意把她納娶回家，……逐一將該女私處的牙齒敲掉，……成婚之後，生了四個孩子。……當「拉鹿高」（dadungaw）的兩個男孩大約到了要進入少年會所的年齡時，他們的母親「拉鹿高」（dadungaw）就告訴那兩兄弟，說：你們還有一位外祖母，在卑南部落裡，你們可以去玩玩，讓她認認你們，也讓她知道，以為已經死去了的女兒「拉鹿高」（dadungaw），如今，還活在人間。……

「拉鹿高」（dadungaw）的母親「卡利卡利」（kalykaly）已經可以確定，自己的女兒還活著，而這二位一定是「拉鹿高」（dadungaw）的孩子。

「卡利卡利」（kalykaly）要求他們說：要跟他們一起到知本部落去，但那兩小兄弟怎麼也不肯。那兩位小兄弟為了避開外婆，就故意迂迴兜圈子，從海邊走，到了「馬當」（今之台東市豐里里）時，「拉鹿高」（dadungaw）的母親「卡利卡利」（kalykaly），因為累了，歇腳休息，且拿出檳榔袋嚼檳榔，因眼看那兩位小兄弟就要不

見了，慌張之餘，將裝石灰的小容器掉落在草叢裡，在尋找容器之後，也跟丟了那兩兄弟。

「卡利卡利」（kalykaly）掉落的小東西，在卑南語裡叫「當當」，因此，那個區域被族人取名爲「馬當」至今。

不多久，兩兄弟再度去探訪外婆時，其大妹「拉西拉斯」吵著要跟去，但兩位哥哥嫌她妹妹腳程太慢，怕會耽擱回家會太晚，爲了讓妹妹知難而退，兩兄弟就加快腳程，好讓她跟不上就回頭，但其妹「拉西拉斯」（rasyras）依然尾隨在後，不回頭，在中途就迷失了。該地取名叫「母日那烏難」（murnaunan）（現今富源山下）。……

本則傳說故事涉及到「馬當」以及「母日那烏難」地名的典故。當「拉鹿高」（dadungaw）的兩位兒子去了卑南外婆「卡利卡利」（kalykaly）的家後，外婆得知了當年被她放海任其漂流的女兒「拉鹿高」（dadungaw）還活著，想要跟著孫子到知本去，但是兩位小兄爲了要避開外婆跟著去知本，就故意迂迴兜圈子，從海邊走，到了「馬當」（今之台東市豐里里）的時候，外婆因爲走累了，稍微停下腳步休息，並且拿出檳榔袋要嚼檳榔，因爲眼看著兩位小孫子就要不見了，因此外婆很慌張，將裝石灰的小容器掉落在草叢裡，她還尋找著容器，不過她已經跟丟了那兩位小孫子。外婆掉落的小東西，在卑南族語裡叫作「當當」，因此，那個區域被族人取名爲「馬當」至今。

又過了不多久，兩兄弟再去外婆家，他們的大妹「拉西拉斯」吵著要跟去，但是嫌她走路太慢，怕會耽擱很多時間，回家會太晚，爲了讓妹妹自己退回家，於是兩兄弟就加快腳步，好讓妹妹無法跟上而回頭回家，但是妹妹「拉西拉斯」（rasyras）依然尾隨

在後，不回頭，在中途就迷失了。該地取名叫「母日那烏難」
（murnaunan）（現今富源山下）。

玖、「litung」、「mariwaed」、「kanadelya」地名
##　　傳說故事

〈卑南族兩兄弟的傳說故事〉，《卑南族神話故事集錦》，陳
光榮、林豪勳：⑪

不多久，兩兄弟再度去探訪外婆時，其大妹「拉西
拉斯」吵著要跟去，……在中途就迷失了。……

兩兄弟懷疑其大妹在玩水時，被大蛇吃了。……兩
兄弟所殺的蛇，是一隻百年老蛇，……因此族人不讓那
兩兄弟進入部落。……

兩兄弟看上了今日地名郡界附近叫（bulabulak）的
地方，房子是依照烏占的指示，搭蓋方式及式樣至今沒
有多大的改變。……

話說那兩兄弟，經常到外幫族「raranges」的蔗園裡
去偷甘蔗，……因弟弟「儀布灣」（ibuwan）跛腳行動不
便來不及逃，被raranges捉去關在地勢較容易囚禁的地
方。後來族人取名該地爲「litung」，爲圍困之意。

raranges異族人爲了洩恨，將「儀布灣」（ibuwan）
餵食各種昆蟲，如蜈蚣，蜥蜴，蛇等，一些可怕的東
西。

其兄「奧那樣」（awnayan）一直苦無營救弟弟的對
策，有一天突發奇想，想從空中營救，於是製造了巨大
的風箏，……

「儀布灣」（ibuwan）跳上一把抓住風箏的尾巴，飛
上了天，……話說那風箏，因強風作勢，使得那兩兄弟

在空中左飄右晃，當風箏接近地面時，強風將兩兄弟拖在地上，兩腳在地上的拖拉，土地的掀騰形成了山丘，即今日的都蘭山下卑南大溪之北富源高地，族人將該地取名mariwaed為「地面隆起」之意。

　　兩兄弟所乘的風箏，降落到卑南大溪之北的高原上後，弟弟「儀布灣」（ibuwan）說他想吐，哥哥說：你被餵食了那麼多奇奇怪怪的東西，又在空中被風晃盪的那麼厲害，也難怪會想吐。就地讓他吐的乾乾淨淨。後來該地不斷地冒出泉水來，而且終年永不枯竭，至今依然是湧泉不停。族人就取名該地為kanadelya，其意為「吐水」。……

本則傳說故事兩兄弟經常到外幫族「raranges」的蔗園裡去偷甘蔗，弟弟「儀布灣」（ibuwan）因為跛腳，不能迅速逃離，因此被外幫族raranges抓獲，而抓獲的地方被稱之為「litung」，意即「圍困」之意。

　　哥哥製作風箏營救弟弟，因為風箏接近地面時，強風將兩兄弟拖在地上，兩腳在地上的拖拉，土地的掀騰形成了山丘，族人將該地取名mariwaed為「地面隆起」之意。

　　兩兄弟所乘的風箏，降落到卑南大溪之北的高原上後，因為弟弟「儀布灣」在被囚禁期間，異族餵食他各種昆蟲，如蜈蚣、蜥蜴、蛇等，一些可怕的東西。所以一直吐，後來該地不斷地冒出泉水來，而且終年永不枯竭，至今依然是湧泉不停。族人就取名該地為kanadelya，其意為「吐水」。

拾、「vangtsur」地名傳說故事

《台灣高砂族系統所屬の研究》，移川子之藏（1935）：⑫

　　從知本社來時，沿著東海岸南下，大概經由港口

pakoro而來到kaliutsin。在此之先，排灣族的滿州社業已成立，憤怒「suqaro」之侵入，戰而敗北，本地方遂歸「suqaro」之支配下。這時滿州社人多數戰死，屍體發臭，因之族社遂名爲vangtsur（臭）。……

本則傳說故事「suqaro」侵入滿州，引起排灣族之憤怒，兩族戰爭，排灣族敗北，本地方遂歸「suqaro」之支配下。因爲當時滿州社人多數戰死，因此屍體發臭，因之族社遂名爲vangtsur（臭）。

【註釋】

① 宮本延人著、魏桂邦譯《台灣的原住民》，台中，晨星出版社，1993.9。
② 林道生編著《原住民神話故事全集（二）》，台北，漢藝色研文化事業有限公司，2002.1。
③ 同②。
④ 林豪勳、陳光榮著《卑南族神話故事集錦》，台東縣立文化中心，1996.7。
⑤ 同④。
⑥ 同④。
⑦ 曾建次編譯《祖靈的腳步》，台中，晨星出版社，1998.6。
⑧ 同④。
⑨ 同⑦。
⑩ 同④。
⑪ 同④。
⑫ 宋龍生《台灣原住民史卑南族史篇》，台灣省文獻委員會，1998.12。

第七章

卑南族頭目與祭司口傳文學

公埔遺址位於花蓮縣富里鄉石牌村聚落南側約兩百公尺，遺址現有類似三面石牆的三具石壁，其中一具穿洞石北移約五十公尺。

公埔遺址年代距今約三千年前，公埔遺址是於日據時（民國十九年）由日本學者鹿野忠雄調查發現，民國七十七年內政部列管三級古蹟。

有關公埔遺址的傳說故事如下：

傳說公埔遺址古代是卑南族人居住的地方，後來此地誕生了一名嬰兒，一生下來就比別的小孩子大，哭聲宏亮足以震撼山谷。

嬰兒長大之後，威武雄壯，被族人推為頭目，他打敗了卑南地方所有的部族，後來他離開了此地到卑南做「卑南王」，統領著台東至玉里一帶族群的人。

他走後，其所居之石屋就倒塌了，只留下幾片大牆。此地命名為「石牌」即因此。

本則故事涉及到「卑南王」以及「石牌」地名兩件事，本故事情節要述如下：

一、傳說公埔遺址古代是卑南族人居住的地方。

二、在公埔遺址此地曾經誕生了一名嬰兒，一生下來就比別的小孩子身材大，哭聲特別宏亮足以震撼山谷。

三、這位特殊的嬰兒長大之後，威武雄壯，被族人推為頭目。

四、這位被族人推為公埔之頭目，打敗了卑南地方所有的部族，後來他離開了此地到卑南做「卑南王」，統領著台東至玉里一帶族群的人。

五、頭目走後，其所居之石屋就倒塌了，只留下幾片大牆。此地命名為「石牌」即因此。

〈祭司長invil〉，《祖靈的腳步》，曾建次編譯：①

　　在族人的觀念裡，人生下來就有一定的輪廓，若稍有變異即認為是邪魔所生，或其祖曾為罪犯殃及後代；或說是valis的後代，valis即始祖「變形人」。因此，族人的習慣若初生兒在形貌上有所變異，則須剷除以免不吉。

　　曾有一位生下來就與眾不同的女孩，除了眼睛與他人不同之外，各方面皆與常人無異，這女孩生得既活潑又聰明。她的父母只有她這麼個獨生女，既捨不得她卻也受不了族人的議論，差一點把這可愛的女兒活活掐死。到底天下父母心，不論孩子怎麼醜，終究在他們眼中是美麗漂亮的，就這樣這個名叫kalalu的女孩便被父母隱藏在家總不出門。

　　直到有一天她邁出大門，族人才知道她長得既美麗舉止又大方，然而唯一的缺陷還是在那一對不為族人所接受的單眼皮。kalalu雖然長得甜美，但族內青年沒有一個向她提親過，因為她不被認同為平常人。

　　有一天，有位來自西方某部落的男子打獵時迷了路，無意間直闖知本的屯落，還好族人沒為難他，經過詢問，纔知道這位名叫pangted的青年是位祭司長的兒子。這位青年在離村之前，無意中見到了kalalu，為她傾心不已。回到老家之後，馬上向父親稟報他kalalu已有所愛，其族人即擇日前往知本屯落提親。這位kalalu原為族人所棄之女，竟在一夕之間如麻雀變鳳凰般的受到外族青年傾慕。然而這位姑娘的父母極疼愛女兒，既捨不得她嫁出去，也擔心嫁至外族後同樣受到排擠；而kalalu也同樣不願與父母分離，表示除非有人自願入贅，否則她絕不成婚。

在這樣的情況之下，多情的pangted卻寧可放棄原有的身分地位答應入贅到女方，並把自己在族內的祭司地位轉移到知本，之後此宗氏堂即稱為tarulivak。（目前該氏堂的宗親家長為賴英義piyawan長老）

由於祭司在族內所扮演的角色乃是神與人之間的仲介人物，一名祭司的產生實在不易，不但要族人認同，且要有神明之託夢才能成立。知本族人認為既有這麼一位白白送來的祭司，何樂而不為呢？因此在族人既有的氏堂mavaliw又納入了tarulivak這一個。這位外來的祭司入贅於這單眼皮的姑娘之後，生下一子名叫invil，他繼承了父親的祭司地位。

invil是獨生子，父母對他向來疼愛有加，由於活在太平盛世，自幼即嬌生慣養，對於份內工作無心學習也從不安份守己，經常到西部父家游蕩；回來時也不進入村內，鎮日在屯落下的平原地帶無所事事。

invil這種舉止弄得族人怨聲載道，因為族人自古即固守農事開始及末了均須祭司祝禱始得行動的習俗，invil這位祭司雖負責此項神人仲介的工作，但以他的行為簡直不能仰賴他，所以族人排擠他。

invil本人則不甚在乎，逕自往台東的鯉魚山住下，而他的祭司地位仍被附近各部落的外族人如阿美族、排灣族、布農族、魯凱族及南王部落等所公認。由於當時南王部落尚在maedatar（該地位於台東新火車站附近），而鯉魚山離南王部落很近，因此他與南王首長pinaray之子結成了好友。

有一天，他被這位南王的朋友kaptain邀請至部落觀賞女孩子們在村內的舂米大會，這位地主朋友玩笑地探

問invil喜歡哪一位女孩，結果invil很正經地指著其中一位額高鼻挺的女孩子。很不巧這位名叫rengangan女孩子正是這位南王朋友的愛人，於是他趕緊跑回去請示父親pinaray該如何是好？

首長父親pinaray大力慫恿孩子把愛人讓給invil，因為只要用美人計就可利用他祭司的權術來駕御別的民族，這對南王來說可是千載難逢的好機會。至於女友方面，男子漢大丈夫，何懼天下無芳草。就這樣，kaptain把心愛的女人讓給了invil。

invil與rengangan成親之後，他以為仍可憑其祭司地位駕馭南王人隨他支配，但事過一夜之後，南王便在pinaray首長的指揮和安排之下，全體宣告獨立，不再受知本支配，納貢給知本的義務到此為止。

invil知道這件事，心中不甘願地另做盤算。首先他連年生子，並將其撫育成人。把五子一女分別安置在六個不同的部落，此一作法乃為防止南王向各民族索取貢品，於是他將老大pangudal安置於賓朗部落；老二patukar於知本；老三pahunin於初鹿；老四salamar於泰安；老五sarimanaw於泰源；么女pasihan於金崙。

invil為了保存自己的地位耗費了不少心思，無奈大勢已去。當時（公元一七八七年）中國清朝朱一貴叛亂，餘黨王忠、邱金宣逃至卑南地帶，恆春通事王章以衣、帽、鞋等物籠絡南王部落的首長pinaray。首長遂命令壯丁搜索叛黨，抓到後將首級獻給清軍。亂平，清朝賜予王衣、王冠，並封其為卑南王。就這樣順水推舟，南王從此即獨立不再受知本統治。一向被稱為東部盟主的知本，不再和南王有婚姻關係；南王武力擴展，加上

清朝賜封卑南王，支配權遂由知本轉到了南王。

本則傳說故事敘述南王自知本獨立之因緣，以及「卑南王」之封立。本故事情節要述如下：

一、有一天，有位來自西方某部落的男子名叫pangted的青年打獵時迷了路，無意間直闖知本的屯落，他是一位祭司長的兒子。

二、pangted對於美女kalalu傾心不已。答應入贅到女方，並把自己在族內的祭司地位轉移到知本。

三、pangted與美女kalalu成婚後，生下一子名叫invil，他繼承了父親的祭司地位。

四、invil是獨生子，對於份內工作（祭司職務）無心學習也從不安份守己，鎮日無所事事。農耕司祭簡直不能仰賴他，所以族人排擠他。invil仍是不在乎。

五、invil逕自往台東的鯉魚山住下，而他的祭司地位仍被附近各部落的外族人如阿美族、排灣族、布農族、魯凱族及南王部落等所公認。

六、invil與南王首長pinaray之子結成了好友。

七、有一天，南王首長pinaray之子邀請invil至部落觀賞女孩子們在村內的春米大會，invil愛上了首長之子的愛人。為了南王的利益，首長慫恿其子把愛人讓給invil，因為只要用美人計就可利用他祭司的權術來駕御別的民族，這對南王來說可是千載難逢的好機會。

八、invil與rengangan成親之後，南王宣告獨立，不再受知本支配，納貢給知本的義務到此為止。

九、invil知悉後，為了保存自己的地位耗費了不少心思，生下了六子女，分別安置在六個不同的部落，此一作法乃為防止南王向各民族索取貢品。

十、無奈大勢已去，清朝朱一貴叛亂，卑南首長協助緝拿餘
　　黨有功，被封爲「卑南王」，南王武力擴展，支配權遂
　　由知本轉到了南王。

【註釋】

① 曾建次編譯《祖靈的腳步》，台中，晨星出版社，1998.6。

第八章

卑南族變異口傳文學

壹、卑南族人變魚傳說故事

　　從前，有一位頭目，他只有一個女兒，所以大家對
頭目的女兒都非常疼愛與照護。有一天，頭目要外出工
作，便對女兒說：「不可以讓任何人進來」。

　　可是，她的父母出去工作，沒多久後，她就忘了父
母的叮嚀，開門讓一位女孩子進入家中，又一同到湖邊
戲水。

　　在湖邊戲水的時候，另一女孩把頭目的女兒推到湖
中，然後換上頭目女兒的衣服想要冒充她。

　　當頭目從山田回家後，四處尋不著女兒，非常著
急，最後，用項鍊的珠子尋找女兒。

　　當項鍊的珠子找到他們的女兒的時候，女兒身上已
經長出了魚鱗，漸漸的變成了一條魚。

本則傳說故事情節如下：

一、有一位頭目，他只有一個女兒，所以大家對頭目的女兒
　　都非常疼愛與照護。

二、有一天，頭目要外出工作，便對女兒說：「不可以讓任
　　何人進來」。可是女兒忘了父母的叮嚀，開門讓一位女
　　孩子進入家中。

三、頭目女兒與另一位進入家中的女孩子，一同到湖邊戲
　　水。

四、與頭目女兒一同到湖邊戲水的女孩子，把頭目的女兒推
　　到湖中，然後換上頭目女兒的衣服想要冒充她。

五、當頭目從山田工作回家之後，到處尋找女兒卻找不到，
　　最後用項鍊的珠子尋找女兒。

六、當項鍊的珠子找到頭目的女兒的時候，女兒的身上已經
　　長出了魚鱗，漸漸的變成了一條魚。

〈人變山羊的故事及其他──卑南族民間故事研究〉，《大陸雜誌》，金榮華（1989.5）：①

　　在從前一位頭目的女兒叫薩瑪多姑多姑，一日她的父母外出工作，吩咐女兒不要讓任何人進來，亦不要出門。

　　等父母走後沒多久，她就不聽話，開門讓另一個女孩嘎里嘎里進來聊天，又和她一同去湖邊洗澡。

　　在湖邊時那一女孩趁機將頭目女兒推到湖中深處，換上她漂亮的衣服，想要回去冒充她。

　　當頭目回家後，看不見女兒十分著急，四處尋找，最後把項鍊上的珠子拋在地上，為其引路，但這時女兒身上已長出魚鱗，逐漸變成了一條魚。

本則故事與上則故事相同，惟本故事比較詳細，例如頭目的女兒叫做「薩瑪多姑多姑」，另一個女孩的名字叫做「嘎里嘎里」。

〈少女變成魚〉，《祖靈的腳步》，曾建次編譯：②

　　rarihin與vasakalan的頭一個孩子是個美少女，取名叫samatukutuku。他們隔壁住著一位與samatukutuku同年齡的少女，叫sakalikali，是個調皮而又瘋癲的女孩。

　　有一天，samatukutuku的父母要到田裏工作，囑咐女兒留在家裡看家，不要出門，也不要開門讓別人進來。可是samatukutuku在父母走後，因為禁不住隔壁那位瘋癲少女的慫恿，便開門讓她進屋聊天，又和她一起去湖裏洗澡。

　　sakalikali在湖邊趁機換去samatukutuku的漂亮衣服，並把samatukutuku推向湖中深處，然後回去冒充samatukutuku睡在她的床上。

　　當samatukutuku的父母從田裡回來時，並沒見到女

兒來開門，所以在門外呼喚了好幾次，只聽到屋內應聲，卻沒人出來開門。父母發現有異，於是直奔女兒房間，只見到床上躺著一人蒙著被子。母親走近掀開被子，見到的竟是sakalikali，追問之下，sakalikali仍不回答，直接奔向外邊逃走了。

samatukutuku的父母發現女兒失蹤十分著急，到處尋找。最後，samatukutuku的母親把項鍊上的珠子拋在路上滾動引路，凡遇到岔路，珠子就停在岔路中，等她再把珠子往上拋，掉下來之後，珠子便往正確的方向引路，終於到了湖邊，但此時samatukutuku的身上已開始長鱗，逐漸變成一條魚。

本則傳說故事敘述有一位美少女被瘋癲的女孩推入湖裏害死，美少女的母親把項鍊上的珠子拋在路上滾動引路，凡遇到岔路，珠子就停在岔路中，等她再把珠子往上拋，掉下來之後，珠子便往正確的方向引路，終於到了湖邊，可是當找到女兒時，女兒的身上已開始長鱗，逐潮變成一條魚。

本故事也是一則屬於巫術的傳說故事，按項鍊珠子是卑南族人重要的宗教祭祀法器，本故事即是以項鍊珠子尋找到了失蹤的女兒。

貳、卑南族人變猴傳說故事

《蕃族調查報告書》卑南族卑南社，佐山融吉著（1913），黃文新譯：③

　　　　從前有兄弟二人，在tatapaen有許多香蕉，兩人為摘取而打架，跑入山中變成猴子。

本則傳說故事謂有兩兄弟，為了摘取香蕉，因此兩人就打起架來，雙雙跑入了山中變成了猴子。

參、卑南族人變熊與老虎傳說故事

《蕃族調查報告書》卑南族卑南社，佐山融吉著（1913），黃文新譯：④

> 從前有一男子，常到一個姑娘家遊玩並且交談，但他每次來都不坐椅子，反而坐在臼的上面，姑娘覺得奇怪，就特意將臼給藏了起來，那男子很生氣就不再來了。
>
> 後來到山上去，看見那男子他已經變成熊了。熊是黑色，是因那男子有個朋友羨慕他的美貌，有一天用黑灰將他塗黑的緣故；而變成熊的男子想要把朋友塗成彩色，卻不小心變成了黃黑之斑，那個朋友同樣也跑到山中變成老虎。

本則傳說故事常到姑娘家遊玩並且交談的男子很有趣，他來時，總是坐在臼上，姑娘好奇，便刻意把臼給藏了起來，那男子很生氣就不再來了。

後來姑娘到山上去，看見那男子已經變成熊了。據說爲什麼熊是黑色的，是因爲那男子有個朋友羨慕他的美貌，有一天用黑灰將他塗黑的緣故；而變成熊的男子想要把朋友塗成彩色，卻不小心變成了黃黑之斑，那個朋友同樣也跑到山中變成老虎。

肆、卑南族人變山羊傳說故事

〈人變山羊的故事及其他──卑南族民間故事研究〉，《大陸雜誌》，金榮華（1989.5）：⑤

> 古代有兩個要好的女孩。有一天她們到山上的芋頭田裡做事，因天氣太熱，就在田邊的樹陰下休息。
>
> 當她們納涼的時侯，她們彼此說：「哎喲，這個地方多麼的清涼啊！」「工作太熱了，我們做什麼才不會這樣辛苦！」「變成山羊是多麼的好，可以常在樹下休息！」

說著她們便把除草工具放在頭上當角，結果她們真的變成了山羊了。

本則傳說故事情節要述如下：

一、古代有兩個要好的女孩相偕到山上的芋頭田裡做事。

二、她們工作做累了，因為天氣太熱了，又一起在田邊的樹蔭下休息。

三、當她們納涼的時侯，真是享受阿！她們想「變成山羊是多麼的好，可以常在樹下休息！」

四、她們真的把除草工具放在頭上當角，結果她們真的變成了山羊了。

〈人變山羊〉，《祖靈的腳步》，曾建次編譯：⑥

　　……曾有一對情侶，一起到山上的芋頭田裡去除草，因為天氣太熱，男的指著山崖的一棵樹說：「我們到那邊的樹下去乘涼吧！」於是他們到樹下去納涼。可是因為日光斜照的緣故，樹蔭其實是在山崖的另一邊，所以他們雖然到了樹下，卻依然沒有樹蔭可以遮蔽。

　　這時候女的對男的說：「朋友，如果我們能像什麼動物一樣在山崖中來去自如，那該多好啊！這樣我們就可以很輕鬆地到那山崖的樹蔭下乘涼了！」男的說：「對啊！這樣好啦，我們把除草用的工具弄成兩半插在頭上，看看能像什麼！」於是他們把各人的工具弄斷了插在自己頭上，結果工具變為羊角，人也變成山羊。當他們看到如此變化之後，慌張之下就發出了「咩！咩！咩！」的叫聲來。

本則傳說與上則故事相似，都是幻想變成動物以避暑氣，結果都變成了山羊，惟兩則故事不同的是上則是兩個要好的女孩變成了山羊；本故事則是一對情侶變成了山羊。

伍、卑南族人變烏鴉傳說故事

台灣總督府臨時台灣舊慣調查會《番族慣習調查報告書》第二卷阿美族卑南族，載〈猴子的由來〉：⑦

　　昔時在tabwali（現太麻里社）有一喪偶老翁過著寂寞的日子。當時該村有兩位彼此交情至深且風評甚佳的美人。

　　某日，兩人不知為何事，笑談造訪了那個老人，老翁對每日一成不變的朝起夕臥頗感厭倦，正希望有人來相伴，遂非常歡喜地迎接他們。

　　其中一位姑娘對老翁說：「翁之家有豚眾多，今就煮一來食，吾等二人今宵乃為伴翁身側而來。」老翁欣喜無比地允諾屠豬，至日暮時分總算把豬放入了鍋內。

　　夜漸漸深了，其中一位姑娘請老翁到外面做temastas，老翁出外依其言而行，姑娘在屋內問情形如何，老翁回答已達小腿的一半，姑娘說還不夠；又再問老翁，老翁回答已經達膝蓋附近，姑娘說仍不夠；姑娘第三次詢問時，老翁回答已近足部，姑娘回答這樣即可，然後起身把鍋裏的油脂移到庭院。

　　當老翁欲進入屋內卻滑倒在庭院時，兩位姑娘立刻把熱油澆在他身上，老翁因而苦悶氣絕。

　　兩個年輕的姑娘把老翁的屍體拖到野外丟棄後，仍掛心地再前往該地查看屍骸；這時，從老翁的屍體裏飛出三隻烏鴉。

　　兩姑娘驚恐歸返時，看見老翁家的屋頂上有數十隻烏鴉群，牠們對著姑娘叫道：「從今以後要妨害妳們所種植的芋頭、玉蜀黍的生長！」這些烏鴉化為已死去的老翁之靈，破壞後世女子所種植的甘蔗、玉蜀黍，永無

休止地復仇。

本則傳說故事敘述有一位喪偶老翁，日子過的很寂寞。當時有兩位美女在村社的口碑甚佳，但是背地裡卻發生了謀害人命的凶案。

兩位美女交情很好，有一天笑談造訪了喪偶老翁，她們是貪圖想吃老翁養的豬，老翁又聽到一位美女對他說：「吾等二人今宵乃爲伴翁身側而來」，老翁高興地答應殺豬。

不過，兩位美女是頗有居心的，兩位姑娘把鍋裏的油脂移到庭院。當老翁要進入屋內的時候滑倒在庭院，兩位美女就迅速地把熱油澆在老翁的身上，老翁因而死了。

兩位美女把老翁的屍體拖到野外丟棄，但是心理仍然安心不下，又再前往野外查看老翁的屍骸，卻看見從老翁的屍體裏飛出了三隻烏鴉。

兩位美女非常驚恐，迅速回家，卻在老翁家的屋頂上看見數十隻烏鴉，烏鴉對著姑娘叫道：「從今以後要妨害妳們所種植的芋頭、玉蜀黍的生長！」果眞後來烏鴉就專門吃食人所種植的作物。

林道生編著《原住民神話故事全集（一）》載太麻里社「鳥的祖先」：⑧

> 從前，在塔波阿里社（今之太麻里社）有一位老人，因妻子去世而過著孤單的生活。當時社中有兩位美人，有一天她們來拜訪老人，並照顧老人的起居生活，陪他聊天說笑，使老人的生活大爲改善，每天過著有說有笑的快樂日子。
>
> 有一次，其中的一位美人對老人說：「你家有那麼多的豬，今天我們宰一隻煮來吃，晚上我們兩人都在這裡陪你到天亮。」

　　老人高興地答應躺著要為他按摩，邊問老人什麼地方需要按摩，老人先是說肩膀，一下子又是腰部、膝蓋，被按摩的筋骨都舒暢。

　　當按摩到腳部時，其中一位用力壓著老人的雙腳，另一位用鍋裡的熱湯把老人燙死。兩人合力把老人的屍體抬到草叢裡。

　　第二天，她們再去看老人的屍體時，老人已經變成了三隻鳥，兩人嚇了一跳趕緊掉頭就跑，卻看到老人的屋頂上正停了幾十隻鳥，並且對她們說：「以後我們要吃掉你們種的玉米、芋頭，讓你們不再有收成。」

　　後來，部落裡真的就不再有那麼好的收成了，每當地瓜、芋頭、玉米、小米長出新芽時就被成群的鳥吃掉。

　　原來，這些鳥都是被害死的老人靈魂所化成的，為了復仇，專門吃婦女們種的農作物。

　本則傳說與上則故事相似，都是兩位美女貪圖想要吃豬，所以殺死了老翁，老翁化為鳥，專門吃婦女們種的農作物。

　按古代卑南族之農作是由婦女們來負責，男子則負責守護的工作。

陸、卑南族人變鳥傳說故事

　台灣總督府臨時台灣舊慣調查會《番族慣習調查報告書》第二卷阿美族卑南族，載「人變鳥的人」：⑨

　　kalikali的妹妹saremesim以malali為丈夫，生下兩子（其名不詳）。某日，malali想要狩獵，便前往今之雷光火社附近的binulud山，而留守在家的妻子命令女兒背負小弟弟，自己則去挖掘芋頭。

　　她回家後又繼續剝芋皮，是時其女請求母親把背上的小弟抱走，其母回答：「等我把芋頭放進鍋裡。」

　　然而即使剝完芋頭皮，裝滿了鍋後，母親仍無意抱走小弟，女兒於是再乞求，但母親又要她待芋頭煮熟。

　　不久芋頭煮好，母親把鍋拿下來的時候，女兒第三次乞求她把背上的小弟抱過去，但其母又拒絕道：「等到我把這些芋頭送到妳父親那兒回來之後吧！我應該等待丈夫！」

　　就這樣，她帶著芋頭出門了。留在家裏的少女見母親遲遲不歸，便尾隨其後到了babaturan。卻見母親在takuban（少年集會所）與情夫幽會，而梯子高高地懸在上面。

　　少女告訴母親自己從早晨到現在一直未進食，空腹難忍，乞求給予芋頭。然而母親不應答，於是她又哀嘆乞求即使是芋皮也好，這時才有少許芋皮丟落下來，少女拾起芋皮，把附在皮上的少許芋肉給背上的弟弟，自己則啃芋皮暫且充飢。

　　可依靠的父親去遠方的山上狩獵未歸，少女很想念父親，但又不知上哪兒尋找，因而嗚咽地啜泣起來。

　　就在那時侯，她看見在野外飛翔的小鳥，心想自己若是小鳥即能覓得父親與其相會。

　　在羨慕小鳥之餘她決定把覆在背上的弟弟身上的布撕開，將綁繩切成兩段。撕開的布擬為兩人之翼；切斷的綁繩充做尾巴，做成鳥的形狀後起飛。

　　最初飛騰一尺，第二次再試，飛達牆垣的高度，第三次又比先前略高一點，第四次又飛得更高，第五次則飛至竹叢的高度，最後變成了gagay鳥。

他們在takuban的空中飛翔三圈後朝binulud山飛去，途中在kaselayan山（六梁社之北）發現父親malali正欲將獵獲的鹿之睪丸當作愛子們的玩具，而在裡面充滿了氣並將之繫結在帽頂，荷槍急步返家。

姊弟兩人大喜，低飛前去玩弄鹿之睪丸時，父親仰頭吐唾沫道：「討厭的小鳥啊！」未幾他回到了家，saremesim則已在家迎接丈夫，準備好晚餐了。

malali看不到原本應在家中的兒女，便尋問：「這罕見的獵獲物，必定能得到孩子的歡心，他們去哪裡了？」其妻答道：「不久就會回來！」並裝著若無其事的樣子，正當丈夫因遲遲不見兒女歸來心焦如焚之際，某近鄰前來告知：「他們姊弟兩人變成鳥飛往kaselayan山去了。」

其父想起歸途中所發生的事，因而憂愁不已。用過餐後，他叫妻子做黏糕，自己則去就寢。

父親malali天未亮就起床前往kaselayan山，他在路旁的樹上搭起高高的棚，放置了黏糕和肉，等待兒女前來。

不久，姊弟飛到棚上啄食黏糕與肉，父親歡喜而欲偷偷捉住牠們，然而試了三次仍不能捉到，父親於是倒在棚下悲嘆不已。

姊弟在父親上方飛翔數周後，姊姊告訴弟弟：「東方空中的蟲大，當由我前往；西方空中的蟲小，當由汝前往，爾後我們在東方海邊的潮水碰撞處相會。」他們如此相約之後就互道離別飛走了。

gagay鳥形似鳶，成為姊姊所化身的鳥，gagay、gagay地啼叫；弟弟所化身的鳥則tekwir、tekwir地啼叫。

　　慣例上，牠們在八月左右從東方飛來，從babaturan
的天空飛向abaywan的天空，再前往dungdungan去，棲息
在茄苳大樹上，暫留於此地。

　　據說牠們在停留期間什麼也不進食，否則羽毛會變
色，身體也會變重而無法飛回東方。因此，據說經常停
留在此地的這種鳥於來遊期間，僅捕捉雛雞及其他東西
來吃。

　　本族族民每年八月開始割稻的時候，社民便聯合舉
行狩獵，習慣上出獵中的壯丁要絕食七日，其家人（妻
子及兄弟姊妹）亦傚之，甚至連嚼檳榔亦在嚴禁之列。

　　據說以上之風俗即是比擬姊弟兩童之饑餓與父親
malali狩獵之舉而來。另外據台灣人的傳說，日出的海邊
盡頭有陸地，那裡有一大池，池中臥有巨岩，巨岩上有
一棵叫做wanay的大樹（亦稱batywl），該樹之大其下方
足可容納一大部落，樹上住著很多gagay鳥。

　　〔附記〕上述之聯合狩獵完畢，歸宅時要先吃粥，
絕對不可以食用其他東西，據說吃了其他食物會腹痛。
絕食後第二日食欲最旺盛，第三日起身體會覺得疼痛，
至第五日時已經沒有食欲。習慣上，即使絕食期間僅食
用果實，亦須按所食之天數追加絕食日數。

本則傳說故事情節要述如下：

一、saremesim（女）malali（男）為一對夫妻，生下兩子，
　　一男一女。

二、有一天丈夫出外狩獵，妻子叫女兒背負小弟弟，自己則
　　去挖掘芋頭。

三、媽媽回家後又繼續剝芋皮，女兒請媽媽把弟弟抱下來，
　　媽媽說：「等我把芋頭放進鍋裡。」

四、媽媽把芋頭放進鍋裡，女兒再請求媽媽把弟弟抱下來，但母親又要她待芋頭煮熟。

五、芋頭煮熟後，女兒又再請求，母親拒絕說「等到我把這些芋頭送到妳父親那兒回來之後吧！我應該等待丈夫！」

六、媽媽帶著芋頭出門，卻到babaturan的少年集會所與情夫幽會。女兒見媽媽遲遲未歸，於是追隨之，發現此事。

七、女兒從早上一直未進食，非常飢餓，祈求媽媽給予芋頭，媽媽只有丟芋皮給女兒，女兒把附在皮上的少許芋肉給背上的弟弟，自己則啃芋皮暫且充飢。

八、女兒非常想念父親，又不知上哪兒尋找，因而嗚咽地啜泣起來。她看見在野外飛翔的小鳥，心想自己若是小鳥即能覓得父親與其相會。

九、女兒把覆在背上的弟弟身上的布撕開，將綁繩切成兩段。撕開的布擬為兩人之翼；切斷的綁繩充做尾巴，做成鳥的形狀。

十、姊弟兩練習起飛，終於飛起來了，最後變成了gagay鳥。

十一、姊弟兩飛翔發現爸爸正欲將獵獲的鹿之睪丸當作愛子們的玩具，而在裡面充滿了氣並將之繫結在帽頂，荷槍急步返家。

十二、爸爸回到家沒有看見小孩子，某近鄰卻前來告知：「他們姊弟兩人變成鳥飛往kaselayan山去了。」

十三、爸爸第二天，天未亮就起床前往kaselayan山，他在路旁的樹上搭起高高的棚，放置了黏糕和肉，等待兒女前來。

十四、不久，姊弟飛到棚上啄食黏糕與肉，父親歡喜而欲偷偷捉住牠們，然而試了三次仍不能捉到，父親於是倒在棚下悲嘆不已。

十五、 後來姊姊飛往東方，弟弟飛往西方，爾後姊弟在東方海邊的潮水碰撞處相會，牠們如此相約之後就互道離別飛走了。

十六、 變成鳥的姊姊的叫聲是gagay、gagay，弟弟的叫聲則是tekwir、tekwir。

十七、 兩姊弟變成鳥後，慣例上，牠們在八月左右從東方飛來，從babaturan的天空飛向abaywan的天空，再前往dungdungan去，棲息在茄苳大樹上，暫留於此地。

十八、 據說牠們在停留期間什麼也不進食，否則羽毛會變色，身體也會變重而無法飛回東方。因此，據說經常停留在此地的這種鳥於來遊其間，僅捕捉雛雞及其他東西來吃。

十九、 卑南族人於每年八月開始割稻的時候，社民便聯合舉行狩獵，習慣上出獵中的壯丁要絕食七日，其家人（妻子及兄弟姊妹）亦傚之，甚至連嚼檳榔亦在嚴禁之列。這是比擬姊弟兩童之饑餓與父親malali狩獵之舉而來。

柒、卑南族人變鳥與鼠傳說故事

〈兄妹變鳥〉，《祖靈的腳步》，曾建次編譯：⑩

　　有一對夫妻，生了一男一女，當兒子八歲女兒四歲時，母親就過世，不久父親續絃，但這繼母並不喜歡兩個小兄妹。有一天父親要去打獵並在深山過夜，因此他吩咐妻子好好照顧小孩。在丈夫出去打獵的同時，繼母準備採芋頭用的工具，並指使男孩背著妹妹同她到村外的芋頭田工作。

　　到了園地，這位繼母要孩子在工寮裏玩耍，她自個

採收芋頭及花生。快到中午時，妹妹因肚子餓開始哭泣，哥哥除了不斷安撫妹妹以外，也不斷喊叫：「媽媽！妹妹哭了，您快過來吧！」然而那位繼母只是應聲說：「等一等。」

待過了一段時間，這兩位兄妹確實感到飢餓無比，妹妹哭得更加厲害，於是哥哥又走出工寮喊叫：「媽媽！妹妹大概肚子餓了，她哭得好大聲耶！」這位母親仍舊不理他們，直等到採完芋頭、花生才回到工寮，然後把芋頭、花生丟在鍋裏煮熟，之後就連鍋帶芋頭、花生上了廚架坐在那兒自個兒享用那鍋芋頭、花生飯。

兄妹在底下仰頭期望母親能扔下幾個芋頭和花生讓他們充飢，但是所得到的僅僅是芋頭皮和花生殼。他們對母親說：「媽媽，您給我們比較好一點的吃嘛！」媽媽聽了還是說：「等一等。」接著扔下的還是芋頭皮、花生殼，兩個孩子只好又撿起來分著吃。

孩子們吃了幾次芋頭皮後，心裡這麼想：「母親一點也不愛我們，我們是被虐待的孩子。」等那位繼母吃飽後從廚架下來，便把自己的背囊掛在肩上，理都不理孩子便逕自回家了。

於是那位哥哥對妹妹說：「媽媽這樣對待我們，我們還是不要回家吧！」說完就把妹妹帶出工寮，眼看附近有不同的鳥兒叫著跳著，又飛翔得那麼自在，就又對妹妹說：「你看，天上那些鳥能自由自在地尋找食物，多好啊！」妹妹說：「是啊！可是我們要怎樣才變成鳥呢？」哥哥說：「我們把揹巾當作尾巴，把披衣撕成四瓣當翅膀試試看。」妹妹說：「可是我們用什麼當喙呢？」「瞧，這裡有一隻媽媽忘了帶回去的挖芋頭工具，

我們把它弄成一半當喙吧！」

　　兄妹倆就這樣把自己裝扮得有如鳥獸，不斷蹦跳開始學飛。兄妹倆人一次又一次地試著飛躍，漸漸地能夠飛到較高的樹枝上了。當他們終於飛躍成功以後，妹妹就發出了高尖音「nga-nga-i」，哥哥則發出了低沉聲「tu hu ru i」之後，兩人在尾音上發出啜泣聲並說：「我們是被母親遺棄的孩子。」

　　另一方面，他們的父親獵到了一頭山羌，在山上把牠宰了，取出胃臟吹成氣球懸掛在自己的背囊上讓它飄揚，準備作為孩子的玩具。當他走到芋頭田附近看見這個情形時，並不知道那是他自己的孩子，只是心想：「那兩個小孩是誰家的啊？為什麼開始變成鳥呢？」

　　父親回到家沒看見孩子，就問妻子：「孩子在那裡？」妻子聽了，漫不經心地回答：「大概到那些有人摔角的地方去吧！」丈夫聽了便到摔角場所去找，可是沒有找到，就回去對妻子說：「孩子沒在那裡！」他的妻子聽了，仍然漫不經心地說：「可能是在那些鬥雞的地方吧！」丈夫聽了，又到鬥雞場去找，但是也沒有找到，便再回去問他的妻子，他的妻子說：「那麼大概是在玩陀螺的地方吧！」丈夫聽了又立刻去小孩玩陀螺的地方，但還是沒有看到他兩個孩子。這時候他忽然想起先前在路上看見那兩個變成鳥的孩子：他們會不會就是我的孩子？於是急忙走出村外去找那兩個小孩。

　　當父親到達那裡時，那兩個孩子還在。他上前一看，果然就是他的孩子，便對他們說：「孩子們，我們回家去吧！」「不，我們不回去了，我們是被母親遺棄的孩子，我們向她要芋頭、花生，可是她只給我們皮吃。」

兩個孩子悲泣著說。

「我獵到了一頭山羌，我們回家去，我煮羌肉給你們吃。」父親說。

「我們要走了，因為我們知道怎麼飛了。我們已經變成鳥了，不願意回去了，母親那樣對待我們，我們實在很難過。」兄妹兩人說完，就飛向更高的枝頭，妹妹飛出去的時候喊出了「nga-nga-i」，哥哥飛的時候則叫「tu hu ru i」，兩人同時又發出啜泣聲並悲哀地說：「我們是被母親遺棄的孩子。」

父親見了十分傷心，但也無可奈何，只好難過地回去。當他回到家裡看到妻子，想起孩子只有芋頭皮吃的事，很是氣憤，就對她說：「我要把獵來的山羌切塊了煮，妳去挑點水吧！」在他妻子去挑水的時候，他很快地在家門口挖了坑，並且煮了沸水倒在裡面，然後在坑上鋪上草蓆，又在坑的兩側邊緣澆了水，用腳把那裡的地面弄得很滑。等到他妻子挑水回來快走近家門時，他對他妻子說：「妳從草蓆上走過來吧！兩邊都滑，小心別滑倒。」

妻子看到門前鋪草蓆，草蓆兩邊的地很滑，便照她丈夫指示往草蓆上走過來。當她一踏上草蓆，整個人便掉進坑裡，被沸水燙得直尖叫，接著她就向丈夫大聲吼叫：「你用水燙我，從今以後我要咬破你的衣服！」說著就變成一隻老鼠。

至於那兩個小孩，後來哥哥對妹妹說：「妳看山頭那一邊，山連天，天連山的地方是我們將要居住的地方。從這裡到那裡一定很遠，我走山谷，因為山谷比較危險，妳走海邊，那裏比較安全。」於是他們就各自飛

向所指的路線。不知過了多少時候，兩兄妹終於在那山頭上碰了面。由於他們分隔太久，彼此已互不相識，兩兄妹就開始纏鬥起來，直到兩個都累了，停下來休息，妹妹就叫了起來「nga-nga-i」，哥哥一聽是妹妹的叫聲，也接著叫「tu hu ru i」，就這樣，兩兄妹配成一對，開始繁衍後代。（據耆老獵人云：當在山中夜間聞到這種聲音時，就須起來煮飯把飯放在離自己夜宿稍遠的地方餵食牠們。）

本則傳說故事敘述後母虐待兩兄妹的故事，非但不給兩兄妹東西吃，只給芋頭皮和花生殼吃，還不把兄妹兩帶回家而留在田園裡，兄妹兩非常傷心，因此決定變成小鳥自由自在地飛翔。

當父親從山上狩獵回來，知道自己的小孩子變成小鳥之後，也把狠心的後母用沸水燙死，變成一隻老鼠。

捌、卑南族人變榕樹傳說故事

〈人變山羊的故事及其他——卑南族民間故事研究〉，《大陸雜誌》，金榮華（1989.5）：⑪

> 從前有二個很要好的女孩。一天，她們去田邊除草，後來就去看她們的男朋友。回來的時候，經過了一個小山谷，其中一個人就在山谷小溪中洗淨手腳，走上對岸。但另一個卻留在這邊遲遲不肯過去，任憑別人如何催促，她總推說等一等。最後那位過了溪的少女看見她的朋友變成了一棵榕樹。

本故事兩個很要好的女孩去田邊除草，後來又去看她們的男朋友。回來時，經過小山谷，其中一女在小溪中洗淨手腳畢，便走去對岸了。但另一女卻留著沒有過去，終於變成了一棵榕樹。

玖、卑南族人變半石半人傳說故事

《老人的話知本卑南族發展史中的傳說》（上），Alton　Quack 編，洪淑玲譯（1988）：⑫

　　　　從前有三個人，ngatengatan，ngarengaran和 magerev，他們來自東方向西方遷移，於是來到 revoaqan，停留了一下，便繼續向前，到達variarian， ngategatan提議留在此地，並獨自尋找適合居住的地方。

　　　　但一年過去，仍無他的訊息，magerev和ngrengaran 便去尋找他。在途中他們發現了一塊小鹿的皮，將之帶 走。

　　　　一直到達kavorongan才得到ngatengatan的回音，隨 著來自山中峽谷的聲音找去，他們找到了ngatengatan， 然而他的身軀卻已化成二個部分，一半是石頭，一半是 人。……

本則傳說故事情節要述如下：

一、ngatengatan，ngarengaran和magerev三人自東方向西方遷
　　移，他們到達variarian，ngategatan提議留在此地，並獨
　　自找尋適合居住的地方。

二、一年過去，沒有ngategatan的任何訊息，於是其他二人
　　magerev和ngrengaran便去尋找ngategatan。

三、magerev和ngrengaran二人在kavorongan找到了
　　ngatengatan，不過ngatengatan的身軀卻已化成二個部
　　分，一半是石頭，一半是人。

【註釋】

① 尹建中《台灣山胞各族傳統神話故事與傳說文獻編纂研究》，1994.4

② 曾建次編譯《祖靈的腳步》，台中，晨星出版社，1998.6。

③ 同①。

④ 同①。

⑤ 同①。

⑥ 同②。

⑦ 黃智慧、許木柱主編《番族慣習調查報告書第二卷阿美族卑南族》，台灣總督府臨時台灣舊慣調查會，中央研究院民族學研究所編譯，2000.11。

⑧ 林道生編著《原住民神話故事全集（一）》，台北，漢藝色研文化事業有限公司，2001.5。

⑨ 同⑦。

⑩ 同②。

⑪ 同①。

⑫ 同①。

第九章

卑南族農耕口傳文學

壹、卑南族粟與稻種傳說故事

(一) 粟取之於蘭嶼島

卑南人舉行海祭（感恩祭），有一則傳說故事如下：

> 卑南族有一位祖先叫做temalasaw者，在深山野林裡，找尋食物的種子，不過一直都找尋不著。
>
> 有一天，他竟不經意的來到了蘭嶼島，並且在島上居住了一段很長的時間，而且還愛上了當地的姑娘，這位姑娘的名字叫做tayban，後來娶了tayban為妻。
>
> 他在蘭嶼生活，還是繼續不斷地尋找可以作為食物的種子，果然他發現了小米。夫妻兩非常興奮，便想要把小米的種子帶到台灣來，可是當地人不准他們攜帶小米種子。
>
> 最後，他們只好把小米藏在太太的陰部，可是tayban如廁的時候，就把小米種子給尿出來了。
>
> 他們非常苦惱，不知道要如何把小米種子順利帶到台灣，終於藏在先生下體的包皮裡，果然將小米種子帶到了台灣，卑南族人自此就開始種植小米了。

本則傳說故事卑南族的祖先temalasaw歷經千辛萬苦，終於在蘭嶼找到了粟種，並且成功的把粟種偷渡帶到了台灣，從此卑南族人開始有了粟種，而且成了主要之食糧。

後來卑南人為了感恩「粟種」得之於蘭嶼，於是就舉行海祭，可知卑南族人是知恩圖報的民族。

本則傳說故事的情節要述如下：

一、卑南族有一位祖先叫做temalasaw者，在深山野林裡，找尋食物的種子，不過一直都找尋不著。

二、有一天，祖先temalasaw為了找尋食物的種子，竟不經意

的來到了蘭嶼島。

三、祖先temalasaw在島上居住了一段很長的時間，而且愛上並且娶了蘭嶼島的姑娘tayban。

四、兩夫妻最後果然發現了可以作為食物的種子之小米。

五、兩夫妻想要把小米的種子帶到台灣來，可是蘭嶼人不准他們攜帶小米種子。

六、兩夫妻把小米藏在妻子的陰部，可是妻子上廁所的時候，就把小米種子給尿出來了。

七、兩夫妻最後終於藏在先生下體的包皮裡，果然將小米種子帶到了台灣，卑南族人自此就開始種植小米了。

〈海祭mulalyyaban〉，陳光榮口述、鄭玉妹整理：①

　　卑南族的祖先「的馬拉少」temalasaw為了尋覓可以當主食的植物，有一天來到蘭嶼島，住在蘭嶼島期間，愛上了當地的姑娘「代班」tayban，並娶她為妻。

　　娶了妻有了家並未忘了到蘭嶼的目的，在不斷尋找下，果然發現島上有一種非常珍貴的主食小米。

　　小米這種農作物是卑南族部落所沒有的，部落裡有的甘藷、芋頭等農作物為主食。

　　「的馬拉少」和太太「代班」想將小米種子帶到台灣，並種植在部落。自從「的馬拉少」發現了可以作為主食的小米後，一心想帶回部落，「的馬拉少」和太太「代班」非常高興的帶著小米種子離開蘭嶼，卻被當地的青年沒收，因為當地青年不允許種子離島，對種子的管制非常嚴格。

　　於是「的馬拉少」和太太「代班」想盡一切可行的方法，然而這些方法都不盡理想，容易被發覺。

　　最後，在不得已的情況下，太太「代班」說，撥開

其下體，將小米藏在陰部裡，如此較不易被蘭嶼青年發
覺，夫婦倆商議這是將小米帶離蘭嶼島最好的方法。

　　於是「代班」小心翼翼的把小米種子藏在自己的陰
部裡，可是當「代班」如廁時把小米種子給尿出，一切
努力前功盡棄，攜帶小米種子的希望破滅了。

　　「的馬拉少」和太太「代班」並不因此灰心，繼續
研究解決之道。「的馬拉少」說：不如試著藏在自己的
下體包皮內，可能較不易尿出，這種方法果然有效，當
他們離開蘭嶼島時未被當地的青年查覺，終於將小米種
子順利帶到台灣，種植在卑南族的部落。

本則故事與上則傳說相同，本故事還述及「小米這種農作物
是卑南族部落所沒有的，部落裡有的甘藷、芋頭等農作物為主食」
，亦即卑南族人在小米還沒有輸入之前，他們是靠著吃甘藷、芋
頭等農作物。

（二）粟為海鯨贈與

　　卑南族又有傳說謂卑南族之粟種得之於鯨魚之贈與，因此卑
南族人才有把供物拿到海邊去祭鯨魚之習俗，以感念鯨魚的恩賜。

　　　古時候，有一天，在海邊，鯨魚看到一位卑南族
人，便載著卑南族人於背後悠遊。之後，就拿四、五粒
粟種給這位卑南族人，請他拿回去種植。

　　　這位卑南族人回去後，就馬上把粟播種在山田裡，
不久，所播種的粟，開始發芽，而且長得非常好。

　　　後來，卑南族人為了感謝鯨魚贈送粟種，所以他們
有祭鯨魚的習俗，他們會把供物拿到海邊去祭祀鯨魚。

本則傳說故事是有關鯨魚贈粟的傳說故事，本故事情節如
下：

一、有一條鯨魚，看到一位卑南族人，便載著卑南族人於背後悠遊。

二、鯨魚載著卑南族人於背後悠遊後，便拿四、五粒粟種給這位卑南族人，請他拿回去種植。

三、這位被鯨魚載著的卑南族人從鯨魚處獲得粟種之後，就馬上把粟播種在山田裡，不久，所播種的粟，開始發芽，而且長得非常好。

四、後來，卑南族人為了感謝鯨魚贈送粟種，於是便開始到海邊帶著供物祭祀海鯨，卑南族海祭就是這樣起源。

（三）粟與稻為神賜說

台灣總督府臨時台灣舊慣調查會《番族慣習調查報告書》第二卷阿美族卑南族，載〈稻與小米的種子〉：②

有一天母親saremesim對女兒sernegneg說：「在kanmaidang山（都巒山對面的山）頂上住著merberebu（兄）、merberes」（弟）兄弟，妳到那裡去問問稻與小米的種子。」

女兒依母所示登上了kanmaidang的山巔，拜訪merberebu、merberes兄弟，尋問他們有無稻與小米的種子，他們答稱「我們沒有這些東西，暫且稍候。」並要她等候。

之後兄弟倆便前往拜訪居住在此深山中的bunulingayu（兄）、bulingaw（弟）兩兄弟，說：「現有sernegneg前來索求稻與小米之種，但是我們都沒有，所以前來拜訪，不知你們可否給她少許？」bunulingayu兄弟答：「請稍候。」

然後向iseleg（位在海之東方的地名）的rewadwad

《兄》、rebanban（弟）兄弟請示可否給與？

　　bunulingayu兄弟得到稻和小米的種子後，把它交給merberebu兄弟，而merberebu兄弟又將其交給sernegneg。

　　sernegneg把要來的稻和小米的種子帶回家交給母親，母親立即在一小塊田地耕作播種。後來稻種及小米種發芽且生長極佳。……

本則傳說故事情節要述如下：

一、有一天母親對女兒sernegneg說：「在kanmaidang山（都巒山對面的山）頂上住著merberebu（兄）、merberes」（弟）兄弟，妳到那裡去問問稻與小米的種子。」

二、女兒去拜訪merberebu（兄）、merberes」（弟）兄弟，索求稻與小米之種，但是他們沒有。

三、merberebu（兄）、merberes」（弟）兄弟到深山中的bunulingayu（兄）、bulingaw（弟）兩兄弟，索求稻與小米之種，但是他們也沒有。

四、bunulingayu（兄）、bulingaw（弟）兩兄弟，到海之東方iseleg向rewadwad（兄）、rebanban（弟）索求稻與小米之種。

五、bunulingayu（兄）、bulingaw（弟）兩兄弟得到稻和小米的種子後，把它交給merberebu兄弟，而merberebu兄弟又將其交給sernegneg。

六、女兒sernegneg又將稻與小米之種交給母親。母親立即在一小塊田地耕作播種。稻種及小米種發芽且生長極佳。

貳、卑南族黍種傳說故事

《老人的話知本卑南族發展史中的傳說》（上），Alton　Quack編，洪淑玲譯（1988）：③

　　早先在revoaqan沒有黍這個植物，於是老samirikan
便動身前往蘭嶼，在revoaqan的男女均亦前往該處。

　　他們每次前去，總會拿一些黍回來，當在海邊時就
會有一群男人來搜身，看見黍在他們身上便拿走。他們只
好將黍藏在陰莖裡，帶回了revoaqan，沿著牆播種。……

本則傳說故事敘述卑南族早先在revoaqan沒有黍這個植物，於
是老samirikan便動身前往蘭嶼，而在revoaqan的男女均亦前往該處
取些黍回來。

　　但是到蘭嶼去取黍回來到海邊，當地男子會搜身，發現黍的
種子便沒收，所以他們只好將黍藏在陰莖裡，帶回了revoaqan。剛
開始種植黍時是沿著牆播種。

參、卑南族農耕灌溉傳說故事

　　卑南族有一則有關農耕灌溉水之傳說，林德勝口述、林智美
整理〈卑南大溪的演變及傳說故事〉：④

　　在很久以前，卑南族居住的部落附近是沒有水流過
的，所以居民要取水時，要到很遠的地方去取水，因
此，村民們常感到非常的不便。

　　在卑南族的社會裡，卑南族的男人是常出外狩獵
的，男人們狩獵時會習慣帶著狗上山一起狩獵，在當時
卑南族的獵場是在富源山上，獵人們常到富源山上狩
獵。

　　有一天獵人們覺得很奇怪，他們帶的狗，身上的毛
常濕濕的，有時他們帶的狗會失蹤一陣子，然後再找尋
主人，可是獵人們覺得這些狗，每當失蹤一陣子再回來
時，狗身上的毛就會濕濕的，他們就感到奇怪，因為他
們狩獵的地方沒有湖泊也沒有河流，而且天也沒下雨，

狗身上的毛怎麼會那麼濕呢？

　　這樣的情形，不只一次，所以獵人們就覺得好奇，決定要跟蹤狗的腳蹤。沒有想到，當他們跟蹤狗的腳蹤之後，發現一個很大的湖泊，小狗們有的在湖邊喝水，有的不小心會掉到湖水，弄得狗身濕濕的，有的狗淹死在湖水上，獵人們這時才恍然大悟，原來狗身上的毛常濕濕的，就是因為這個湖泊。（我們知道狗的嗅覺很靈敏，牠們能嗅出各種的味道）。

　　當獵人們看到這麼大的湖泊，就非常的高興，回到部落後就將如此大的發現告知長老們及村民們。

　　長老們覺得，假如能將湖泊的水引導在部落的附近，必能帶給部落村民更方便的取水。

　　之後，長老們又商量，決定請當時祈禱很靈的祭司叫「都巴」tuba的向上天祈禱，祈禱上天能幫忙卑南族人將湖水引導到部落的附近，讓卑南族的族人方便取水。

　　結果上天啟示了，祭司的祈禱得到上天的回應。上天啟示：假若要引導水的話，需要一個跑的速度相當快的人來引導水。

　　在當時，就找到了一位在族裡跑的相當快速的人，叫「都古比斯」tukubys，是祭司的小舅子。

　　傳說，都古比斯tukubys這個人跑的速度快到曾有人為要探測他的速度，就拿一根雞羽毛叫「都古比斯tukubys追著羽毛，結果在大武那個地方，都古比斯tukubys將羽毛追上了。」由此可見，「都古比斯」tukubys跑的速度是多麼驚人。

　　祭司「都巴」tuba與引導水的「都古比斯」

tukubys，就到現在的鑾山與嘉豐之間的山上祈禱，傳說當時鑾山與嘉豐之間的山巒是綿延下去的，湖泊的形成是從鹿野到嘉豐之間，所以祭司向上天祈禱時，就在鑾山與嘉豐之間的山上祈禱。

當祭司「都巴」tuba向上天祈禱時，上天聽了他的祈禱，就啟示祭司用腳重重的踢山，這時山就裂了，水就湧流出來了。

引導水的「都古比斯」tukubys就往離部落較近的方向跑去，後往東一直跑到海邊。

傳說，引導水的「都古比斯」tukubys當他跑累了，或是在察看水往那個地方流較適合，當他在休息時，大水就在他背後迴旋著，發出轟隆轟隆的響聲，大水不會沖到他身上，也不會越過他而往前流。

「都古比斯」tukubys引導水到海邊很順暢，這就是卑南大溪第一次演變的過程。

由於有了卑南大溪，卑南族人在取水上就更方便，原本卑南族人所耕種的農田就很肥沃，加上取水方便可灌溉農田，他們所種植的農作物就更豐收了。

但每到颱風季節時，狂風暴雨的侵襲，河水就會往部落的方向侵蝕著，長老們為了族人的安危，就商量要將河水引導到離部落較遠的地方，所以，又請了祭司向上天祈禱，結果，上天啟示，此次河流流經岩灣直到海邊，這是第二次卑南大溪演變的過程。

這樣又過了不少年，每到颱風季節時，河水仍然會暴漲，仍然會往部落的方向侵蝕著，所以長老們又決定要將河流引導離部落更遠的地方。祭司又再次的向上天祈禱，上天仍然接受祭司的祈禱，這時引導水的「都古

比斯」tukubys就儘量的引導水靠近富源山下，往東到太
平洋。這是卑南大溪第三次演變過程。

一直到現在，無論是狂風暴雨，卑南大溪也未曾侵蝕卑南族
部落。

本則傳說故事情節要述如下：

一、在很久以前，卑南族居住的部落附近是沒有水流過的，
所以居民要取水時，要到很遠的地方去取水，因此，村
民們常感到非常的不便。

二、卑南族的男人經常出外到富源山上狩獵，獵人們發現獵
狗有時候會失蹤一陣子，回來時狗身上的毛就會濕濕
的。

三、有一次，獵人們跟蹤獵狗，卻意外的發現了一個大湖
泊，他們非常高興，回到部落後就將如此大的發現告知
長老們及村民們。

四、部落的長老們得知有大湖泊的消息，就思考假如能夠將
湖泊的水引導到部落的附近，必然能夠帶給部落的村民
取水更為方便。

五、長老們商量如何將湖水引導到部落的附近，讓卑南族的
族人方便取水。

六、長老決定請當時祈禱很靈的祭司叫「都巴」tuba的向上
天祈禱，祈禱上天能幫忙卑南族人引導湖水至部落的附
近。

七、上天垂聽了祭司的祈禱，啟示：假若要引導水的話，需
要一個跑的速度相當快的人來引導水。

八、在當時，祭司的小舅子「都古比斯」tukubys是族裡公認
跑步速度最快的人，於是請他擔任引導湖水的重責大
任。

九、傳說，都古比斯tukubys這個人跑的速度快到曾有人為要
　　探測他的速度，就拿一根雞羽毛叫「都古比斯tukubys追
　　著羽毛，結果在大武那個地方，都古比斯tukubys將羽毛
　　追上了。」

十、祭司「都巴」tuba與引導水的「都古比斯」tukubys，就
　　到現在的鸞山與嘉豐之間的山上祈禱。

十一、上天垂聽了祭司的祈禱，就啟示祭司用腳重重的踢
　　　山，這時山就裂了，湖泊的水就湧流出來了。

十二、引導水的「都古比斯」tukubys就往離部落較近的方向
　　　跑去，後往東一直跑到海邊。這就是卑南大溪第一次
　　　演變的過程。卑南族人種植的農作物就更豐收了。

十三、惟到了颱風暴雨季節，河水就會往部落的方向侵蝕
　　　著，於是，長老們又商量要將河水引導到離部落較遠
　　　的地方。

十四、長老們又請了祭司向上天祈禱，結果，上天啟示，此
　　　次河流流經岩灣直到海邊，這是第二次卑南大溪演變
　　　的過程。

十五、又經過了不少年，每到颱風，河水仍會暴漲侵蝕部
　　　落，故長老們又商量要將河流引導離部落更遠的地
　　　方。

十六、部落長老又再次請祭司向上天祈禱，引導水的「都古
　　　比斯」tukubys就儘量的引導水靠近富源山下，往東到
　　　太平洋。這是卑南大溪第三次演變過程。

十七、卑南大溪經過三次演變過程，據說，一直到現在，無
　　　論是狂風暴雨，卑南大溪也未曾侵蝕卑南族部落。

台灣總督府臨時台灣舊慣調查會《番族慣習調查報告書》第
二卷阿美族卑南族，載〈卑南溪之由來〉：⑤

amana的女兒yamugay，與alilengan的女兒amugay一同去耕地種植芋頭，其上置茅草，而下面雜草茂盛，她們用碎木片弄倒雜草時，發現茅草上面有某物的油脂。

yamugay拿起來試吃覺得其味甚佳，便勸amugay也試嚐，但amugay說：「並不如您所言般的美味。」便燒烤後才吃。yamugay因為生食而懷孕，十個月後生下一名為tukubis的男嬰。

當時住在kawasan的'amis族有一名為sarau的人，與妻buliaw共同從事鍛冶，他們家裡飼有bulak（雄）、lapung（雌）及其仔犬butawan三頭狗，相傳此種狗會吃人。

yamugay之子tukubis聽到此一傳聞，即向tuba（當時babaturan的頭目）表明自願前往一試，請求其允許。

tuba說：「我現在呼喚北風，讓附在竹枝的紙（竹紙）飛起來，你若能拿到那紙，便准許此請求。」

言畢即呼喚北風讓竹紙飛起來，tukubis奔跑追至temputebul山（大南社後方之高山）才拿到手。

當他把竹紙拿給tuba看時，tuba即做祈禱，誡諭後准許其請求。tukubis大喜，他做了三個黏糕挾在腋下，前往kawasan拜訪sarau的家。

他先乞請他們把狗捕捉起來，然後進入屋內向主婦buliaw請求幫忙除頭蝨，接著又表示要為buliaw除蝨，他站在背後如抓頭蝨之狀地拔下其頭髮，buliaw叫痛，但是他以蝨子多請暫且忍耐為由，再三地拔取其髮。

之後，tukubis偷偷地在每一個黏糕各捲上buliaw的三根長髮，然後若無其事地去找buliaw，請她唆使其狗奔向自己，而這夫婦倆因擔心如此做會危及其命，所以笑而不應允。

　　tukubis再三要求，夫婦不得已才放了三條狗。tukubis疾奔如箭，而bulak等三犬亦如風般地追趕著，想要咬tukubis，其中有一頭率先衝出正欲撲咬tukubis時，他一閃身避開並抓住其口，將挾在腋下的黏糕，取一塞入其口中，其餘二犬要撲咬他時，亦同樣如法炮製。

　　如此一來，三犬皆因嚼了黏糕後，被其中的長髮纏住牙齒無法咬tukubis，終成了tukubis的囊中物。

　　tukubis把狗牽回，告訴tuba事情之始末，並將狗養在家裡。當晚tuba、tukubis皆夢見很好的吉兆，於是翌朝便相偕攜犬出獵，將狗放入budebudek（距卑南社約二十町之地）之叢林中，捕獲一隻頸部附有鈴鐺的花鹿。

　　兩人納悶著是何人把鈴繫於鹿頸？「此必為aibuwan之神功。」他們一邊這般談論著一邊踏上歸途。

　　翌日，tukubis依tuba的指示，隻身進入mayranum山（現守備隊用水水源地北方之山，距海岸約二里）放出狗，而獵來了水鹿一頭。

　　翌日再進入kaidangan山（maydang山之北約三町），又獵獲水鹿一頭。翌日，即第四次則赴raeradang（距kaidangan之北約三町），再獵獲水鹿一頭，幾乎每回必有豐富的獵物。

　　第五次稍遠行至adekan山（卑南社北方約三里），他一如往例放出狗後等待著，但卻久久未見狗歸來，tukubis擔心著狗的行蹤，悄然歸來。

　　然而，翌日愛犬渾身濕透且沾滿泥土回到了tukubis的家，牠發出奇怪的聲音似有所求的樣子。

　　tuba、tukubis兩人感到困惑，便先由tukubis隻身隨狗前往，狗兒進入了白晝卻猶如暗夜般昏暗的adekan山

深處，來到閃爍翠綠之影、湛耀太古之色的巨池邊，池中有片偌大的樹林，水面僅顯露樹梢而已。

tukubis為這偉大的光景所打動，不由得一時目瞪口呆，而在池邊有被狗咬死的巨鹿屍體，此刻tukubis方始了解狗的真意，乃慰其功勞並攜鹿返家，向tuba詳告山中所發生的事情。

未曾聽說自古以來有如此巨湖存在的tuba，正覺得實在是不可思議，而露出若有所思的表情。

這時，tukubis建議將那大湖的水導引至平地，可大為裨益社民。tuba雖然贊成此議，但認為引水之事須慎重，因而教他如下這般的祈禱法：

首先將琉璃珠串（珠九個所串成）放入瓢內，把線置於瓢口，裡面注滿酒（將瓢做成池子樣，以酒為水、線為引水用溝渠），瓢的腰身用琉璃珠串（珠七個）綁住，在池堤之最低處，以瓢尾朝置於池央，剖開檳榔各塞入三個琉璃珠，並做成三粒（凶事之祈禱必須去除檳榔萼，但在此場合則無需去除），接於瓢口附近，然後三個並排，黏在檳榔的尖頭，將rengas葉的表面向上，中央放置九個塞有琉璃珠的檳榔萼，並捲起來（導水管之意）放好。

接著即唸唱山神bunukabukaw、kumuraurang之經文，其次唸唱水神sarepsep及saripsip之經文，再其次唸唱引水之神marekuad及marebabukad之經文，又再唸唱aibuwan、aunayan二神之經文。

每回唸唱以上諸神之經文都要祈求神助並撒下琉璃珠，最後舉起腳踏破瓢，如風似也疾奔而歸，並稟告：「吾於途中等待汝。」

tukubis再度進入adekan的深山，上了大湖岸，依

tuba的指示舉行儀式並弄破瓢，然後翻身如韋陀（佛教護法神明，善跑）般疾奔而歸。突然間湖水決堤，滔滔地追著tukubis的足跡。

頭目tuba憂心急流將與tukubis一起進入社中，便至社外karemudub（mayranum山之北麓），剖開九個檳榔，在最左端的檳榔裡塞進琉璃珠九個，次為七個，再次為五個、三個珠，之後各塞三個，然後將之排成一列，蒂則朝向水來的方向，祈禱急流停止。

他又找竹蓋起屋頂遮陽，等待tukubis之前來。未幾tukubis如疾風奔馳前來，尾隨而至的水流就在此處右折，maydatar一帶的平原乃得以平安無事。

之後，此右折的急流更完全在kaidangan被堵住，確保了babaturan地方的安全。

翌日tuba和tukubis兩人計畫將水流從更上流處右折，tukubis於是再至水源地引水，讓水在syuudar（地名）右折，終於成為如今日所見之流向。

〔附記〕tukubis引完水後帶著三頭狗進入raeradang山北方之karatuul山，但是tukubis及狗並未歸來。至翌日只有三頭狗歸來，從狗所吐出的食物中發現了tukubis的刀吊繩，tuba由此知道三隻狗已啃殺了tukubis，隨即把狗殺死。本族人狩鹿時用狗之習，乃源於以tuba與tukubis為祖，加以仿傚。由於tukubis生前狩獵時，必對kawasan的前飼主sarau祈禱，社民亦仿傚之，形成狩獵時祈禱的風習，但是tukubis死後此風習即廢止。伶俐如人的三頭狗，死後本來可以成為獵犬之神，受到人們的膜拜，但因其殺了主人而不能成為犬神。後世的狩獵祈禱中，遂成為向aibuwan祈願以及餵食獵獲物之腸予犬的風習。

本則傳說故事情節要述如下：

一、yamugay與amugay兩位女孩去耕地種植芋頭，其上置茅草，而下面雜草茂盛，她們用碎木片弄倒雜草時，發現茅草上面有某物的油脂。

二、yamugay拿起某物的油脂試吃，因爲生食而懷孕生下一名男嬰叫做tukubis。

三、當時住在kawasan的 'amis族有一名爲sarau的人，與妻buliaw共同從事鍛冶，他們家裡飼有bulak（雄）、lapung（雌）及其仔犬butawan三頭狗，相傳此種狗會吃人。

四、yamugay之子tukubis聽說在kawasan地方有會吃人的狗。於是便請求頭目允許其前往抓狗。

五、頭目便考驗yamugay的速度，頭目即呼喚北風讓竹紙（附在竹枝的紙）飛起來，tukubis奔跑追至temputebul山才拿到手。頭目就做祈禱，誠諭tukubis後准許其請。

六、tukubis做了三個黏糕藏挾於腋下，就前去kawasan拜訪sarau的家。

七、他先乞請先把狗捕捉起來，然後進入屋內向主婦buliaw請求幫忙除頭虱，接著又表示要爲buliaw除虱，他站在背後如抓頭虱之狀地拔下其頭髮。

八、tukubis偷偷地把藏在披下的三個黏糕各捲上buliaw的三根長髮。

九、tukubis請求buliaw讓其狗奔向自己，而這對夫妻擔心會危及tukubis的生命，所以只是笑而不答應。

十、tukubis再三要求讓他們的狗撲向自己，夫婦不得已才放了三條狗。

十一、tukubis疾奔如箭，而三條狗亦如風般地追趕著，想要咬tukubis，狗兒猛衝欲撲咬tukubis時，tukubis一閃身

避開並抓住其口，將藏挾在腋下的黏糕，塞入狗的口中，三隻狗吃了黏糕後，黏糕裡的長髮纏住狗的牙齒，三隻狗都變成了tukubis的囊中物。

十二、 tukubis把抓來的狗牽回家，並且向頭目報告。此夜頭目及tukubis都有好夢兆。於是第二天早上相偕攜犬出獵，捕獲一隻頸部附有鈴鐺的花鹿。

十三、 翌日，tukubis依tuba的指示，隻身進入mayranum山，又獵了水鹿一頭。

十四、 又翌日再進入kaidangan山，又獵獲水鹿一頭。

十五、 再翌日，赴raeradang，再獵獲水鹿一頭。

十六、 第五次稍遠行至adekan山，tukubis放狗後，久久未見狗歸來，tukubis悄然歸來。

十七、 第二天，狗渾身濕透且沾滿泥土回到了tukubis的家，並且發出奇怪的聲音似有所求貌。

十八、 tukubis由狗引導來到了巨池邊。tukubis看了為這偉大的光景所感動。

十九、 tukubis回去後向頭目報告，並建議將巨池的水導引至平地以裨益社民。

二十、 頭目教授tukubis引導水的祈禱法和唸唱山神、水神、引水之神等經文。每回唸唱諸神之經文都要祈求神助並撒下琉璃珠，最後舉起腳踏破瓢，如風似也疾奔而歸，並稟告：「吾於途中等待汝。」

二十一、 tukubis再度到大湖岸，依頭目的指示舉行儀式並弄破瓢，然後疾奔而歸，突然間湖水決堤，滔滔地追著tukubis的足跡。

二十二、 頭目擔心急流會與tukubis一起進入社中，便至社外作祭儀祈禱急流停止。不久，tukubis如疾風奔馳前

　　　　來，尾隨而至的水流就在此處右折，maydatar一帶
　　　　的平原乃得以平安無事。

二十三、　翌日頭目和tukubis兩人計畫將水流從更上流處右
　　　　折，tukubis於是再至水源地引水，讓水在syuudar
　　　　（地名）右折，終於成為如今日所見之流向。

肆、卑南族農耕傳說故事

《老人的話知本卑南族發展史中的傳說》（上），Alton　Quack
編，洪淑玲譯（1988）：⑥

　　　　……祖先流傳種地瓜要依據月亮變化來耕作，當月
　　圓時不要耕作，月漸缺時再耕作，月亮像鐮刀時不要耕
　　作。……

本則是農耕技術經驗與傳承的傳說故事，指導後人如何從事
農耕，種地爪要依據月亮變化來耕作：

一、當月亮圓時不要耕作地瓜。

二、當月亮漸缺時再耕作地瓜。

三、當月亮形狀像鐮刀的時候，不要耕作地瓜。

伍、卑南族婦女除草完工慶傳說故事

依據檳榔部落口述古昔「除草團」之大概如下：⑦

　　　　每年三月，小米長出第三片葉子，之後成長便很
　　快，必須即時除雜草，並趁機整理種植間隔，以期來日
　　的豐收。

　　　　女性十三、四歲開始參加，集體以互助的方式整理
　　整個部落各家的小米田。天未亮就小跑步集合至小米
　　田，有時分兩團，以競爭方式進行。

　　　　除草時一邊唱歌，因為年輕的小女孩不習慣早起，

工作中難免會打瞌睡，便以唱歌的方式鼓舞她們。

　　約做完五分地，有一次大休息，找有枝幹的大樹，一個人爬到最高的枝幹上唱bali-muli　u-，宣告已經完成一大段的工作，也是呼喚還沒到場的女性趕過來參與。

　　若是在半山上的小米田工作，只要出現下雨的預兆，不論離家多遠，都要奔下山取蓑衣或麻袋來給年長的女性遮雨。

　　青年會所以上的男性不會出現在除草團中，而少年會所的男孩，因為被視為中性，可以挑裝水的竹筒隨同上山。

　　長輩說要喝水，若讓少年先拿到空竹筒去提水，那就是婦女的恥辱了，必須搶回竹筒去取水。行為偏差的女性在除草團中會受到告誡……。

本則傳說故事情節要述如下：

一、每年的三月，是卑南族婦女整理小米田種植間隔的時期。

二、卑南族女子十三、四歲即開始參加婦女除草團。

三、卑南族小米田的工作是婦女集體以互助的方式整理整個部落各家的小米田。

四、卑南族婦女除草團有似軍事行動，天未亮就小跑步集合至小米田，有時分兩團，以競爭方式進行。

五、卑南族婦女除草團工作雖然辛苦，但是也有歡樂的一面，除草時一邊唱歌，因為年輕的小女孩不習慣早起，工作中難免會打瞌睡，便以唱歌的方式鼓舞她們。

六、卑南族婦女除草團工作一塊地約做完五分地，有一次大休息，找有枝幹的大樹，一個人爬到最高的枝幹上唱bali-muli　u-，宣告已經完成一大段的工作，也是呼喚還

沒到場的女性趕過來參與。

七、卑南族婦女除草團尊敬長上的倫理道德觀非常確實，若是在半山上的小米田工作，只要出現下雨的預兆，不論離家多遠，都要奔下山取蓑衣或麻袋來給年長的女性遮雨。

八、青年會所以上的男性不會出現在除草團中，而少年會所的男孩，因為被視為中性，可以挑裝水的竹筒隨同上山。

九、卑南族婦女除草團的年輕女子會爭先恐後為長輩服務，長輩說要喝水，若讓少年先拿到空竹筒去提水，那就是婦女的恥辱了，必須搶回竹筒去取水。

十、卑南族婦女除草團具有團體治療與勸戒的作用，行為偏差的女性在除草團中會受到告誡。

每年大約在三月間，卑南族婦女除完小米或旱稻的雜草，其他農忙的工作也大都告一個段落。

卑南族男子為體念及慰勞婦女們平日辛勤耕作又勞苦忙於家務，便專為婦女舉辦歡樂的慶祝活動，亦即舉行「除草完工慶」。

此時大家相約作伴在田裡或部落舉行慶祝完工的儀式，儀式過後大家娛樂放鬆心境，玩玩有趣的遊戲，彼此相互聯誼。

「除草完工慶」此慶祝活動是以婦女為主體，所以亦有人稱之為「婦女節」，後來此儀式配合國際三八婦女節舉行。

台東市南王里之卑南族婦女，每年三月八日都會依傳統習俗歡度屬於婦女的節日除草完工慶，蘊含著「心手相連」，獨具風味。

卑南古謠「婦女節慶」：⑧

> 頭目對眾做報告
> 年長婦女互商討
> 身穿花衣頭戴帽
> 圍個圓圈跳舞蹈
>
> 舞步優美歌聲輕
> 牽著老藤笑盈盈
> 清脆悅耳是掛鈴
> 婦女節慶真歡欣

陸、卑南族入倉祭後舉行猴祭傳說故事

古時候，卑南族人舉行入倉祭後，也舉行「少年猴祭」：⑨

> 入倉祭還要舉行別具一格的少年刺猴祭。刺前先由一人負猴籠，眾人持長竹槍，猴放場中，領頭人要先躲在竹籠西方樹叢中，待少年公廨的首長向天先射三箭後，領頭人便跑出拔槍刺猴，眾人紛紛效仿，再一起賽跑回公廨，然後折回籠邊捉出猴子，用茅草縛其後肢，插棒抬起，公廨首長向都蠻山再射三箭，與領頭人抬猴回公廨，其他少年負長槍唱刺猴歌隨之。
>
> 猴屍丟在公廨木梯右邊，如在場的年長階級者有病，可取竹箭撫自己患部，再向猴擲去，意思是使自己的病灶轉移到猴子身上。

本則傳說謂古代卑南族人在農耕祭儀入倉祭後，亦會舉行「少年猴祭」。按「猴祭」具有祓除不祥的宗教巫術意義。舉行少年猴祭的時候，若有長者病患，可取竹箭撫自己患部，再向猴擲去，意思是使自己的病灶轉移到猴子身上。

【註釋】

① 林豪勳、陳光榮著《卑南族神話故事集錦》，台東縣立文化中心，1996.7。

② 黃智慧、許木柱主編《番族慣習調查報告書第二卷阿美族卑南族》，台灣總督府臨時台灣舊慣調查會，中央研究院民族學研究所編譯，2000.11。

③ 尹建中《台灣山胞各族傳統神話故事與傳說文獻編纂研究》，1994.4。

④ 同①。

⑤ 同②。

⑥ 同③。

⑦ 黃有德〈卑南婦女除草團：部落社會的男女分工傳統〉。

⑧ 林道生《台灣原住民族口傳文學選集》，花蓮縣立文化中心，1996.6

⑨ 范純甫主編《原住民風情》（上、下），台北，華嚴出版社，1996.8。

第十章

卑南族動物口傳文學

壹、卑南族動物的來源傳說故事

〈卑南族歷史與傳說〉，曾建次：①

　　「知本」、「建和」、「泰安」、「利家」、「上賓朗」、「初鹿」等部落，屬於石生支系。故事開始於「蘭嶼」與「綠島」之中曾有的一塊版圖上。

　　一天，洪水淹沒了這塊土地，而當時存活下來的五個人，飄洋過海到台灣東岸就在知本往南五公里處。……

　　飄流過來的五個人，其中的一男一女，一個成了太陽，一個成了月亮。其剩餘的三人，……便沿著海岸一直走到屏東的大武山。

　　其中一個女人留在此地，因此有人說她是排灣族人的祖先。至於另外一對兄妹，又回到原來登岸的地方，然而爲了繁衍後代便相結合了。

　　但最初生下的並非人類，而是螃蟹、魚、蝦及飛鳥，兄妹不解，便詢問天上的太陽，太陽告訴他們，螃蟹、魚、蝦可作爲海裡、河裡的生物，而成爲他們的食物。至於飛鳥，可替他們傳達訊息，因此在卑南族的習俗中，有個鳥占，據說出外打獵時，必須先聽聽鳥叫聲，才決定是否外出。……

　　而當時，大地上並無任何動物，因此他們取了一種瓜子，播種在地上，沒想到瓜子蹦出了不少動植物。有些動物成了家畜；有些成了野生動物。……

本則傳說故事謂洪水氾濫大地後，由於兄妹結婚，因此起初生育並非人類，而是生下了螃蟹、魚、蝦及飛鳥等，原來是太陽要假借人來生成萬物。

　　太陽指示兄妹夫妻說：你們所生下的螃蟹、魚、蝦等可以作爲海裡和河裡的水族生物，而成爲你們的食物。至於飛鳥，則可

以替你們傳達訊息，作爲狩獵的時候鳥占之用。

當時，陸地上也還沒有任何之動物，兄妹夫妻拿了一種瓜子播種在地上，瓜子竟然蹦出了不少的動植物。有些動物成了家畜；有些成了野生動物。

至此，大地上有了水族，空中有飛禽，陸地上有各種野獸動物，也有了各種植物，萬物備焉。

〈動物的由來〉，《祖靈的腳步》，曾建次編譯：②

　　知本人harungatay和vayayung生了長女tata、次女ruviruvi以及么男dilamay。當三個孩子還小時，因陸地上沒有多少豐富動植物可供生活取用，於是這兩位夫妻便往salukisuk（神界）討取動植物好帶來陸上繁殖。

　　由於進出神界須經過一座隧道，當夫妻討取動植物後欲離開神界時，竟被困在隧道中，只好留在那兒。

　　此時大地正逢大旱，各地皆天乾物燥缺乏水源，唯獨在初鹿的vangvang（在卑南鄉美農村靠山邊的「萬萬」山澗）仍有泉水，人們遂由發祥地前往該地汲取泉水來解渴。那三位孩童也不例外，帶著母親織布用的器具當扁擔，便隨村民前往vangvang汲水。

　　由於他們年紀小跟不上隊伍，於是脫隊迷了路。看見山上有一處煙霧裊裊上升，三姊弟以爲是汲水的地方，遂前往冒煙處，結果走進神界隧道。

　　當他們還在遠處時就被他們的父母發現，但卻認不出是自己的孩子。詢問後，孩子們也說不出自己的父母是誰，若不是那織布器具他們恐怕永遠無法相認。

　　當這對父母知道孩子們在凡間受盡凌辱，就送他們各種法寶，有百步蛇、蠍子、鵪鶉、紅蟹及各種瓜類種子。

168

　　父母親指示孩子回到凡間後，須如下照做：把鵪鶉繞著房子走，鵪鶉即能振翅清掃房子；放在米缸內，振翅後就會存滿米粒。百步蛇與蠍子各安置在門口兩旁，可護衛家庭免受歹人欺侮。把紅蟹放在水缸旁，泉水即會湧出。各種瓜類種子應撒在地，未結果前不能隨意碰觸，等發芽長藤開花結果後，瓜實將迸出各種動物。

　　孩子們回到家後即按父母指示一一照辦，果然由那些胡瓜、南瓜、冬瓜的果實裡迸出山鹿、山羌、山豬、羊和家畜等各類動物。

　　這些動物自動聚集在三姊弟的屋前，村民見到這些怪物非常驚恐，個個持棍棒要把牠們趕出村外。但家畜類的動物皆不願逃離，而其他獸類則由村門向野外狂奔成了野獸。

　　至於留在村內不肯散去的家畜，便有人用長棍擲射，射死幾隻，眾人將其中一隻試著用火烤後，嚐了嚐，覺得味道甚為鮮美，就把那些家畜留下來養殖。

本則傳說故事情節敘述如下：

一、知本人harungatay和vayayung兩位夫妻便從隧道往salukisuk（神界）討取動植物好帶來陸上繁殖。

二、兩夫婦討取動植物後欲離開神界時，被困在隧道中。

三、當時正逢大旱，唯獨在初鹿的vangvang仍有泉水，人們遂由發祥地前往該地汲取泉水來解渴。harungatay和vayayung兩位夫妻的三位孩子也隨村民前往汲水，他們帶著母親織布用的器具當扁擔。

四、三姊弟因為跟不上隊伍，因此迷路了，他們誤闖入通往神界的隧道。

五、在隧道裡父母親發現了他們，就送他們百步蛇、蠍子、

鵪鶉、紅蟹及各種瓜類種子。

六、三姊弟回到家後，依照父母的指示來做：

    1. 把鵪鶉繞著房子走，鵪鶉即能振翅清掃房子；放在米
       缸內，振翅後就會存滿米粒。

    2. 百步蛇與蠍子各安置在門口兩旁，可護衛家庭免受歹
       人欺侮。

    3. 把紅蟹放在水缸旁，泉水即會湧出。

    4. 各種瓜類種子應撒在地。

七、他們所撒種的胡瓜、南瓜、冬瓜等的果實裡迸出了山
    鹿、山羌、山豬、羊和家畜等各類動物。從此有了野獸
    和家禽。

貳、卑南族兔子與鹿傳說故事

古時兔子與山鹿「換角」：③

    在太古的時候兔有角而鹿無角。一日兩者在山上相
遇，鹿見兔角美麗，便假意向兔借來戴，這樣兔便可欣
賞自己的角。

    等鹿帶上了角，便對兔說：「若我戴的好看，那就
送給我吧！」接著飛奔而去。現在可以看見兔子的耳朵
大，就是因被鹿取去角後長出的替代物。

本則傳說故事敘述「鹿」的「角」，原來是「兔子」的角。
有一日，鹿與兔子相遇，鹿兒讚美兔子的角，遂向兔子借了角來
戴。結果鹿便逃掉了。如今所見之兔子的一對大耳朵，就是因被
鹿取去角後長出的替代物。

《蕃人童話傳說選集》，瀨野尾寧、鈴木質著，劉佳麗譯
（1930）：④

    從前兔有角，鹿沒角。而且兔自以為有一對美麗的

角，見了誰都要炫耀一番，非常自大。

　　一天，他與鹿在路上巧遇，兔當然不能免俗地展示自己的角，並嘲笑沒角的鹿，鹿隱忍怒氣向兔借角，愚笨的兔不明就理地摘下角給鹿，待鹿一溜煙跑走時，兔才知上了當，但他怎麼趕得上鹿的飛毛腿。

　　後來經過猿猴從中和解，兔說：「反正我現在靠吃草維生，角就送給你了！」鹿高興得每天到池邊照照自己美麗的角，從此以後，就變成鹿有角，兔沒角了。

　本則傳說故事中的兔子很自大驕傲，自恃有一對美麗的角，見了誰都要炫耀一番。有一天，兔子與鹿相遇，兔子極盡嘲笑鹿兒沒有美麗的角，鹿則隱忍怒氣向兔子借戴角，兔子不疑有他便摘下角給鹿，哪知鹿一溜煙跑了。後來經過猿猴從中和解，兔子因為改靠吃草維生，所以角就送給了鹿。鹿非常高興，每天到池邊照照自己美麗的角。

參、卑南族猴子傳說故事

　台灣總督府臨時台灣舊慣調查會《番族慣習調查報告書》第二卷阿美族卑南族，載〈猴子的由來〉：⑤

　　昔時在baba turan（地名）有某夫婦生育姊弟兩人。一如往常，夫妻倆相偕到耕地，因父母忘記為孩子備妥食物便出門了，兩個孩子只好忍著空腹等待雙親歸來。

　　但是終究難熬飢餓，看見垂在爐上方的竹棚（ta tapayan）有芭蕉（belbel），弟弟便攀爬柱子，坐到棚上吃起芭蕉來，其姊仰頭請求弟弟給她一根，但弟弟不給，因此姊姊亦攀爬柱子到棚上去，弟弟把所有成熟又大的芭蕉全部占為己有而不給姊姊，姊弟兩人因此便在ta tapayan上起了爭執。

　　附近的人們爲兩個孩子的哭鬧爭吵聲所驚動，上前來一探究竟時，只見在爐上竹棚相爭的姊弟，身體生出尾巴和毛、臉部變得赤紅而成了猴子，鄰人們見狀驚恐歸去。

　　不久其雙親返家，兩個孩子即沿著東南隅的柱子爬到屋頂去。由於不見孩子的蹤影，雙親不安地呼喚著他們的名字，但不知從何方傳來「ngu」的回應聲。

　　兩人覺得奇怪又再呼喚其名，而回應仍然如前，三次叫喚時皆有「ngu」的回應聲，但是卻不見蹤影，雙親爲此感到驚訝，於是走到戶外查探聲音來源，卻看見屋頂上有兩隻猴子，雙親也無可奈何。最後猴子進入山裡，這兩個孩子便成爲猴子的祖先。

本則傳說故事敘述父母親到田地耕作，忘記了準備留在家裡的孩子的食物。姊弟忍著空腹眼巴巴地等待雙親歸來。

　　姊弟忽然看見竹棚上有芭蕉，弟弟便攀爬柱子，坐在棚上吃起芭蕉來，姊姊抬頭請求弟弟給她一根芭蕉吃，但是弟弟不給。姊姊也爬柱子到棚上去，可是弟弟把成熟又大的芭蕉全部占爲己有而不給姊姊，姊弟兩人因此便大吵了起來。

　　鄰居聽到姊弟的哭鬧和爭吵聲，前來觀看，姊弟兩人的身體生出尾巴和毛、臉部變得赤紅而成了猴子。

　　一對姊弟的父母回家後，見不到孩子的蹤影感到不安，便呼喚著姊弟的名字，但是只得到「ngu」的回應聲。

　　父母親到外頭查探，孩子已經變成了兩隻猴子，猴子進入山裡，這兩個孩子便成爲猴子的祖先。

肆、卑南族灰老鷹傳說故事

〈灰老鷹尋仇〉，《祖靈的腳步》，曾建次編譯：⑥

　　……有兩位要好的年輕人，互相約定去打獵，在路上看到一棵枯乾的大樹，樹上有個大鷹巢，他們有意爬到樹上取鳥蛋，就商議說：「一個上去把鳥蛋撿了往下扔，在樹下的那位用手接住鳥蛋。」於是較瘦的那一個便上了樹頂。

　　正當他要撿取鳥蛋時，附近更高的樹尖上有隻老鷹眼見自己的巢被人侵襲，立刻往下俯衝用爪撕裂了取蛋者的腹部，致使他五臟爆開當場斃命掉在地上。而在樹下的那位，眼見自己的同伴如此下場，急忙爬上旁邊的一棵樹，利用多叉的樹枝阻擋老鷹。

　　老鷹抓不到他，只好飛走了，年輕人就趁老鷹飛走的時機，跑回家把事情經過告訴家人。他的家人認為老鷹可能會追來，於是在屋外的木臼裡插上箭，再蓋上被子，使它看起來像一個人。到了半夜老鷹果然來了，他們立刻點火照明。老鷹看見那個插箭蒙被的木臼，以為是人，果然很快地俯衝下來抓，藏在屋裡的那位年輕人和他的家人就乘機將牠射殺了。

　　本則傳說故事是一則爬樹取鳥蛋，遭灰老鷹報復用爪撕裂了取蛋者的腹部，致使他五臟爆開當場斃命的故事。

伍、卑南族鼬鼠傳說故事

〈善惡婆婆與鼬鼠〉，《祖靈的腳步》，曾建次編譯：⑦

　　不久，在部落發生一件人與鼬鼠有關的趣事。有一位老太太，某天她到離部落不遠的芋頭田想採些芋頭回家，在路途上發現一群鼬鼠一隻接著一隻互啣著尾巴好

像在過收穫節。牠們採集了野蜜，捕獲了山羌，也做了黏糕，還帶著各式各樣的食物聚集在一起。牠們編了鍋墊把它戴在頭上當花冠，把抹布綴在腰帶當繡布，大家很開心地一起跳舞。

這老太太是位心地善良的婆婆，她對牠們說：「啊！我的孩子們，您們戴的花冠是這樣漂亮，您們腰帶上的鈴璫也真是響亮又美觀。」那些鼬鼠聽了老太太的讚許都十分高興，跳起舞來也更加起勁。收穫節結束後，鼬鼠把老太太抬起來送回家，又把野蜜、山羌、跟自己做的年糕等許多東西送給老太太。

隔壁一位言詞尖刻的老太太看到這情形，就問這位婆婆說：「妳為那些鼬鼠做了什麼事？為什麼牠們送妳這麼多東西？」「我沒有為牠們做什麼事呀！」她說：「牠們邀我參加他們的收穫節，我就參加，並沒有特別為牠們做什麼啊！」

於是，那位言詞尖刻的老太太說：「那麼牠們明年收穫節的時候換我去參加吧！」

到了第二年，又是鼬鼠舉行收穫節的時候，這位言詞尖刻的老太太就去參加了。她在那裏對於所看到的舞不僅不稱讚，反而還批評說：「啊！你們這些鼬鼠，你們本來就已經很醜了，現在再加上你們頭上那奇怪的花冠，更醜了。不過那也不是花冠，是鍋墊嘛！你們腰帶上的鈴璫也不是真正的鈴璫，就只是抹布嘛，哪有把鍋墊當花冠，把抹布當鈴璫的。啊呀呀！你們真是醜極了！」

那些鼬鼠聽了很生氣，便攻擊這位老太太並且把她趕走，當然也不送她任何東西。

　　這位老太太回到家裏時可真狼狽不堪，就去問那位心地善良的婆婆：「爲什麼那些鼬鼠這樣對待我？」

　　她問：「妳在那裏到底做了什麼？」這位狼狽不堪的老太太說：「我又沒做什麼，我只是對牠們說，你們頭上戴的不是花冠，是鍋墊，綴在腰帶上的不是鈴璫，是抹布。我不過是說了這些，牠們就攻擊我趕我走了！」

　　心地善良的婆婆聽了說：「這就難怪了，身爲一個客人，妳爲什麼說這些不中聽的話呢？妳應該稱讚牠們頭上的花冠很漂亮，牠們的鈴璫很響亮也很好看，那麼在妳回來的時候，牠們也才會高興把山上的野蜜啦，山羌肉啦，自己做的黏糕啦，送給妳分享帶回來嘛！」

　　發生這件事以後，山上的鼬鼠有時候就會攻擊人了。

讚美別人不是一件壞事，而且還是一種美德，會適度讚美別人的人，永遠不會吃虧，而且也會受到別人的尊敬，何樂而不爲呢？故事中的善婆婆，因爲善於讚美鼬鼠，結果鼬鼠贈送她許多禮物；反之，惡婆婆因爲言詞刻薄尖酸，被鼬鼠趕走了，真是尷尬。

陸、卑南族狗傳說故事
〈良犬耕田〉，《祖靈的腳步》，曾建次編譯：⑧

　　……從前有兄弟兩人，哥哥已經結婚，分了家屋另外居住，弟弟則和父母同住，養著一頭牛。後來父母相繼去世，哥哥便又來分財產。

　　哥哥自己已有一頭牛，但他還想要父母留下的這一頭。就說：「牛分成兩半就死了，只能屬於一人所有，這樣吧，我們把牛放在遠處，然後我們兩人同時跑過

去，看誰先抓到牛鼻子上的銅環，牛就是誰的。」

弟弟年紀還小，當然沒有哥哥跑得快。因此，他對哥哥說：「你已經有一頭牛了，這頭牛是我把牠養大的，就讓我用來耕田吧！」哥哥很無理地說：「不行，我們一定要用比賽來決定這頭牛應該是誰的。」

弟弟沒辦法，最後只有依哥哥的要求，比賽誰跑得快。結果當然是哥哥先抓到了牛鼻子上的銅環。弟弟跑到時，哥哥已經牽著那頭牛轉身要回家了，他只來得及抓到牛尾巴的毛。

弟弟眼睜睜看著哥哥把牛牽走，不禁哭了出來。這時候，剛好有人路過那裡，他看到弟弟在哭便問為什麼，弟弟將事情經過告訴了他，那人說：「不要哭了，來吧，到我那裏去吃飯。你不要這樣難過，我那裏有不少母雞，送你一隻，你好好養，可以生蛋。

弟弟聽了，便到那人家裏吃了飯，又捧了對方所送的母雞回家。回到家裏正要餵雞，忽然跑來一條狗，一口就把母雞咬死了。弟弟見了，又傷心地哭了起來。他去找狗的主人，要求賠償他的雞，狗的主人說：「我沒什麼東西可以賠你的，就把這隻狗賠你吧！」

弟弟把狗牽回家之後，對著田地發呆，不知如何是好。牛被哥哥拿走了，怎麼耕田呢？他看了看那條狗，就做了一副小犁，又買了一點牛肉切成一小塊一小塊，然後把狗帶到田裏，讓他揹上小犁開始耕田。他要狗向前走時，就拋一小塊牛肉在狗的前面，狗一聞到牛肉香味便向前跑，犁自然也跟著走。到了田邊換方向，也是用這方法。如此來來去去，終於把那塊田耕完了。

在休息時，有位商人挑著一擔貨物經過那裏，看見

蹲在犁旁的狗和耕完的田，不禁好奇地問：「你那塊田是這隻狗耕的嗎？」弟弟回答說：「是的。」商人不信，笑著說：「這條狗真能耕田嗎？你騙人。」弟弟說：「是真的啊！」商人大笑說：「那麼耕給我看一看。」

弟弟問：「要是牠能耕田的話，你怎麼辦？」商人說：「要是牠真的能耕田，我就把所挑的這擔貨全都送給你。但是如果牠不能耕田的話，那麼我要把牠帶走。」弟弟說：「好，就這麼辦。」

說完就把狗牽到田裏，給牠架上犁，吆喝一聲：「走！」同時很快拋出一塊牛肉，狗隨即拖著犁向前走去。商人沒有注意到弟弟拋出牛肉的舉動，只看到狗拖著犁耕田，覺得很稀奇。然而他還是不太相信，要弟弟讓狗再耕一次。弟弟又用拋牛肉的方法，使狗耕了一圈地，商人終於認輸了，便把他挑的一擔貨都給了弟弟。

弟弟挑著那擔貨慢慢走回家，經過哥哥那裏時，被他的嫂子看到了，便對丈夫說：「你到你弟弟那邊看看是怎麼回事，他剛剛挑了一大擔東西回去。」哥哥一聽，急忙到弟弟家來，看見弟弟正把一屋子的貨物一件件收起來，趕忙問是怎麼一回事。弟弟便把和一商人打賭的經過，一五一十地告訴他。哥哥聽了，便霸道地對弟弟說：「那你把這些贏來的東西給我一部分。」弟弟說：「你搶我的牛，為什麼還要給你東西？」哥哥見弟弟不肯給，一氣之下，就把那隻狗打死了。

弟弟看見狗被哥哥打死了，心中十分難過，哭著把狗埋了，還祝祭了一番。第二天早上，弟弟又到埋狗的地方去，看見狗墳上長出了一棵竹子，竹葉上都沾滿了

露水。他搖一搖竹子，露水紛紛掉下來，發出一陣淅瀝嘩啦的聲音。他低頭一看，原來那些掉在地上的露水都是銀子，他揀滿了足足一籃子。鄰居很快就知道這件事，並且告訴了他的哥哥和嫂子。於是這貪得無饜的哥哥又來了，他對弟弟說：「明天你不要去搖那棵竹子，讓我去。」弟弟無奈地說：「好吧！你要去就去吧！」

　　第二天，一大早哥哥就到狗墳上去搖那棵竹子，可是搖下來的竟是一些糞便，沾得哥哥滿身污臭。哥哥很生氣，回去拿刀來便將竹子砍了。弟弟看見竹子被砍斷了，又難過地哭起來，心想：該怎麼辦呢？後來他把竹子編成一個抓魚的竹簍，拿著它到河邊去捉魚。每一次他都抓到很多魚，賣了不少錢。

　　沒多久，這事又讓哥哥知道了，便來向弟弟借魚簍。第二天，哥哥拿著魚簍去捉魚。當他把魚簍從河裏拉上來時，魚簍很重，他覺得一定捉到了不少魚，可是當他把魚簍打開往外倒時，才發現捉到的儘是蟲蛇一類有毒的東西。

本則傳說敘述狠心的哥哥欺負弟弟的故事，雖然哥哥三番兩次一再欺負弟弟，但是弟弟終能得到天神的眷顧，暗中幫助弟弟，讓弟弟在無助中得以獲得協助。

【註釋】

① 曾建次〈卑南族歷史與傳說〉，載於行政院原住民委員會《第二屆全國原住民大專青年文化會議紀錄》，1999.8。

② 曾建次編譯《祖靈的腳步》，台中，晨星出版社，1988.6。

③ 尹建中《台灣山胞各族傳統神話故事與傳說文獻編纂研究》，1994.4。

④ 同③。

⑤ 黃智慧、許木柱主編《番族慣習調查報告書第二卷阿美族卑南族》，台灣總督府臨時台灣舊慣調查會，中央研究院民族學研究所編譯，2000.11。

⑥ 同②。

⑦ 同②。

⑧ 同②。

第十一章

卑南族植物口傳文學

壹、卑南族檳榔傳說故事

《老人的話知本卑南族發展史中的傳說》（上），Alton　Quack
編，洪淑玲譯（1988）：①

　　　venario出去尋找被西洋帶走的kalokal，當時因為害
怕被人發現成為俘虜，一夜未睡而且眼中閃著螢光，以
照亮路徑，所以人們就叫他karapiat。

　　　看到kalokal，但他卻習於那樣的生活，不願回去。
venario只好獨自返家，他順便繞道去他妹妹maraqit那。

　　　想偷珍珠項練上最美、最珍貴的那顆，他把那顆珠
吞下了，妹妹懷疑他偷了，但苦無證據，只好召集全村
的人去追捕venario。

　　　追到了河邊venario猛力一打，水分成了兩半venario
迅速通過，水又回復原狀，村人在岸邊咒罵著，並將其
視為異類。

　　　而老venario則繼續繞路至排灣族那裡去求取檳榔，
帶回知本贈給親友，自此知本人開始種植檳榔。

本傳說故事情節要述如下：

一、 venario出去尋找被西洋帶走的kalokal，按此之西洋人是
　　 指荷蘭人。

二、 venario看到了kalokal，但是kalokal不願回去，venario只
　　 好獨自返家，順便繞道去他妹妹那裡。

三、 venario偷了妹妹最美、最珍貴的珍珠項練，把那顆珠吞
　　 下了。

四、 妹妹召集全村的人去追捕哥哥venario。

五、 妹妹的村人追到了河邊venario猛力一打，水分成了兩半
　　 venario迅速通過，水又回復原狀，村人在岸邊咒罵著，
　　 並將其視為異類。

六、venario繼續繞路至排灣族那裡去求取檳榔，帶回知本贈給親友，自此知本人開始種植檳榔。

貳、卑南族煙草傳說故事

《老人的話知本卑南族發展史中的傳說》（上），Alton Quack編，洪淑玲譯（1988）：②

早期的祭祀是用黏土燒製如金屬的鍋，將鍋子敲成小碎片，如同檳榔般的舉行祭祀，若需要檳榔則以tinar代替，必要時還加qinasi。

來自longkiao的pali拿檳榔、芒果、文旦、鳳梨和某水果的種子，及在海邊撿到會發光的枕頭向kazekalan的milik求婚，兩人便在一起並回到longkiao。而在varovaro和zamoman的田地就生長果實。

荷蘭人向東來，在海上便看見kazekalan有一似星辰的東西在閃著光，他們自kanarovang登陸，遇到pakaroko人，向他們問路並贈一個水壺以作報酬。

那些荷蘭人在kazekalan的壯丁聚集所，發現kalokal正躺在枕頭上休息，便將他帶走。

在荷蘭人休息的地方均長出煙草來，人們不知是做何用，可是在用火燒時，卻發出很棒的味道，從此時起知本人便開始抽起煙草。

本則傳說故事敘述卑南族人與荷蘭人接觸的情形，荷蘭人在kanarovang登陸，遇到pakaroko人，向他們問路並贈一個水壺以作報酬。

故事謂在荷蘭人休息的地方均長出煙草來，這可能意味著煙草是荷蘭人帶來的，起初卑南人不知道煙草有何用處，但是把煙草用火燒卻發出很香的味道，從那個時候起，知本人便開始抽煙草了。

182

【註釋】

① 尹建中《台灣山胞各族傳統神話故事與傳說文獻編纂研究》，（1994.4）。
② 同①。

第十二章

卑南族宗教祭祀口傳文學

壹、卑南族祭司之緣起傳說故事

卑南族祭司的緣起：《老人的話知本卑南族發展史中的傳說》
（上）Alton Quack編，洪淑玲譯（1988）：①

　　tavatav和paroaq生下了鳥、魚、蝦、蟹，太陽指示
將魚、蝦放入水中，讓蟹成爲水中害蟲，而鳥放在村
外，牠會傳達訊息和教導你們。

　　kalkali和longaz結婚生有女兒diangrao。而diangrao在
溪裡流走，家裡認爲她死了，她卻與老sixasixao結婚，
生下vasakaran和roasajao。

　　當他們長大便去卑南去，撕毀了祖父母的檳榔，並
要求他們給水喝，當用普通勺子裝水，vasakaran和
roasajao拒絕，並説要用銅製器具裝才可以吃。

　　祖父母從他們身上的圍裙發現與diangrao的關係，
於是便在卑南留了一夜，隔天就回去revoaqan。

　　再一天他們帶了一紙風箏前往卑南，在途中，他們
偷了阿美婦人的甘蔗，並利用風箏前去卑南在qaranum處
下來，前去祖父母那兒。

　　然後又回去revoaqan。接著他們向北前去，想要建
立一壯丁聚集所。建好了之後，vasakaran便對在revoaqan
的父親sixasixao説：我們要去打獵作爲祭祀用，告訴祖
父，我們不讓任何一個阿美族人經過，絕不留活口，白
天千萬不要四處走動。

　　祖父説：當我出去時，我會穿上銅製盔甲，然後你
們就知道那就是我。然後他出去了，年長的哥哥看到了
讓他通過，年幼的弟弟roasajao卻將他殺了。

　　他們就向vaqerit鳥請教有關贖罪的祭禮，先狩獵矮
麝及其他狩獵品，將其燒淨，穿插過一個似戒指的東

西，再割開，撐開舉行贖罪祭禮。

　　祭儀結束後，他們詢問那個住在revoaqan成熟了的女跛子，vaqerit鳥要他們用黃麻線穿上手鐲戴在女跛子的身上，他們如是做，於是便產生poriugao（祭司）這個職務。

本則傳說故事情節滿複雜的，茲要述如下：

一、tavatav和paroaq是夫妻，生下了鳥、魚、蝦、蟹等。

二、太陽指示tavatav和paroaq夫妻，將生下的魚、蝦放入水中，讓蟹成為水中害蟲，而鳥則放在村外，將來牠會傳達訊息和教導你們。

三、kalkali和longaz結婚，生下一位女兒叫做diangrao。

四、有一天，女兒diangrao在溪裡流走，家人認為她已經死了。

五、diangrao並沒有死，而與老sixasixao結婚，生下vasakaran和roasajao。

六、vasakaran和roasajao長大後去卑南去，撕毀了祖父母的檳榔，並要求他們給水喝，他們拒絕用普通勺子裝水，說要用銅製器具裝水才可以吃。

七、祖父母從vasakaran和roasajao的身上之圍裙，發現他們與女兒diangrao的關係，於是便在卑南留了一夜，隔天才回去revoaqan。

八、再一天他們前往卑南，在途中，他們偷了阿美婦人的甘蔗，兩兄弟用風箏前去卑南祖父母那兒，在qaranum處下來。

九、兩兄弟回去revoaqan後，接著他們向北前去，建立一個壯丁聚集所。

十、壯丁聚集所建好了之後，vasakaran便對父親說：我們要

去打獵作爲祭祀用，告訴祖父，我們不讓任何一個阿美
族人經過，絕不留活口，白天千萬不要四處走動。

十一、祖父穿上銅製盔甲出去，哥哥讓他通過，弟弟roasajao
卻將他殺了。

十二、兩兄弟向vaqerit鳥請教有關贖罪的祭禮。

十三、兩兄弟依照vaqerit鳥的指示，「先狩獵矮鏖及其他狩
獵品，將其燒淨，穿插過一個似戒指的東西，再割
開，撐開舉行贖罪祭禮」。

十四、行贖罪祭禮結束後，vaqerit鳥要他們用黃麻線穿上手
鐲戴在女跛子的身上，他們如是做，於是便產生
poriugao（祭司）這個職務。

貳、卑南族祭祀儀式之緣起傳說故事

《老人的話知本卑南族發展史中的傳說》（上），Alton　Quack
編，洪淑玲譯（1988）：②

> ……當老vasahran和roasajao共同設立聚集壯丁的處
> 所，卻不懂祭拜之事；而vaqerit鳥則教導他們在酋長迎
> 新時將蟹、蝦、魚三種動物綑綁一起獻給穀神祭拜。

本則傳說故事敘述鳥傳授祭拜穀神的方法，「在酋長迎新時
將蟹、蝦、魚三種動物綑綁一起獻給穀神祭拜」。

《老人的話知本卑南族發展史中的傳說》（上），Alton　Quack
編，洪淑玲譯（1988）：③

> 當toko居住在revoaqan時，依小鳥的指示成立了
> poringao職務和手鐲祭禮，toko聚集眾人學禱歌，並將獵
> 物拿來招待他們。……

本則傳說故事敘述當toko居住在revoaqan的時候，她就依據小
鳥的指示，成立了poringao職務和手鐲祭禮，toko把族人集合起來

學習祭祀的祈禱歌。

《老人的話知本卑南族發展史中的傳說》（上），Alton　Quack
編，洪淑玲譯（1988）：④

> 早期的祭祀是用黏土燒製如金屬的鍋，將鍋子敲成
> 小碎片，如同檳榔般的舉行祭祀，若需要檳榔則以tinar
> 代替，必要時還加qinasi。……

本則傳說故事是早期祭祀的法器與供品。早期祭祀以黏土燒
製之鍋敲成小碎片，如同檳榔般的舉行祭祀，如果需要檳榔那麼
就以tinar代替，必要時還加qinasi。

參、卑南族祭祀傳說故事

〈卑南社の祖先〉，《人類學雜誌》，森丑之助著（1916），劉佳
麗譯：⑤

> ……據說卑南社的祖先是由長在石上的竹子中產生
> 出來。……到第三代時出現了……絕世美女tadokurau，
> 她嫁了好幾個丈夫，但丈夫都早死，……才知其陰部長
> 了牙，父母視爲莫大的羞恥，將她裝在木箱裡偷偷丟於
> 卑南溪。
>
> 後來漂到知本海岸爲同社族人拾獲救起，……引起
> 同社族人sikasigao的惻隱之心，爲她拔掉陰部的齒並與
> 她白頭偕老，生下兩男兩女，次女嫁給知本社人，此時
> 父母雙亡，其餘三名子女乃回到卑南社老鄉。
>
> 一天他們到卑南溪洗衣時，長女被大蛇吞歿，同行
> 的兄弟當時不在身旁就先回家了，事後才知大蛇吃了姊
> 姊……乃帶了刀……殺了大蛇……
>
> 族社的人忌諱不吉拒絕他們回到社裡，……後來，
> 弟弟迫於饑餓偷了ami族人的蕃薯而被捕。哥哥爲了救弟

弟,作了一個大風箏,……因而獲救。

他們乃在buraturatuto建屋住下,卑南社的叔父聞訊趕到,兄弟倆難解不容於社的夙怨,憤而殺了叔父。

後來兄弟倆因足痛雙雙臥病在床,一隻叫togoeru的小鳥說,這是天罰他們的弒親,只要作弓射羌祭祀亡靈便能痊癒,兄弟照作果然奏效。

他們為報被ami族人捉捕之仇,乃祈天發生地震,結果也震死了同族的人,並發生火災,燒燬了家園。……

本則傳說故事卑南族「竹生」的第三代,有一絕世美女叫tadokurau,因陰部有牙齒,嫁了幾個丈夫都死了,其父母把她裝箱漂流卑南溪,漂到知本海岸被救起,後來與sikasigao結婚生下兩男兩女,次女嫁給知本社人,此時父母雙亡,其餘三名子女乃回到卑南社老鄉。

姊姊到卑南溪洗衣時,被大蛇吞歿,兩兄弟殺死大蛇報仇,但是族人因殺蛇為不吉不讓他們返社,後來,弟弟因為饑餓偷了ami族人的蕃薯而被捕。哥哥作了一個大風箏救了弟弟。兩兄弟在buraturatuto建屋住下,卑南社的叔父來到,兄弟倆難解不容於社的夙怨,憤而殺了叔父。

結果上天懲罰他們弒親,讓兄弟倆足痛雙雙臥病在床,後有一隻叫togoeru的小鳥告訴他們說,你們的足痛是由於弒親而遭受天罰,togoeru鳥教他們祭祀就可以解除病痛,兄弟兩照著鳥兒的指導,作弓射羌祭祀亡靈,於是奏效痊癒。

肆、卑南族正月殺猴儀式之由來傳說故事

台灣總督府臨時台灣舊慣調查會《番族慣習調查報告書》第二卷阿美族卑南族,載〈正月殺猴儀式之由來〉:⑥

初次收穫稻米時,malali、saremesim一家及其他族

民，約定翌日大家集合協力建築新的takuban，翌日即如約於南北造了兩間takuban。

按照過去的習俗是要殺守衛，因爲aryau山聚集許多猴子，所以從今年起改殺猴子來代替守衛。

他們做好籠子，將籠子置於aryau山，推算時間後前往，果然有一隻猴子在籠內，於是便把牠扛回家。

長老們爲了選擇正月大祭典之日，從當晚起即住在集會所夢卜。得吉夢之翌日，各家舂米準備搗黏糕，拿少量的米到kaidangan奉納給asiridaw神（送稻種給murbulu神的神）。司掌儀式者爲當時社民中之長老。

儀式過程是先摘採三個檳榔，剖成二半，其中各塞入三個琉璃珠，並且把檳榔頭朝向kanmaidang山，擺在平石上，再添加一把舂過的米，感謝諸神惠賜稻米，祈求今年亦得豐年。

祈禱完畢後，社民將各自攜來的一把米撒於路旁（先前二次各撒較少；第三次則撒完），返家後搗製黏糕。

另一方面，迄至此日，一直以aas、syak的飼料來飼養捕獲的猴子，而後青年一同把牠帶到palak（地名），以竹結綁成柵欄，中央置牢籠；又在柵欄的南邊架高約四尺之壇以爲yawan（長老的稱呼，此場合之祭主）之席；西邊則豎立柱子並用茅草鋪蓋屋頂以爲ragan（巫師）之席。

時間一到，yawan即從席上下來，發出「開始」的命令。ragan首先取竹矛刺去，接著站在柵欄四周的青年們，便爭先刺殺牢籠中跳來跳去的猴子，刺中者立即丟掉矛歸返族社，之後再回到祭場來，最早回到祭場的人爲優勝者，稱爲sanga，得以受社衆之讚賞。

　　殺猴活動結束後，由青年們把猴子扛回社內，懸吊在takuban下，並且於猴皮上盛灰，灰中放入很多紙片（竹膜），然後從takuban地板上將其翻面，再以棒叩打之，一撒下去時，紙片（竹膜）混著濛濛的灰，宛如暗夜中降雪。群集在takuban下的少年們則爭先拾取這些紙片（竹膜），以得棒者為優勝，並受眾童的尊重。

　　接著由二、三位青年擔運猴子，眾童尾隨其後，一面唱著歌謠（另有猴祭之歌），一面把猴子丟棄在pulutulutungan（地名）。

　　返社後，屬於南、北之takuban的青年即分為二團開始角力（mapingipingit），彼此揪住對方的頭髮，拉手踢腳，直至對方因憊疲勞無再相爭之勇。

　　兩團勝敗大勢顯現時，兩takuban的級長便徐徐走到中央，然後互相解開對方的腰帶，這是mapingipingit中止的信號，兩人各集結所屬的少年回到takuban。

　　一方備妥豬油，另一方則備妥生薑，以為交換式贈答。豬油塗抹在頭部，做整髮、療傷之用，而生薑則用來解渴，具有互相慰問之意。

　　然後南北兩takuban舉行少年舞蹈（少年的歌舞唯有此時公開允許）。翌日角力獲勝的takuban襲擊敗方的takuban，糟蹋幾至毀壞為止，並且拔起、帶回許多的柱子（敗方認為這是理所當然的屈辱，對此退而不阻攔）。

　　之後焚火盡興跳舞，敗方青年們也參加此舞會。由於少年時代必須服嚴酷的社會義務，因此少年舞蹈就成了唯一的娛樂。

本則傳說故事情節要述如下：

一、古代初次收穫稻米時即於南北造兩間takuban（會所）。

二、古代習俗是要殺守衛，因為aryau山聚集許多猴子，故改
殺猴子來代替守衛。

三、卑南人於aryau山設置籠子陷阱，有猴子誤入陷阱，就把
猴子扛回村社。社人迄於大祭典之日，aas、syak的飼料
來飼養捕獲的猴子。

四、擇定正月大祭典之日，長老們從當晚起就要住在集會所
裡做夢卜（夢占）。得吉夢之翌日，各家舂米準備搗黏
糕。

五、祭典司掌儀式者為當時社民中之長老，各家舂米準備搗
黏糕，拿少量的米到kaidangan奉納給asiridaw神（送稻種
給murbulu神的神）。

六、司祭者摘採三個檳榔，剖成二半，其中各塞入三個琉璃
珠，並且把檳榔頭朝向kanmaidang山，擺在平石上，再
添加一把舂過的米，感謝諸神惠賜稻米，祈求今年亦得
豐年。

七、司祭者祭畢社民將各自攜來的一把米撒於路旁（先前二
次各撒較少；第三次則撒完），返家後搗製黏糕。

八、正月大祭典之日，把猴子帶到palak（地名），以竹結綁
成柵欄，中央置牢籠；又在柵欄的南邊架高約四尺之壇
以為yawan（長老的稱呼，此場合之祭主）之席；西邊則
豎立柱子並用茅草鋪蓋屋頂以為ragan（巫師）之席。

九、yawan（祭主）舉行猴祭開始，ragan首先取竹矛刺去，
接著站在柵欄四周的青年們，便爭先刺殺牢籠中跳來跳
去的猴子，刺中者立即丟掉矛歸返族社，之後再回到祭
場來，最早回到祭場的人為優勝者，稱為sanga，得以受
社眾之讚賞。

十、殺猴祭畢青年們把猴子扛回社內，懸吊在會所takuban
　　下，並且於獸皮上盛灰，灰中放入很多紙片（竹膜），
　　然後從takuban地板上將其翻面，再以棒叩打之，一撒下
　　去時，紙片（竹膜）混著濛濛的灰，宛如暗夜中降雪。
　　群集在takuban下的少年們則爭先拾取這些紙片（竹
　　膜），以得棒者為優勝，並受眾童的尊重。

十一、接著就是「棄猴」，由二、三位青年擔運猴子，眾童
　　　尾隨其後，一面唱著歌謠，一面把猴子丟棄在
　　　pulutulutungan。

十二、「棄猴」儀式畢，屬於南、北之會所takuban的青年就
　　　分成二個團開始角力。

十三、角力比賽，當兩團勝敗已定時，兩會所takuban的級長
　　　便徐徐走到中央，然後互相解開對方的腰帶，這是
　　　mapingipingit中止的信號，兩人各集結所屬的少年回
　　　到會所takuban。

十四、南北會所兩隊回到會所後，備妥豬油及生薑，以為交
　　　換式贈答。豬油塗抹在頭部，做整髮、療傷之用，而
　　　生薑則用來解渴，具有互相慰問之意。

十五、猴祭南北兩會所互相慰問之後，便舉行少年舞蹈，此
　　　時是卑南族允許少年舞蹈的時刻。

十六、第二天，角力獲勝的會所襲擊敗方的會所，糟蹋幾至
　　　毀壞為止，並且拔起、帶回許多的柱子。敗方會所認
　　　為這是理所當然的屈辱，對此退而不阻攔。

伍、卑南族小米祭之由來傳說故事

　　台灣總督府臨時台灣舊慣調查會《番族慣習調查報告書》第
二卷阿美族卑南族，載〈小米祭之由來〉：⑦

nunur在panapanayan所插的竹枝，生出pawtipel
（男）、amana（女）、takyu（男）三人。

pawtipel、amana兄妹結爲夫婦，生下kuladuy（男）
、yamugay（女）兩兒女，此一家移居bukid山之麓，創
立了arasis家，並從sernegneg（saremesim之女）那兒得到
小米種而居住下來。

然而居住在maydatar的pawdiran，經常赴kawasan
（地名）海岸採收貝類，便也屢屢從arasis家旁經過。

某次，pawtipel看見pawdiran經過，便對他說：
「kawasan是我的領域，應向我招呼一聲才是吧！」
pawdiran默不作答地歸去。

之後他又再路經此道前往kawasan，arasis家發現了
此事，pawtipel對其之傲慢大爲憤怒，而迫他以決鬥了斷
是非，但是pawdiran答道：「近鄰之間不應爭鬥。」未
應允即歸去了。

之後pawtipel見pawdiran依然我行我素，終於兩人走
上決鬥之途。pawdiran當場死亡，pawtipel則負重傷好不
容易才回到家，他告訴其弟takyu：「把我的矛豎立在
bukid山上的東鞍部，maydatar（地名）之民會相信我還
活著而不再來。」言畢即氣絕。

其弟takyu立刻如其言，將矛豎立在bukid山上的東鞍
部。經過一段時間後，來自maydatar的tuba、pauselaw、
muselaw、rawaraway、sumata、gusing、tagulip等人，前
往arasis家，勸誘其移居至maydatar，今後共同和睦相
處，amana以及takyu等人就答應了。

arasis家從此移居合併至maydatar，原本屬於arasis家
之領地給予maydatar，然後將maydatar領地分爲兩半，南

方作爲arasis一族之領地，北方則作爲maydatar一族之領地，arasis家每年繳納貢穀給maydatar。maydatar向來行稻米祭而無小米祭，自從在arasis家司小米祭以後，才有了小米祭的舉行。

takyu知道有很多社民搗製黏糕，某日，他到族社的外廊發出了奇怪的聲響，社民們以爲發生了什麼變故，一同奔向聲響處，但是見周遭並無異樣，於是抱著詫異的心情返宅，返家後很多人發現搗製的黏糕丟失了，大夥兒又再度感到吃驚。

經過若干日，takyu得知搗黏糕的日子，便施計盜取黏糕，攜之前往sanasan（火燒島），年糕吃完時，再回到maydatar。

其外甥kuladuy對takyu的不良品性感到慚愧，因此思索著該如何將他逐出社外。某日，他勸誘takyu前往sanasan獵鹿，兩人整裝同行，狩獵中他瞞著takyu，遁逃出sanasan，並切斷懸在maydatar與sanasan間的橋樑，使得sanasan成爲與本土隔絕的孤島，takyu因此陷入流竄於孤島的窘境（相傳太古時代sanasan與babaturan間有橋相續，在地狹處相連）。

此時有rewadwad與rebanban二神憐憫takyu被遺棄在孤島，便命令一叫做barawis的魚送他回到陸地。

barawis奉命行事，並將神意告知takyu，「當我沈入水中時，你要停止呼吸；若憋不住氣時，就抓捻我的頸子。」

這樣教takyu後，便載著他潛入水中，浮沈三、四回後接近了陸地。牠向takyu說道：「吾奉二神之意送汝至陸，汝若感念二神之恩，於小米祭時便供奉小米和檳

榔，吾則將汝之供祭物獻予二神。」言畢即消失蹤影。

　　takyu終得以無恙返家，此後小米祭時，他必定供呈小米和檳榔給barawis，後世以此爲例流傳至今。

本則傳說故事情節要述如下：

一、 nunur在panapanayan所插的竹枝，生出pawtipel（男）、amana（女）、takyu（男）三人。

二、 pawtipel、amana兄妹結爲夫婦，生下kuladuy（男）、yamugay（女）兩兒女。

三、 兄妹結爲夫婦後，移居bukid山之麓，創立了arasis家。

四、 居住在maydatar的pawdiran，經常赴kawasan（地名）海岸採收貝類，便也屢屢從arasis家旁經過。pawtipel告訴pawdiran以kawasan是其領域，經過應招呼一聲，pawdiran默不作答地歸去。

五、 之後pawdiran仍然路經此道，pawtipel與pawdiran終於走上決鬥之途。pawdiran當場死亡，pawtipel則負重傷回到家。

六、 負重傷的pawtipel告訴其弟takyu：「把我的矛豎立在bukid山上的東鞍部，maydatar（地名）之民會相信我還活著而不再來。」言畢即氣絕。

七、 經過一段時日之後，來自maydatar的數個人來到arasis家，勸誘其移居至maydatar，今後共同和睦相處，amana以及takyu等人就答應了。

八、 arasis家移居maydatar，原本屬於arasis家之領地給予maydatar，然後將maydatar領地分爲兩半，南方作爲arasis一族之領地，北方則作爲maydatar一族之領地。

九、 arasis家每年繳納貢穀給maydatar。

十、 arasis家的takyu是個偷盜者，takyu得知族人搗黏糕的日

子，便施計盜取黏糕，攜之前往sanasan（火燒島），黏糕吃完時，再回到maydatar。

十一、 takyu的外甥kuladuy對他感到慚愧，常思索將takyu逐出社外。

十二、 有一日，kuladuy勸誘takyu前往sanasan獵鹿，到了sanasan，kuladuy趁機逃出，並且把懸在maydatar與sanasan間的橋樑切斷，使takyu沒有辦法回到台灣本島。

十三、 後來有rewadwad與rebanban二神憐憫takyu被遺棄在孤島，便命令一叫做barawis的魚送他回到陸地。

十四、 barawis魚於是把takyu送到了家鄉附近的陸地。

十五、 barawis魚臨別之前，告訴takyu說：「吾奉二神之意送汝至陸，汝若感念二神之恩，於小米祭時便供奉小米和檳榔，吾則將汝之供祭物獻予二神。」

十六、 後來takyu為感恩，此後小米祭時，他必定供呈小米和檳榔給barawis。

十七、 後來族人見到takyu舉行魚祭，也以此為例舉行海祭，流傳至今。

陸、卑南族稻與粟祭祀傳說故事

台灣總督府臨時台灣舊慣調查會《番族慣習調查報告書》第二卷阿美族卑南族，載〈稻與小米的種子〉：⑧

有一天母親saremesim對女兒sernegneg說：「在kanmaidang山（都巒山對面的山）頂上住著merberebu（兄）、merberes」（弟）兄弟，妳到那裡去問問稻與小米的種子。」

女兒依母所示登上了kanmaidang的山巔，拜訪

merberebu、merberes兄弟，尋問他們有無稻與小米的種子，他們答稱「我們沒有這些東西，暫且稍候。」並要她等候。

之後兄弟倆便前往拜訪居住在此深山中的bunulingayu（兄）、bulingaw（弟）兩兄弟，說：「現有sernegneg前來索求稻與小米之種，但是我們都沒有，所以前來拜訪，不知你們可否給她少許？」bunulingayu兄弟答：「請稍侯。」

然後向iseleg（位在海之東方的地名）的rewadwad（兄）、rebanban（弟）兄弟請示可否給與？

bunulingayu兄弟得到稻和小米的種子後，把它交給merberebu兄弟，而merberebu兄弟又將其交給sernegneg。

sernegneg把要來的稻和小米的種子帶回家交給母親，母親立即在一小塊田地耕作播種。

後來稻種及小米種發芽且生長極佳，成熟結穗時，母親saremesim採兩個檳榔，將之縱向剖開，把七個琉璃珠放進裡面，再將檳榔頭朝向kanmaidang山，置於耕地中央，又將割下的稻、小米根整理堆積成米形，待全部收割搬運回家後，即將檳榔拿回來，向賜予種子的諸神行謝恩的祈禱：「我等蒙惠賜，收穫了很多的稻、小米。今將供奉的檳榔插於此壁，祈請明年亦蒙恩惠，得稻、小米之豐稔。」

此即稻、小米之初始，甚至成為播種、收穫這二回必定舉行的祝祭與祈禱之起源。

本則傳說故事敘述母親為感念神明賜予稻與小米種子，並且使之發芽且生長極佳，所以在成熟結穗時，母親便舉行祭祀感謝天神，祭祀的儀式是：「採兩個檳榔，將之縱向剖開，把七個琉

璃珠放進裡面，再將檳榔頭朝向kanmaidang山，置於耕地中央，又將割下的稻、小米根整理堆積成米形，待全部收割搬運回家後，即將檳榔拿回來，向賜予種子的諸神行謝恩的祈禱」。

祈禱的內容是：「我等蒙惠賜，收穫了很多的稻、小米。今將供奉的檳榔插於此壁，祈請明年亦蒙恩惠，得稻、小米之豐稔」。

後來卑南族人每逢稻、小米之播種、收穫，必定舉行祝祭與祈禱。

柒、卑南族祭祀鯨魚傳說故事

《原語による台灣高砂族傳說集》，小川尚義、淺井惠倫著（1935），余萬居譯：⑨

有次鯨魚主動提出要載卑南人。之後，給了四、五粒粟給卑南人，要他們種粟，後來，那些粟長得非常好。

此後，卑南人遂有祭鯨魚之俗，把供物拿到海邊去給鯨魚。

本則傳說故事謂因為鯨魚有一次主動要載卑南人，後來又給了卑南人四、五粒粟，粟也成為卑南族人的主食，因此，卑南族人為了感激鯨魚，便到海邊拿供物祭祀鯨魚。

林道生《台灣原住民族口傳文學選集》載卑南社〈海祭〉：⑩

從前卑南社有一個小偷。當村人都用杵「卜咚！卜咚！」地忙著搗餅的時候，他就到部落的另一邊大聲地叫「哦！伊！」大家聽了也不知道發生了什麼事，而朝聲音的方向走去看個究竟，小偷就利用這個時候趕緊偷東西，又拿走了他們的餅。

有一次，小偷又在村人「卜咚！卜咚！」忙著搗餅

的時候，在另外的方向「哦！伊！」地大聲叫，大家聽了又都朝那個方向去看個究竟，但是有個聰敏的人留下來守望。

因此當小偷來偷東西的時候，便知道是同村的塔基俄，而通知他的家人，塔基俄的親戚們都爲他的行爲而覺得很羞恥。

有一天，塔基俄的弟弟庫拉魯易約他去火繞島（現在的綠島）打獵。到了火燒島，兄弟兩人蹲在樹的後面守候野獸。

過了些時候，弟弟庫拉魯易覺得無聊留下哥哥塔基俄，自己先行回去。弟弟通過了垮海的橋，當即把橋的這一端切斷，橋的一端沈入了海裡。

塔基俄在火燒島上等待了很久不見野獸，卻發現弟弟不見了，心想一定是先回去了。於是也決定回家而來到海邊橋的地方。

當他上了橋，走到了卑南社的那一端橋卻斷了，不得已又走回火燒島這一端，當快要到的時候連這一端也斷了。

塔基俄就在斷了的橋上，往卑南社方向走看看，又往火燒島這一端走看看地一共走了三次，總是上不了岸，使他的心情壞透了。

最後塔基俄走累了只有坐在橋上休息。不一會，太陽下山了。這時候海上出現了一隻大魚對他說：「如果你想回去你的卑南社的話，我可以背著你渡海」，塔基俄聽了很高興地說：「太好了！你帶我渡海吧！」

大魚回答：「我們馬上走，你坐到我背上，我會潛入水中游泳。如果你不能呼吸的話拉一下我的腮」。

　　大魚便載著塔基俄潛入水中朝卑南社的方向游去。一路上，塔基俄拉了大魚的腮三次，大魚便浮出水面讓他呼吸。

　　到了卑南社的海岸，大魚把塔基俄放在海邊對他說：「當小米收成時，你們村人要帶貢品來海邊祭我」，而游回大海去了。

　　從此，卑南社屬於卡莫特組gamogamot的人，就照著大魚的吩咐，每年在小米收成後集合在海邊舉行「海祭」來祭拜大魚。

本則傳說故事情節要述如下：

一、塔基俄是竊賊，他的家人、親戚們都為他的行為而感覺到非常的羞恥。

二、有一天，塔基俄的弟弟庫拉魯易約他去火繞島（現在的綠島）打獵。

三、兩兄弟蹲在樹後守候野獸。過了些時候弟弟自己先行回去，通過了垮海的橋，當即把橋的這一端切斷，橋的一端沈入了海裡。

四、塔基俄守候很久不見野獸，也發現弟弟不見了，他也決定回家。

五、塔基俄走上垮海的橋，走到了卑南社的那一端橋卻斷了，走回火燒島這一端，橋又斷了。

六、最後，塔基俄無奈地只有坐在橋上，當太陽下山了，有一隻大魚對他說願意載他渡海。

七、塔基俄終於回到卑南社海岸，大魚把塔基俄放在海邊對他說：「當小米收成時，你們村人要帶貢品來海邊祭我」，而游回大海去了。

八、從此，卑南社屬於卡莫特組gamogamot的人每年在小米

收成後照著大魚的吩咐，集合在海邊舉行「海祭」來祭拜大魚。

捌、卑南族海祭傳說故事

「代班」的大哥隨著妹妹和妹夫一起到台灣，住在卑南族的部落。過了一段時日，「代班」的大哥為蘭嶼島上有自己的房屋，可耕種的土地，以及飼養的家畜，應該回到故鄉蘭嶼島。

「代班」的大哥思念家鄉的心情隨著住在卑南族部落的時間日益加深，「的馬拉少」和太太「代班」很能夠體會大哥的思鄉情懷。

有一天，當「代班」的大哥即將回蘭嶼的前夕，請求妹夫「的馬拉少」和妹妹「代班」在每年的此時，正好是小米收割季，別忘了做好tinuerau（小米酒）到海邊煮小米飯糕給他pumaderu。（pumaderu，婦女將做好的食物，如tinuerau小米酒和abay阿拜：小米飯糕、檳榔在特定的活動後送給至親好友，表示關懷，pumaduru是一項活動的名稱。）

「代班」的大哥臨行仍不忘叮嚀，要妹夫「的馬拉少」和妹妹「代班」將這件事牢記在心。

自從「代班」的大哥離開卑南族回蘭嶼後，每到小米收割後，一定製作tinuerau（小米酒）到海邊煮小米飯糕，向著蘭嶼的方向遙祭pumaduru，以示感謝和飲水思源，並祈求明年好豐收。

本則說故事情節要述如下：

一、「代班」的大哥隨著妹妹「代班」和妹夫「的馬拉少」一起到台灣，住在卑南族的部落。

二、「代班」的大哥在卑南族的部落住了一段時間之後，思念起家鄉蘭嶼。

三、有一天，「代班」的大哥終於要回到故鄉蘭嶼，離開前夕，請求妹夫「的馬拉少」和妹妹「代班」在每年的此時，正好是小米收割季，別忘了做好tinuerau（小米酒）到海邊煮小米飯糕給他pumaderu。

四、「代班」沒有忘記大哥臨行的叮嚀，每到小米收割後，一定製作tinuerau（小米酒）到海邊煮小米飯糕，向著蘭嶼的方向遙祭pumaduru，以示感謝和飲水思源，並祈求明年好豐收。

至於海祭的儀式：

　　新米祭拜的儀式是將婦女製作的tinuerau（小米酒），在一大清早帶到海邊，在海邊煮小米飯糕由領導的祭司朝向蘭嶼的方向念祭文，表示：祈禱、感謝、賜福、豐收之意。

　　參加祭拜的人（是部落的男士：老年、壯年、青年、準青年），每個人手拿一粒小米飯，向蘭嶼的方向pantyk（小米飯）三次，再拿酒向同個方位輕灑，祭拜儀式算是結束。

　　之後大夥兒收拾食物和器物。老年、壯年、青年和準青年成列亦趨亦步的環繞著老年的隊伍慢跑回部落。

　　在部落等候的婦女早已將食物、甜酒和阿拜等排列好，等隊伍到達palakuwan，大家圍坐盡情享用阿拜，暢飲小米酒，爾後唱歌跳舞。之後舉行摔角大賽以考驗男人的體力。

本海祭儀式要述如下：

一、新米祭拜的儀式是將婦女製作的tinuerau（小米酒），在

　　一大清早帶到海邊。

二、到了海邊煮小米飯糕。

三、祭司朝向蘭嶼的方向念祭文，表示：祈禱、感謝、賜
　　福、豐收之意。

四、參加祭拜者為部落的男士：老年、壯年、青年及準青
　　年。

五、參加祭拜者每個人手拿一粒小米飯，向蘭嶼的方向撥灑
　　祭三次，再拿酒向同個方位灑祭。

六、祭拜儀式結束，老年、壯年、青年和準青年成列亦趨亦
　　步的環繞著老年的隊伍慢跑回部落。

七、祭拜者回到部落，在部落等候的婦女早已將食物、甜酒
　　和阿拜等排列好，等隊伍到達palakuwan，大家圍坐盡情
　　享用阿拜，暢飲小米酒。

八、享用美食之後，唱歌跳舞。之後舉行摔角大賽以考驗男
　　人的體力。

【註釋】

① 尹建中《台灣山胞各族傳統神話故事與傳說文獻編纂研究》，1994.4。

② 同①。

③ 同①。

④ 同①。

⑤ 同①。

⑥ 黃智慧、許木柱主編《番族慣習調查報告書第二卷阿美族卑南族》，台灣總
　督府臨時台灣舊慣調查會，中央研究院民族學研究所編譯，2000.11。

⑦ 同⑥。

⑧ 同⑥。

⑨ 同①。

⑩ 林道生《台灣原住民族口傳文學選集》，花蓮縣立文化中心，1996.6。

第十三章

卑南族巫祝口傳文學

　　卑南族傳統社會制度以長女繼承家產及男性年齡階級組織為主。男子十二、三歲即行第一次成年禮，進入少年會所巴拉冠進行斯巴達式的訓練，以健強體魄保衛族群，強盛武力。女性則多有習巫術之俗，巫師有固定的傳習過程及社會地位。物質文化方面因漢化而不具有特色。①

壹、卑南族祈雨傳說故事

《老人的話知本卑南族發展史中的傳說》（上），Alton Quack 編，洪淑玲譯（1988）：②

　　因為知本人在南王受到屈辱，所以karimazao、padaqol、tartar和他們的妻子們denqan、ranao、manman、topizing便向別處遷移。

　　在karmazamazao處與排灣族大戰，並舉行祭典引來暴風雨，嚇得排灣族人回到自己的村落。

　　再繼續前進，在途中denqan生下一個小孩，但她直到在parirarilao建立好村落，方才將臍帶剪掉。

　　此時排灣人爭相走告這個消息，便商議如何趕走知本人；就分別找了食人狗、野豬及龍來對付知本人。

　　但知本人以自己的魔法度過一次次的劫難，最後便舉行一場祭典來招旱，讓排灣人沒得吃，這樣持續了五年。

　　排灣人只好請求知本解除符咒，知本人便要求在狩獵到獵物時，要將心、肝、肋骨肉、頸項及小腿肚肉給他們。

　　此外還有在知本人耕作之地，排灣人不得擅入，這樣知本人才舉行求雨儀式。

本則傳說故事情節要述如下：

一、因為知本人在南王受到屈辱，所以一些人和他們的妻子們便向別處遷移。

二、這些遷移的人在karmazamazao處與排灣族大戰，並舉行祭典引來暴風雨，嚇得排灣族人回到自己的村落。

三、排灣族人商議趕走知本人，找了食人狗、野豬及龍來對付知本人。但知本人以自己的魔法度過一次次的劫難。

四、最後知本人舉行一場祭典來招旱，讓排灣人沒得吃，這樣持續了五年。

五、終於排灣人只好請求知本解除符咒。

六、知本人同意解除符咒，舉行求雨儀式，只是排灣人在狩獵到獵物時，要將心、肝、肋骨肉、頸項及小腿肚肉給他們，並且知本人耕作之地，排灣人不得擅入。

Alton Quack編《老人的話知本卑南族發展史中的傳說》（上），洪淑玲譯（1988）：③

　　karimazao娶了saniko，而padaqol則娶了他的妹妹。一日他們去卑南拜訪parovoroq，但他卻將他們視作奴僕，要其磨劍，他們便憤慨的往南遷移。

　　到kotsi ling時，與當地人搏鬥，他們爬到岩石上，舉行祭典招來了暴風雨，驅散了當地人，便繼續前進。

　　在parengoi停留，但覺此地太窄，又遷到parirarilao，在那建立了村莊。但當地的排灣人並不服他們，說只要殺了東邊池塘的龍便聽他們的話；他們如是做了，可是排灣人又要他們去殺食人狗，他們也照辦。

　　karimazao、padaqol認為排灣人仍不會聽他們的話，便舉行招旱的儀式。從此就有了旱災，並已持續了三年，所有的作物都無法生長。

　　到第四年時，排灣人便去請求karimazao他們，並表

示若能降甘霖，以後便聽他們的話。

　　他們便舉行求雨的祭典，結果下了一場大雨，自此 karimazao和padaqol便贏得村民的尊敬。從此知本人便在 parirarilao（恆春）定居。

本則傳說是一則卑南族人向南方遷徙至恆春落腳定居的故事，本故事情節要述如下：

一、karimazao娶了saniko，而padaqol則娶了他的妹妹。一日他們去卑南拜訪parovoroq，但他卻將他們視作奴僕，要其磨劍，他們便憤慨的往南遷移。

二、這批往南遷移的人到kotsi ling時，與當地人搏鬥，他們爬到岩石上，舉行祭典招來了暴風雨，驅散了當地人，便繼續前進。

三、這批往南遷移的人到達parengoi停留，又遷到parirarilao，在那建立了村莊。

四、可是當地的排灣人並不服他們，藉口只要他們殺了東邊池塘的龍和殺食人狗便聽他們的話。

五、karimazao、padaqol認為排灣人仍不會聽他們的話，便舉行招旱的儀式。旱災持續了三年，所有的作物都無法生長。

六、最後排灣人只好請求karimazao他們，並表示若能降甘霖，以後便聽他們的話。

七、karimazao、padaqol他們便舉行求雨的祭典，結果下了一場大雨，自此karimazao和padaqol便贏得村民的尊敬。從此知本人便在parirarilao（恆春）定居。

貳、卑南族築屋傳說故事

卑南族築屋家祭之傳說：

　　古時候，有兩兄弟建築屋舍，他們不希望人家進入工地，便向大家宣布說：「閒人等勿進，否則殺無赦」。

　　有一天，他們的父親想要去看兩個孩子屋舍建築得如何了？兩兄弟不知來者何人？便把他打死了，走近看清楚才知道是父親。

　　他們闖下了大禍，殺死了自己的父親，上天非常震怒，使弟弟變成瘸子，他的腳不能夠伸直，讓他走路非常不方便，他們怎麼請巫醫也治不好。

　　有一次弟弟拿一根竹竿插在地上，有一隻「禿咯魯」鳥飛來竹竿上，一直鳴叫著：「射殺小鹿，舉行波比俄祭」。

　　兄弟就試著去捕捉小鹿來烤，並且舉行「波比俄祭」，弟弟的腳居然痊癒了。自此以後，族人要建築房屋的時候，必須要先舉行家祭，就是如此傳下來的。

本則是一則卑南族人建築屋舍必須要先舉行家祭的傳說故事，本故事情節要述如下：

一、有兩兄弟建築屋舍，宣布說：「閒人等勿進，否則殺無赦」。

二、有一天，他們的父親去探望兩兄弟築屋的情形，結果被兩兄弟誤殺。

三、上天非常震怒，讓弟弟變成瘸子，使他走路不方便，任憑巫醫怎麼醫治也都沒有辦法治好。

四、有一次弟弟拿一根竹竿插在地上，有一隻「禿咯魯」鳥飛來竹竿上，一直鳴叫著：「射殺小鹿，舉行波比俄祭」。

五、經過「禿咯魯」鳥的啓示後，他們就試著去捕捉小鹿來
　　烤，並且舉行「波比俄祭」，弟弟的腳居然痊癒了。
林道生編著《原住民神話故事全集（二）》載卑南社〈pobiao
祭〉：④

　　兩兄弟在搭建少年會所（takoban）時，因爲禁忌而
警告別人説「不要經過這裡，誰要是經過這裡會被我們
殺掉。」

　　可是不知情的父親傍晚對家人説：「我去看看孩子
們搭建會所的情形。」當正在搭建會所的兩兄弟看了有
人闖進了禁地，憤怒地把他殺了，事後才知道被殺了的
是自己的父親而傷心不已。

　　後來，弟弟成了跛腳，怎麼樣都好不起來。有一
次，他拿了支竹竿把它插在地上，飛來了一隻烏烏鶖停
在竹竿梢頭，但是沒有啼叫。

　　又飛來一隻百靈鳥停在竹竿梢上，但是啼叫得太快
了，聽不出牠在説什麼。

　　最後飛來一隻tikoir（茶色的大型鳥）啼叫著
「tikoir、tikoir、tikoir」，兩兄弟立即辨別出來鳥叫的聲
音是暗示「去射小鹿，做pobiao祭儀」。

　　哥哥趕緊去打小鹿回來，燒烤小鹿做了pobiao祭
儀，弟弟的腳就能伸屈，跛腳也好了。

　　從此，卑南社的人搭建房屋也要舉行pobiao祭儀，
以求平安。

本則傳說故事連續有三隻鳥飛到弟弟所插地上的竹竿梢頭。
第一隻是烏鶖，但只是停在竹竿梢頭，沒有啼叫；第二隻是百靈
鳥，但是啼叫得太快了，聽不出牠在説什麼；第三隻是tikoir鳥，
啼叫著「tikoir、tikoir、tikoir」，兩兄弟意會其義，便去獵小鹿做

了pobiao祭儀，弟弟的腳就能伸屈，跛腳也好了。從此，pobiao祭儀便成了卑南社的人搭建房屋要舉行的祭儀。

卑南族的各種祭儀及重要的日常工作都有鳥占的習俗，一般由指定的青年幹事負責聆聽鳥的啼叫聲音之好壞，以占吉凶，得吉兆時才可開始工作。⑤

參、卑南族咒詛傳說故事

林道生《台灣原住民族口傳文學選集》載卑南社〈祖母的咒詛〉：⑥

從前在卑南社住著兩兄弟。他們經常在夜晚去鄰近阿美族的田裡偷摘甘蔗吃。每一次兩個人都學著山貓的叫聲「ㄎㄨㄟ　ㄎㄨ！ㄎㄨㄟ　ㄎㄨ！」地做為掩飾而潛入甘蔗園內摘取甘蔗。

後來阿美族人發覺甘蔗有被盜取的痕跡，但是又不知道是野獸來偷吃的或是人來偷取的。

這時，有一位聰明的阿美族人想出了一個辦法，他說：「我們可以在田地的四方通路灑上灰，第二天再去看看是什麼腳印就知道了」。

於是，那一天的傍晚，頭目派了幾個人先收集各戶人家的灰，然後把灰灑在田地的四方通路上。

第二天早晨他們去查看時，發現是人的腳印才知道甘蔗是被人偷了。

又過了幾天，守夜的阿美族人又聽到了「ㄎㄨㄟㄎㄨ！ㄎㄨㄟ　ㄎㄨ！」模倣山貓的叫聲，然後是折斷甘蔗的聲音。

於是，在領班的一聲令下，幾位守夜的阿美族人，一起衝了上去，捉到了偷甘蔗的弟弟，卻跑了哥哥。

212

　　他們把弟弟關在牢裡，只給他吃蟲、蛇，還有奇奇怪怪的小動物。

　　逃回家的哥哥爲了救弟弟，花了幾天時間做了一條很長的麻繩，又做了一隻大的紙鳶（風箏）。

　　然後帶著長繩子和紙鳶來到卑南溪的北岸，把自己綁在紙鳶上，自己又帶了一把小刀，讓紙鳶隨風揚升到天空，飛到南岸的阿美族部落，繩子的另一頭綁在大石頭上以免紙鳶飛走了。

　　哥哥以弟弟爲目標地引導紙鳶飄飛到弟弟的上方。弟弟看了紙鳶知道是哥哥要來救他而趕緊爬到牢頂。這時候哥哥丢下小刀要給弟弟，不巧卻命中了大腹便便的弟弟。

　　他們飛到卑南溪的北岸，哥哥放下了弟弟。聽他一說才知道弟弟是吃了許許多多髒東西而漲壞了肚子。

　　因此帶他到泉水旁邊，喝了許多乾淨的泉水，把肚子裡的髒東西全都吐了出來。

　　兄弟兩人便去找祖母，把事情經過敘述了一遍，並且請教祖母要怎麼樣才能把阿美族給殺了？祖母表示：「我們把地上弄黑暗了，再引起大地震來消滅他們！」

　　兄弟兩說：「如果是這樣的話，大地一片漆黑，我們的東西還有住家又要怎麼分辨呢？」祖母又指示他們：「家的周圍可以掛些鈴子，那麼大地黑暗時也能聽到聲音，做爲尋找住家的記號」。

　　一切準備妥當，祖母面向東方唸唱咒詛文敬拜天神，黑暗便從天上降了下來，枯柴不見了（因爲看不到）。兄弟兩人只好用手去找，才知道冷的是生柴，不冷的是枯柴。

　　可是阿美族人早就知道在黑暗中採薪柴，因此並不
影響生活。兄弟兩便向祖母報告：「阿美族人仍然能在
黑暗中生活」。

　　祖母聽了說：「那麼，我們來引起大地震吧！」說
完又面向東方念咒詛文，於是引起了大地震。兄弟兩人要
去取薪柴時就靠著鈴聲，因此能找到祖母的住家而回來。

　　大地震晝夜不停，連續了很久，阿美族人的屋子由於
柱子不斷地激烈磨擦發熱而燃燒起來，全部落一片火海，
所有的阿美族人都燒死了。附近只剩下祖母一家而已。

本則傳說故事是卑南族一對兄弟報復阿美族的故事，故事情
節要述如下：

一、卑南社有兩兄弟，經常扮山貓做為掩飾在夜晚潛入鄰近
　　阿美族的甘蔗園內摘取甘蔗吃。

二、這偷盜甘蔗的兩兄弟，其中弟弟終於被阿美族人抓到
　　了。

三、哥哥逃回到家，為了救弟弟，便做了風箏。

四、弟弟看了紙鳶便趕緊爬到牢頂，乘著風箏逃離。

五、弟弟在被關起來期間，只給他吃蟲、蛇，還有奇奇怪怪
　　的小動物。因此他們非常氣憤，準備報復。

六、兩兄弟向祖母報告一番，祖母表示：「我們把地上弄黑
　　暗了，再引起大地震來消滅他們！」

七、大地震晝夜不停，連續了很久，阿美族人的屋子燃燒了
　　起來，全部落一片火海，所有的阿美族人都燒死了。附
　　近只剩下祖母一家而已。

台灣總督府臨時台灣舊慣調查會《番族慣習調查報告書》第
二卷阿美族卑南族，載〈昇上天的兄弟〉：⑦

　　puyuma族稱amis族為papyan，papyan是使丁、傭人

之意。住在馬太鞍、太巴塱地方的amis族，也因台東，amis族儘管與自己是同祖先，卻甘受puyuma（卑南社）驅使，所以稱他們為papyan。

amis族的始祖四夫婦才一的liway、lapin之子孫在babaturan的鄰地建立一部落，他們在耕地裡種植很多甘蔗。

aibuwan、aunayan兄弟想吃甘蔗，因此相謀去papyan的耕地盜取。兩人事先知道他們非常忌諱狐狸，所以某夜便潛入papyan的耕地，裝出狐狸kur、kur、kur的叫聲以盜取甘蔗。

papyan以為狐狸来了，因而害怕得丢下甘蔗就逃走，兄弟兩人隨心所欲地盜啃甘蔗，欣喜計謀成功。

次夜，兩人又重施故技，但是papyan認為此地從未曾有狐狸来過，而現在卻每夜都来，因而起了疑心，便試著在蔗園周圍撒下灰。兄弟兩人不知情，第三天的半夜又進入耕地盜取甘蔗而歸。

翌朝，papyan看到灰上有人的腳印，才知道前来盜取甘蔗的並非狐狸。第四天夜，眾多papyan埋伏在蔗園内等待盜者前来。

兄弟倆一如慣例偷偷地進入蔗園，裝出狐狸的叫聲，正欲折取甘蔗之時，埋伏等待著的papyan從四方湧起，aibuwan好不容易才逃回家去，而弟弟aunayan終究落在他們的手裏而被帶至該村落，還被村民餵食蛇、蜈蚣、蟲、蚯蚓，以及蜥蜴、牛糞、泥土等，並且蒙受種種苛責，最後被關在一小屋内受監視。

逃回家的兄aibuwan想盡辦法要把弟弟奪回来，苦思之後終於心生一計，他向諸神祈禱後，前往pararekalen

伐取maradekadekan樹，把樹運回kidarean做成木板製風箏，將鈴鐺及兩把刀子綁在風箏上，讓風箏飛揚起來。

但是風箏只搖動了一下並未飛起來，於是他又再到bulabulak（加路蘭社之北方海岸，在babikian之南）呼喚北風，讓風箏再飛起來。風箏順風昇起飛到其弟aunayan被監禁的小屋上空，且鈴聲大作，其弟抬頭仔細一看知道是風箏，就告訴監視人員天空中有奇怪的聲音，請准予踏出屋外一步去仰望瞧瞧，但是監視人員不答應他的請求。

鈴聲漸近，兩人不由地引頸仰望，風箏一、兩度降落在此屋的前院上方附近，第三次降落時，aunayan疾如風地奔出撲向風箏，隨之昇至高空。

監視人員驚訝不已，並對天吐唾沫說道：「此人食蟲而生，且乘坐風箏昇空，非人也。」

弟弟拔起插在風箏上的一把刀，丟到papyan家，此刀剛好刺中正在搗米的一孕婦，導致母子雙亡，以此為自己遭餵食蟲隻的報復。

aibuwan把風箏降落在kanadelya山（加路蘭社之東，將攜來的酒給弟弟喝，以讓他吐出被papyan強迫吃下的食物，然後自己再從bulabulak放風箏，將弟弟載降置此處，他們在此地夢卜為吉兆，於是建造takuban（以一根柱子所建像傘的房子）居住。

由於痛恨父親sigasigaw對他們兄弟不聞不問，兄弟倆便商議殺死父親，用他的血塗在takuban的柱子。兩人爬上takuban（面向故鄉知本社的方向）不懈怠地留心著父親何時前來。某日，一位與父親長得很像的人，戴著如鍋般的斗笠向此地走來，兄弟倆見狀便埋伏在路旁等

待，一發現無庸置疑地那人正是父親時，兄長立即拉弓欲放矢，被眼尖的父親發覺了，出聲道：「勿犯錯！我是你的父親。」

兄長即鬆弛已張滿的弓，然而弟弟卻毫不遲疑放箭射死父親，他驅向父親的斃命處，砍下首級（首級連著皮並未落下，屍骸倒在路旁化為石頭，至今仍在madanyun都蠻社之南）。

兄弟仍覺得不安立即返回babaturan家裡，弟弟一進門就仰臥瞪視著天花板，手腳緊縮、激動，終至發狂。

其兄為了治好弟弟的病，便向padungaw詢問祈禱之法，但是他回答不知道；他又求問tekwie鳥，該鳥教他祈禱法：「在左右手腕及左右拇指、小指，繫上琉璃珠串（左手拇指九粒、小指五粒；右手拇指七粒、小指三粒），在前院放一支kwaching，另外豎立三個由kwaching枝幹交叉所製成的橡子，再放上前述的kwaching。在左端的交叉處繫上琉璃珠串（珠七粒），中央部分同樣也繫上珠串（九粒），右端亦同樣繫上珠串（五粒），再以一條珠串，從頭部開始慢慢地碰觸全身，並且一心祈願疾病之痊癒，然後把這些東西全部丟進河裡放流。」

一切按此法所行之後，aunayan的病得以治癒了。然後aibuwan兄弟告訴padungaw的家人說：「我們兄弟想要對papyan採取報復。自今日起的七天內，在住家周圍綁上鈴鐺，東方的天空若打雷時不要外出，請待在家裡。」

兄弟兩人相偕朝西方出發。至第七日的正午仍未見任何異常之事，家人於是前往造訪papyan，但就在此時東方天空出現雷鳴，不久，整個天空忽然間如同流溢著

墨汁般，四面一片漆黑，大雨沛然而至，電光閃閃，雷霆鳴作而落雷如飛礫。

　　padungaw的家人想起了兄弟之預言，嚇得魂不附體、趺趺蹌蹌地回到自己的村落，臥下向神祈禱。

　　但是在papyan的村落，由於落雷之故，許多人家起火；又因濤浪洶湧逼襲，房子被沖走，人畜沈溺於水中，男女老幼的哭叫聲與雷雨聲相和，其狀悲慘至極。

　　據說papyan的村部因此變成一望無際的荒原，僅有懸掛在樹上的數人倖免於難，族人皆被沖流至海中而死。至今仍流傳此乃aibuwan、aunayan兄弟昇天成神所顯之神威，因此puyuma族人無論在何種情況，皆會向aibuwan、aunayan二神祈求護佑。

　　〔附記〕相傳此二神一為火神，一為水神，或皆為雷神，即起因於此傳說。但是他們並非成為火神、水神或雷神，不過是以其神力，使得天上降雨、發出火而已。又據稱他們變成當時papyan住家的石柱，至今人們畏懼不敢接近，該石柱仍存於babaturan（依據以上的傳說，當時已有甘蔗的栽種，但是族民卻因此傳說故事而忌避種植甘蔗，遂至其中斷）。

本則傳說故事節要述如下：

一、傳說卑南族的aibuwan、aunayan兄弟想吃甘蔗，便到阿美族的田園偷甘蔗吃。

二、aibuwan、aunayan兩兄弟知道阿美族非常忌諱狐狸，所以某夜裝出狐狸kur、kur、kur的叫聲嚇走阿美族人以盜取甘蔗。

三、第二天，兩兄弟夜裡又重施故技，到阿美族的田園偷甘蔗吃。

四、第三天，阿美族人在蔗園周圍撒下灰，入夜兩兄弟又前來偷甘蔗。

五、第四天早上，阿美人從「灰」上發現前來盜取甘蔗的並非狐狸而是人，於是入夜即埋伏甘蔗田裡。

六、兩兄弟又前來偷甘蔗，弟弟被四方埋伏的阿美人俘虜。被關在一小屋內受監視，餵食蛇、蜈蚣、蟲、蚯蚓，以及蜥蜴、牛糞、泥土等。

七、回家的哥哥苦思製作了風箏欲救弟弟。弟弟疾如風地奔出撲向風箏，隨之昇至高空。弟弟拔起插在風箏上的一把刀，丟到papyan家，此刀剛好刺中正在搗米的一孕婦，導致母子雙亡，以此為自己遭餵食蟲隻的報復。

八、弟弟脫險後，兩兄弟一起建造房屋居住。

九、兩兄弟痛恨父親對他們兄弟不聞不問，兄弟倆便商議殺死父親，結果弟弟把父親給殺了。據說父親的屍骸倒在路旁化為石頭，至今仍在madanyun都巒社之南。

十、兩兄弟殺了父親之後，仍覺得不安立即返回babaturan家裡，弟弟一進門就仰臥瞪視著天花板，手腳緊縮、激動，終至發狂。

十一、後來tekwie鳥教他們祈禱法，治癒了弟弟的病。

十二、兩兄弟告訴padungaw的家人要對papyan採取報復。所以自今日起的七天內，在住家周圍綁上鈴鐺，東方的天空若打雷時不要外出，請待在家裡。

十三、到了第七日，出現雷鳴電閃，大雨滂沱，papyan的村落起火，濤浪洶湧沖走房子，人畜沈溺於水中，男女老幼的哭叫聲與雷雨聲相和，其狀悲慘至極。此乃aibuwan、aunayan兄弟昇天成神所顯之神威。

〈放風箏救人〉，《祖靈的腳步》，曾建次編譯：⑧

　　有一年，哥哥vasakalan和弟弟ruhasayaw又到南王外公外婆家去玩，半路上看到rarenges族所種的甘蔗，就商量偷甘蔗吃。……結果他們終於被埋伏的rarenges人發現了，哥哥vasakalan就被rarenges人抓進村子關在豬舍裡，弟弟ruhasayaw則逃進了南王sapayan（石生族群先祖中的一位女性遷往南王社）家族的部落裡。……

　　ruhasayaw向一位老人請教搭救他哥哥的好辦法。……那老人說：「你最好做一個風箏，用一條長繩子讓它飛起來。」……

　　vasakalan被弟弟救出後，告訴弟弟：「rarenges人虐待我，讓我吃些不能吃的東西，現在我肚子不舒服。」於是弟弟幫哥哥把吃下去的東西吐出來，吐出來的竟是些蝗蟲、蚯蚓、蜈蚣和小蛇之類的東西。哥哥吐完後，兄弟兩人很生氣便商量怎樣去報仇。他們決定唸一段咒語，一年內不讓太陽在那裏出現，這樣造成rarenges無法出門。為了出外尋找食物，rarenges人只好在家的門柱栓上繩子接到外地的園地挖樹根熬湯喝，回家時再順著繩子慢慢摸回自己的家，因為他們住的地方實在太暗了。

　　vasakalan和ruhasayaw眼見rarenges的村民並未全部消滅，就打算再唸咒語造成地震，使他們全部死亡。於是兄弟倆先去通知sapayan家族那個教弟弟用風箏救哥哥的老人，要他在屋簷下掛一串鈴璫，鈴聲一響，趕緊抱住屋子的柱子，以免被震出屋外。然後他們開始唸咒語，使虐待vasakalan的村民因地震而無法外出覓食，結果村民幾乎全餓死了，只剩下幾個人還活著，但所有的器具和房子都早已碎成土石。

本則傳說故事兄弟偷盜甘蔗，哥哥被俘虜關起來，弟弟製作風箏營救哥哥，爲了報復，他們唸了一段咒語，一年內不讓太陽在rarenges那裏出現，使之無法出門。兩兄弟又唸咒語造成地震，欲他們全部死亡。結果村民幾乎全餓死了，只剩下幾個人還活著，但所有的器具和房子都早已碎成土石。

肆、卑南族殺蛇驅退怨靈傳說故事

台灣總督府臨時台灣舊慣調查會《番族慣習調查報告書》第二卷阿美族卑南族，載〈擊退大蛇〉：⑨

aibuwan、aunayan兄弟後來因其母dengeraw死去，而由其父一手養育。某一日，三個孩子告訴父親想要拜訪從母親那裡得知的一位住在babaturan的祖母kalikali，得到允許後三人即前往babaturan的始祖padungaw之宅，但祖母已經去世，他們在大失所望之餘，仍然留在祖母家。

某天早晨，妹妹rasiras到卑南溪畔的barebe去洗衣，過了良久仍不見她回來。兄弟倆很擔心，便前往barebe去找尋妹妹，但是並未見其蹤影，只見一巨石上放置著rasiras帶來洗濯的衣物，以及一道三尺許寬之大蛇行經痕跡，中央還拖有一線血跡。

兄弟兩人內心澎湃激動，尾隨血跡抵達了mernaunan山頂之池。池邊有個大岩石，岩石下有一條令人悚怖的大蛇蟠蜷著。

兄弟倆返家，道出事情的始末後，請求爲妹妹報仇，但是家人並未輕言可否，因此兄弟倆便私底下決定要爲妹妹報仇。

首先，爲了試驗有無斬殺大蛇之力，他們前往

pangayangyawan，焚燒稱bait的枯木後，把刀燒熱，然後拿出至水裡浸泡，並試著砍斬旁邊的石頭，結果刀刃毀壞斬不破石頭。

接著他們又到tarubanibani焚燒tuer樹的皮，然後藉此將刀燒熱，又拿至水裏浸泡，再試砍石頭，結果兄長砍進一半，弟弟則把整個石頭砍斬成兩斷。

至此，兄弟兩人即前往mernaunan山頂之之池，兄aibuwan首先找了一棵樹做成棒子，讓弟弟以此棒撞擊岩窟，大蛇略微蠕動地探出頭來，aibuwan便揮刀斬之。不料刀卻反彈起來，連牠的表皮都無法傷及。弟弟見狀焦急地代兄斬大蛇，大蛇蟠蜷著被砍成三段。此時刀刃觸及到一堅硬物，拾起一瞧，原來是rasiras所配戴的手環。

兄弟兩人欣慰終於得以為妹復仇，便將大蛇頭砍下後帶回，並向家祖padungaw詢問驅退大蛇怨靈之祈禱法，但是家祖答稱不知，於是又轉問伯勞（鳥），而牠回答得太快，以致無法聽清楚。

於是又問tekwir（鳥），此鳥教曰：「行至東方pulutulutungan山，用琉璃珠串成的念珠，纏住左右手腕及左右拇指，再繞至頭部，最後把剩下的部分垂在前額，並且把身體拭淨三次。之後才把琉璃珠置於大蛇頭上，將檳榔縱剖後，塞入琉璃珠，放在大蛇頭的後方，又再其後方橫放一串琉璃珠串。然後去採兩支kwaching，連結兩支之葉，結扣處以琉璃珠（七粒）串成的念珠綁住，橫放在剛才那條念珠的後方。且在其右端交叉豎立兩支kwaching的樹幹，樹幹頭和交叉點用琉璃珠（九粒）串成的念珠結綁，左端也同樣於交叉豎立的樹幹頭和交叉點處，以琉璃珠（五粒）串成的念珠結

綁著；在此左右交叉處，橫置前述的kwaching，然後立
於該處，祈禱怨靈退散。」

兄弟兩人聽了大喜，一切遵照進行，因而返家後即
無怨靈作祟，身體健壯。

本則傳說故事情節要述如下：

一、aibuwan、aunayan兄弟從已經死去的母親得知外祖母住
在babaturan，便要求父親讓他們前往拜訪。

二、aibuwan、aunayan兄弟及妹妹rasiras一行三人前往，但是
外祖母已經去世，他們三人很失望，但是仍然留在祖母
家。

三、有一天，妹妹到卑南溪畔去洗衣，過了很久，妹妹還沒
有回來。兄弟很擔心，便前往找尋妹妹。

四、兩兄弟發現妹妹已經被大蛇吃掉，便思為妹妹報仇。

五、兩兄弟開始試驗他們的刀有無斬殺大蛇之力。

六、首先，他們前往pangayangyawan，焚燒稱bait的枯木後，
把刀燒熱，然後拿出至水裡浸泡，並試著砍斬旁邊的石
頭，結果刀刃毀壞斬不破石頭。

七、他們又到tarubanibani焚燒tuer樹的皮，然後藉此將刀燒
熱，又拿至水裏浸泡，再試砍石頭，結果兄長砍進一
半，弟弟則把整個石頭砍斬成兩斷。

八、兩兄弟前往殺大蛇，結果蛇被弟弟砍成三段。並且發現
了妹妹所配戴的手環。將大蛇頭砍下後帶回。

九、在卑南族裡，殺蛇是禁忌，因此要舉行驅退大蛇怨靈之
祈禱法，最後tekwir鳥教他們祈禱怨靈退散的儀式與方
法，此後就不必擔心會有怨靈作祟，身體保持健壯安
康。

〈兩兄弟回外婆家〉，《祖靈的腳步》，曾建次編譯：⑩

……之後vasakalan和ruhasayaw差不多每年都回去南王探望外公外婆，漸漸地妹妹rarihin也長大了。有一次，兩個哥哥起程往南王後，rarihin要求母親讓她跟在兩個哥哥後面一同去看外婆，母親答應了，但是她並沒有跟上哥哥，竟然走失了。

當兩個哥哥拜望外公外婆回來以後，父母沒看到女兒，便問：「你們的小妹妹呢？她不是跟在你們後面到南王去看外婆嗎？你們沒看見她嗎？二兄弟兩人回答說「沒有呀！」父母說：「她確實跟在你們後面走，你們趕緊回頭去找！」

兩兄弟便回頭去找妹妹，沿途喊著妹妹的名字。他們走著走著，終於在一個地方發現妹妹的腳印。順著腳印，他們走到了一座湖邊，在那裡又看到妹妹的裙子、頭巾和衣服。這時他們覺得事情不妙，心想妹妹大概被大蟒蛇吃掉了，就把刀子放在石頭上來回磨得很利，準備替妹妹報仇。

他們剛磨完刀，就看到蟒蛇從湖底浮了上來，哥哥便趕緊到弟弟說：「你去刺蟒蛇尾巴，等牠受驚昂頭躍起時，我就一刀把牠的頭砍掉。」弟弟聽了，便去刺蟒蛇的尾巴，可是當蟒蛇受驚跳起時，哥哥卻膽怯地逃開了還說：「我站的地方不好，使不上力。」哥哥又接著對弟弟說：「你再刺一下，我找個好位置來砍。」因此弟弟就再用力往蟒蛇尾巴刺上一刀。但是當蟒蛇又昂首躍起時，哥哥還是害怕地逃開了。

弟弟見了這個情形便對哥哥說：「我們換個位置吧！你來刺蛇尾，我在前面砍。」於是兄弟兩人互換位置。當哥哥刺向蛇尾而蛇向前躍起時，弟弟立刻舉刀猛

力朝蟒頭砍下，接著發出了金屬墜地的聲響，原來是他們妹妹的手鐲從蛇身上掉了出來，妹妹果眞是被蟒蛇吃掉的。

兄弟兩人拾起手鐲，用妹妹的衣服將它包起來帶回去。半路上，弟弟喊說：「吓，我是勇敢的，哥哥是膽小的！」哥哥聽了，很不好意思地說：「你別喊那麼大聲，讓別人聽到多難爲情。如果你要顯威風，那麼在高地時就喊蟒頭是vasakalan砍的，在凹地時才喊蟒頭是你ruhasayaw砍的。」弟弟當然不聽哥哥的話，他走到高地時大喊：「蟒頭是我ruhasayaw砍的！」在凹地才喊：「蟒頭是哥哥vasakalan砍掉的！」他們回到家後，把妹妹的手鐲、衣服和頭巾交給父母，說明妹妹已經被蟒蛇吃掉。

從本則傳說故事兄弟殺蟒蛇替妹妹報仇，明顯看出弟弟比哥哥勇敢，最後兄弟兩殺死了吃掉妹妹的兇手大蟒蛇。

伍、卑南族巫祝治病傳說故事

《老人的話知本卑南族發展史中的傳說》（上），Alton Quack編，洪淑玲譯（1988）：⑪

……從前有一跛足女子，她能開口說話，卻不能跑步，vaqerit教導她種植黃麻，用線串起珍珠，戴在手上的關節，如此便能痊癒。……

本則傳說故事謂有一跛足女子不能跑步，vaqerit鳥就教導她種植黃麻，用線串起珍珠，然後戴在手上的關節上，結果跛足痊癒。

陸、卑南族贖罪與徵兆傳說故事

《老人的話知本卑南族發展史中的傳說》（上），Alton Quack 編，洪淑玲譯（1988）：⑫

> diangrao是sakalikali的女兒，當她還是女孩時，陰部裡便長出了蛻齒，後來與人結婚，一連三次均咬掉丈夫的陰莖，他的父母覺得很羞恥，便將她裝在箱內，隨水飄走，飄到了revoaqan，老sixasixao幫忙將其陰部牙齒拔掉，並與之結婚，生下小孩vasakaran、roasajao及女兒rarixin。……

> 後來兄弟就去建立一所壯丁聚集所，並為了祭祀而出外狩獵，宣告眾人不要外出，但外祖父不聽，並說我戴了銅製的帽子，你們應可以認出，便外出。但弟弟roasajao卻誤殺了外祖父。

> 他們請教了外祖母，qariatan鳥、tiktiken鳥及vaqerit鳥、vaqerit告訴他們要婦女戴手鐲，和拿一隻矮鹿為外祖父之死作為贖罪，他們照作，但仍不敢回去revoaqan，因為怕父母譴責。

> 於是vasakaran便往西去，並告訴爺爺如果西邊的天空有雷聲則代表將會有旱災，而roasajao則往東邊山上去，並告訴爺爺東邊的天空，有雷聲就代表著將會有颱風。

本則傳說故事敘述有兩兄要建立一所壯丁聚集所，並為了祭祀而出外狩獵，宣告眾人不要外出，但是外祖父還是戴了銅製的帽子外出，卻被弟弟誤殺了。

qariatan鳥、tiktiken鳥及vaqerit鳥、vaqerit告訴他們要婦女戴手鐲，和拿一隻矮鹿為外祖父之死作為贖罪。

兩兄弟雖然做了贖罪儀式，但是他們仍然不敢回去revoaqan父母的家，因為怕父母譴責。

最後哥哥往西去，並告訴爺爺如果西邊的天空有雷聲則代表將會有旱災；弟弟往東邊山上去，並告訴爺爺東邊的天空，有雷聲就代表著將會有颱風。

〈卑南族兩兄弟的傳說故事〉，《卑南族神話故事集錦》，陳光榮、林豪勳：⑬

……話說有位女孩，名叫「卡利卡利」（kalykaly），沒有結婚就受孕於風，……總是將所生的孩子「拉鹿高」（dadungaw）裝在工作籃裡，藏在草堆裡，……不多時，「拉鹿高」（dadungaw）已是婷婷玉立的少女了，……屢次成婚沒幾天丈夫便死亡，……

「拉鹿高」（dadungaw）的母親……竟然發現女兒的陰部長了牙齒，……就找人訂製了木箱，……把女兒放流到大海裡去。

那只木箱，……正在海邊捕魚的知本青年所發現，……酋長有意把她納娶回家，……逐一將該女私處的牙齒敲掉，……成婚之後，生了四個孩子。……

當「拉鹿高」（dadungaw）的兩個男孩大約到了，要進入少年會所的年齡時，……就告訴那兩兄弟，說：你們還有一位外祖母，在卑南部落裡，你們可以去玩玩，讓她認認你們，……

不多久，兩兄弟再度去探訪外婆時，其大妹「拉西拉斯」吵著要跟去，……兩兄弟就加快腳程，好讓她跟不上就回頭，但其妹「拉西拉斯」（rasyras）依然尾隨在後，不回頭，在中途就迷失了。……

兩兄弟懷疑其大妹在玩水時，被大蛇吃了。……兩兄弟所殺的蛇，是一隻百年老蛇，……因此族人不讓那兩兄弟進入部落。……

　　兩兄弟被拒在村外後，……兩兄弟看上了今日地名郡界附近叫（bulabulak）的地方，房子是依照鳥占的指示，搭蓋方式及式樣至今沒有多大的改變。……

　　話說那兩兄弟，經常到外族「raranges」的蔗園裡去偷甘蔗，……因弟弟「儀布灣」（ibuwan）跛腳行動不便來不及逃，被raranges捉去關在地勢較容易囚禁的地方。……

　　raranges異族人爲了洩恨，將「儀布灣」（ibuwan）餵食各種昆蟲，如蜈蚣、蜥蜴、蛇等，一些可怕的東西。

　　其兄「奧那樣」（awnayan）……於是製造了巨大的風箏，……「儀布灣」（ibuwan）跳上一把抓住風箏的尾巴，飛上了天，……

　　兩兄弟對異族人懷恨至深，便求神懲罰他們。神明降下了四十晝夜的黑夜，異族人仍然可以依著繩索巡線去砍柴，打水來過生活。兩兄弟再求神明降下地震，而事先告知其外婆，請在家門前掛上鈴鐺以防地震。

　　之後，地震長時間的降在異族的部落，使異族的房子倒塌，引起火災，使該族滅絕至今不覆存在。即近年盛名遠播的卑南文化遺址，及鐵路台東新站，都是raranges異族人的部落遺址，而卑南族人視該區爲不祥之地。

　　之後，有位族裡的長老，告訴那兩兄弟，清晨一大早有必要到野外去聽鳥占，聽聽神明有何指示。兩兄弟第一次到野外去聽，沒有那一隻鳥的叫聲是他們能聽得懂。他們回去告訴那長老他們所聽到的鳥叫聲，長老說：那些都不是，有一隻叫kadengeran的鳥，牠有很多種叫聲，所以一定要用心去聽，才能聽出牠在說什麼？

第二次到野外去聆聽那長老所指示的鳥時，才聽出那隻鳥的叫聲跟卑南族的語言很類似，但他們並不懂其中的意義，他們回去學著那隻鳥的叫聲給老人聽，那叫聲是「kukut-kuku，ura-ura，keryu-keryu，pubyyaw-pubyyaw」，長老聽出有四句，（梱起、山羌、苧麻、祭貢）。意爲用苧麻繩梱綁山羌扛回家祭拜。

那兩兄弟照著指示去祭拜，也因此族裡有了家祠的祭拜（pubyyaw）。爲的是洗脫罪名與酬謝神明。

自此之後兩兄弟就不見蹤影，有人說他們升天了，卻沒有人知道他們爲什麼升天，沒下文。

本則傳說故事敘述有兩兄弟經常到外族「raranges」的蔗園裡去偷甘蔗，弟弟不幸被異族抓到，並且給他吃了蜈蚣、蜥蜴、蛇等。

哥哥製作大風箏營救弟弟之後，他們非常痛恨異族，求神懲罰異族，神明降下了四十晝夜的黑夜，但是異族仍然可以生存下去，於是兩兄弟再求神明降下地震，使異族的房子倒塌，引起火災，使該族滅絕至今不覆存在。

兩兄弟報復異族之後，經過一位長者指示他們兄弟兩要行鳥占，以獲得鳥卜如何贖罪洗脫罪名，最後到野外聆聽kadengeran鳥的叫聲，終於有了答案，他們聽到了kadengeran鳥叫「kukut-kuku，ura-ura，keryu-keryu，pubyyaw-pubyyaw」。

兩兄弟請長老聽後，得到kadengeran鳥的指示要用苧麻繩梱綁山羌扛回家祭拜。於是兩兄弟照著指示去祭拜，也因此族裡有了家祠的祭拜（pubyyaw）。爲的是洗脫罪名與酬謝神明。

傳說兩兄弟行過贖罪儀式之後就不見蹤影，有人說他們升天了，卻沒有人知道他們爲什麼升天，沒下文。

〈降旱降雨〉，《祖靈的腳步》，曾建次編譯：⑭

　　眼見rarenges部落震爲廢墟之後，vasakalan和ruhasayaw再次前往南王探望外公外婆。到了南王，他們彼此商議說：「我們在湖邊殺了那條吃我們妹妹的大蟒蛇，也震毀了rarenges的村子，現在我們在南王要做什麼呢？我們來搭會所吧！」於是兩人動手搭建會所，哥哥一間，弟弟一間。

　　會所蓋好後，他們對南王的村民說：「明天我們要舉行一個很重要的儀式，請你們大家留在自己的家裡，千萬不要出來隨便走動，如果我們發現有誰在走動，就將他視爲敵人殺了！」接著，他們特地對外公外婆說：「你們雖然是我們很親的長輩，但也不能例外，因爲我們明天舉行的儀式非常重要，絕對不可有人隨便走動。」

　　但是他們的外公不服地說：「明天我一定要出門。村中只有我一人戴銅片帽，你們一定可以認出我的。」兄弟兩人聽了，仍舊堅持他們的要求，對外公說：「你最好還是別出來，因爲我們一定會照我們所說的，把隨便走動的人看作敵人，將他砍頭。」

　　第二天，村民都不敢外出，只有外公不把那些話放在心上，照常出門。當他經過哥哥vasakalan的會所時，vasakalan認出他是自己的外公，心想：「唉！我們這個外公，昨天已經特別交待他今天千萬別出來了，怎麼辦呢？真的要殺了他嗎？」接著又想：「他畢竟是我們的外公，且讓他過去吧！」因此便沒有採取任何行動。

　　可是當外公經過弟弟ruhasayaw的會所時，ruhasayaw雖然認出他是外公，卻仍用箭將他射死了。vasakalan見弟弟把外公射殺了，就和弟弟一起向外婆告

罪，並打算舉行一次懺悔解怨的儀式。他們請示外婆，該如何向上天祈禱？外婆心裡很悲痛，生氣地對他們說：「你們就照實說嘛，那老頭不聽話，一切都是罪有應得，去啊去說啊！」

兄弟兩人知道那是外婆的氣話，但也無可奈何，只好四處向人請教。他們問了很多人，但沒有人知道，後來有人建議他們去問飛禽，因為或許可以從牠們所發出的聲音中得到一些啟示。

於是他們召集了所有的鳥類，詢問有關於祈禱的事。第一個提意見的是白頭翁，雖然牠唸的祈禱文既複雜又囉唆，但是其他鳥類的聲音也不怎麼合適。後來有一隻叫tari-tah的鳥這麼說：「kukutu kukutu hurahura，heriu keriu，puviyau puviyau。」

他們聽了覺得很有趣，但不懂是什麼意思，便向人請教，卻沒人聽得懂。最後他們自己研究出答案，原來鳥叫聲意思是說：「把一隻山羌（hura）綑起來（kukutu）當作祭品（puviyau）。」

vasakalan和ruhasayaw回到知本附近的ruvuwahan（發祥地），向一位行動不便但精通咒語的矮人巫婆請教：「我們殺死了自己的外公，不知道要用那一種禱辭向老天贖罪，您能不能指點我們？」巫婆說：「這樣的事我沒有經驗，你們自己看著辦吧！」兄弟兩人聽了，只好按自己的理解殺一頭山羌，作為懺悔的祭品。並覺得殺了自己外公，無顏見人，決定離開人世間。哥哥往西走，弟弟往東走，分別回歸天上。

行前，他們去看那位教ruhasayaw用風箏救哥哥的老人，對他說：「我們就要上天去了，以後您聽到東方海

面發出隆隆聲響時，表示颱風將來，你要找些石頭壓住
屋頂，免得它被風吹掉。此外，要準備木柴和燈火，這
些東西在颱風來時非常重要。當你聽到西方山區有隆隆
聲響時，表示將有旱災發生，你得在水缸裡多儲水，因
為到時各地都將缺水。」這三個多難的兄妹皆未婚早
逝，沒有後代。不久母親zazengeraw也跟著過世。

本則傳說故事與上則相同，兩兄弟因為殺死了外公，為了要
贖罪，便去行鳥占，終於獲得tari-tah鳥的指示：「kukutu kukutu
hurahura，heriu keriu，puviyau puviyau」。兩兄弟就把一隻山羌
綑起來當作祭品以為懺悔。

兩兄弟殺了外公，覺悟天地不容，後悔莫及，於是決定離開
人世間，哥哥往西走，弟弟往東走，分別回歸天上。也是一種悲
劇收場。

柒、卑南王的巫祝傳說故事

〈卑南王的故事〉，《台北文獻》，黃師樵（1973）：⑮

　　……一日一暹羅船在海上遇風，前來求救，卑南王
令人前去相救，為感念其恩德，暹羅人教其巫術並贈一
錫杖，據說只要卑南王手持錫杖，在社外唸唸有詞，可
使該社在三日之內癘疾流行，眾人為怕降禍，紛紛獻上
禮物臣服，不敢有二心。……

本則傳說故事敘述卑南王因為曾經救過一艘暹羅船，暹羅人
感謝之餘教其巫術並贈一錫杖。據說卑南王手持錫杖唸唸有詞，
被詛咒的族社三日之內癘疾全面流行，因此各族社紛紛獻禮臣
服，不敢對卑南王有二心。

卑南族主要分布於台東縱谷南部，一部分散居住恆春半島
上。由於周圍異族環伺，自古以來即面臨強大生存壓力。清康熙

年間，由於協助滿清政府平定變亂有功，其中卑南社頭目被封為「卑南大王」，朝廷賞以官捕服飾等物，而加速漢化。⑯

捌、卑南族箭卜傳說故事

〈南王村卑南族的會所制度〉，《考古人類學刊》，宋龍生（1965）：⑰

> patun與rauraui兄弟二人是竹生始祖第四代子孫，一日製一弓一箭，欲以射後箭落之地為居住地，開始出發。
>
> 二人一直走，一日兄射箭落在papatoran（在南王村之北），兄即住於該地；而弟射箭則落於toytoyan（今卑南村北方偏西），弟居焉。
>
> patun在地震之後，常嗅到死人之臭味，而告弟弟曰：「要把住的地方東遷一點」，先遷到一棵芒果樹latu合併生長之地，在弟領地之西邊，但仍能聞到死人味，最後又再東遷，遷到叫做salamusan地方。
>
> 兄便開始創立會所，起初設計將門設在東方，一日未建完回家休息，翌日去時發現大門向南，如此連續三次，就遂天意將門向南，此會所稱inutul，再建祖廟於其旁。

本則傳說故事情節要述如下：

一、patun與rauraui兄弟二人是竹生始祖第四代子孫。

二、patun與rauraui兄弟二人為了尋找各自的居住之地，決定以射後箭落之地為居住地，於是製作一弓一箭。

三、哥哥patun射箭，箭落在papatoran（在南王村之北），哥哥就選擇住在那裡。

四、弟弟rauraui射箭，箭落在toytoyan（今卑南村北方偏西），於是弟弟就居住在那裡。

五、有一回地震之後，哥哥patun常嗅到死人之臭味，於是把住的地方東遷一點，先遷到一棵芒果樹latu合併生長之地，在弟領地之西邊，但仍能聞到死人味，最後又再東遷，遷到叫做salamusan地方。

六、哥哥patun定居之後便著手開始創立會所，他設計會所的門是在東方。

七、第二天哥哥patun再去構築會所的時候，發現大門向南，如此連續三次，就遂天意將門向南，此會所稱inutul。

八、哥哥patun的會所構築完畢，再建祖廟於其旁。

【註釋】
① 林道生編著《原住民神話故事全集（一）》，台北，漢藝色研文化事業有限公司，2001.5。
② 尹建中《台灣山胞各族傳統神話故事與傳說文獻編纂研究》，1994.4。
③ 同②。
④ 林道生編著《原住民神話故事全集（二）》，台北，漢藝色研文化事業有限公司，2002.1。
⑤ 同④。
⑥ 林道生《台灣原住民族口傳文學選集》，花蓮縣立文化中心，1996.6。
⑦ 黃智慧、許木柱主編《番族慣習調查報告書第二卷阿美族卑南族》，台灣總督府臨時台灣舊慣調查會，中央研究院民族學研究所編譯，2000.11。
⑧ 曾建次編譯《祖靈的腳步》，台中，晨星出版社，1988.6。
⑨ 同⑦。
⑩ 同⑧。
⑪ 同②。
⑫ 同②。
⑬ 林豪勳、陳光榮著《卑南族神話故事集錦》，台東縣立文化中心，1996.7。
⑭ 同⑧。
⑮ 同②。
⑯ 同①。
⑰ 同②。

第十四章

卑南族懷孕與生育禁忌傳說

壹、卑南族懷孕與生育之禁忌傳說

一、懷孕期間禁食死動物、內臟。

二、懷孕期間禁食並蒂生果實、獵物之血。

三、懷孕期間禁忌參加喪葬。

四、懷孕期間禁止房事。

五、懷孕期間不能縫紉，不能塞穴。

六、懷孕期間不近橫死者之屍體。

七、懷孕期間禁食動物之內臟。

八、不食腐敗食物及刺激性食物。

九、仰面而頭部先出來的是正產，從腳部先出來的則是逆產。……他們相信俯伏而頭部先出生者會較父母先去拜見神，所以在三、五個月至一年以內，母子之任何一方會死亡，故視為禁忌。據說礙產亦即臍帶絆住了頸子的初生嬰兒，該子的脾氣會不好且性急。①

十、婦女產後一個月內不得與丈夫行房。

十一、懷孕期間不能參加祭儀，接觸祭物。

如果有人犯禁忌會招來個人的災害，或族人同遭殃，必須求「歐茲托夫」的幫助。「歐茲托夫」是神和祖先靈魂的總稱，賜福的是「巴拉克・歐茲托夫」，降禍的是「亞卡伊・歐茲托夫」。②

貳、卑南族新米禁忌傳說故事

有一則有關卑南族新米的禁忌傳說故事：

當時的部落不像今天這麼大，三十幾戶人家全是一家人，是一大家族而非部落。

兄弟姊妹長大成家各立門戶，但住的地方離本家都不遠，生活方式相同，生活步調自然一致，如果有事只要一招呼，大家都會一起行動。

　　　　當時對剛收割的小米（卑南族人稱為bekalan　na
byny），卑南族人有這樣規定，即新米不可任意帶出部
落，即使是已煮熟的米飯也不被允許，必須先舉行向祖
先祭拜的儀式後，才能將新米帶到部落以外的地方。

　　從本則傳說故事來看，可以見到卑南族人對於食物之尊重，
尤其是剛收割的「新米」，更是慎重，卑南族人有這樣規定，即
新米不可任意帶出部落，即使是已煮熟的米飯也不被允許，必須
先舉行向祖先祭拜的儀式後，才能將新米帶到部落以外的地方。

【註釋】
① 黃智慧、許木柱主編《番族慣習調查報告書第二卷阿美族卑南族》，台灣總
　督府臨時台灣舊慣調查會，中央研究院民族學研究所編譯，2000.11。
② 鄭耀男〈卑南族的教育會所〉。

第十五章

卑南族飲食口傳文學

壹、卑南族火的傳說故事

台灣總督府臨時台灣舊慣調查會《番族慣習調查報告書》第二卷〈阿美族、卑南族〉載一則卑南族〈火之源起〉傳說故事：①

　　從nunur所插的竹節中生出的pagumalay、pagumsir，兩人命令叫做beru的蟲（蒼蠅之意）由此地前往東方日出之國，向maledi、maledaw兩神求取火。

　　beru接受命令後即到日出之國去向兩神求取火，牠把火挾在自己的兩角上，歸來後又把它移到屋後的樹上（亦稱dume或babangtan）。

　　pagumsir夫妻把火移到枯草木上去，但仍擔心火熄滅。於是為了尋找焚燒用的草，相偕到遠近山野尋找，結果發現了一種稱為karayray的草。

　　據說他們將之揉軟後，即可將從石頭冒出的火移來（族人說：摩擦樹木生火是beru前往日出之國以後的事，此生火方法專用藤木來摩擦。雖然台灣人說beru所前往的地方並非日出之國而是紅頭嶼，但是我們自祖先以來即相傳是取自日出國的maledi、maledaw二神）。

本則傳說故事敘述竹節中生出的pagumalay、pagumsir夫妻，命令beru（蒼蠅）前往東方日出之國，向maledi、maledaw兩神求取火，牠把火挾在自己的兩角上，歸來後又把「火」移到屋後的樹上，兩夫妻又把火移到枯草木上去，小心翼翼的保存著。

後來兩夫妻又發現了一種稱為karayray的草，可以很容易的從兩塊石頭相擊冒出的火花引起火苗。後來也有藤木摩擦生火的方法。

貳、卑南族粟的傳說故事

〈神奇的小米〉，《祖靈的腳步》，曾建次：②

　　雖然村裏有了這些家畜，然而在主食方面仍舊相當缺乏，百姓僅能找一些球莖類的蕃薯和芋頭來糊口。

　　傳說中只知道在對面的蘭嶼島，種有非常可口的米糧，但如何取得呢？從發祥地到蘭嶼島是一片汪洋大海，隔海取糧談何容易？不過發祥地有棵榕樹樹根越過海洋，向東一直到蘭嶼，或許可試著將它作爲兩島間的橋樑。

　　有一次tala的妹妹ruviruvi和她的未婚夫沿這樹根過去到了蘭嶼，在那裏發現了小米，就偷一些藏在身上準備帶回台灣。

　　但是當他們要回來的時候，蘭嶼人向他們搜身一一檢查，不讓他們有機會把小米帶回來。

　　經過幾次失敗以後，他們終於想出一個好辦法，就是分別把小米種子藏在自己的私處，於是男的藏在包皮裏，女的藏在陰戶裏，這樣才得以夾帶成功。

　　在途中兩人因尿急而在樹橋上小解，結果女的無法保存米粒，只有男的把小米種子安全帶到發祥地，播種在自己房屋四周繁殖，最後散佈到每户人家都能播種。

　　當時的小米極爲神奇，只需煮一粒就夠一個人吃飽。煮飯的時候看人數，家裏有多少人便煮多少粒，普通兩口之家，只要摘兩粒小米即夠飽足。不過，那時候的小米是一粒一粒剝出來的。

　　後來有個孕婦覺得一粒一粒剝過於耗事，就做了一枝杵和一個臼，將一把小米放在臼裏搗殼，接著又把搗好的小米通通放下鍋去煮。

　　結果因爲米太多，煮的時候水滾得太厲害，全部溢出來，往海邊流去，以致在海邊形成了海浪。

本則傳說故事情節要述如下：

一、卑南族人在獲得小米之前的食物是家畜以及找一些球莖
　　類的蕃薯和芋頭來糊口。

二、古時候，在發祥地有棵榕樹樹根向東延伸到蘭嶼，傳說
　　蘭嶼種有非常可口的米糧。

三、有一次tala的妹妹ruviruvi和她的未婚夫沿著榕樹樹根到
　　了蘭嶼，在那裏發現了小米，就偷一些藏在身上準備帶
　　回台灣。

四、當他們欲返回，被蘭嶼人搜身，不讓他們把小米帶到台
　　灣。

五、最後他們把小米藏在私處，才得以夾帶成功。

六、途中兩人尿急，在樹橋上小便，結果女之所藏私處的小
　　米粒流失了，只有男的把小米粒種子帶到了台灣。

七、他們兩人先播種在自己房屋四周繁殖，最後散布到每戶
　　人家都能播種。

八、古代人煮小米吃，一個一粒剝殼就可以了。

九、後來有個懶惰的孕婦覺得一粒一粒剝過於耗事，就用杵
　　臼，將一把小米搗殼，接著又把撥殼的一把小米通通入
　　鍋煮。結果因為米粒煮得太多，水滾得太厲害，全部溢
　　出來，往海邊流去，以致在海邊形成了海浪。

參、卑南族飲食傳說故事

林道生編著《原住民神話故事全集（一）》載卑南社〈飢
荒〉：③

　　在部落裡居住著一對夫妻，生有兩個孩子。有一年
部落鬧饑荒，水源全都乾涸了，地上再也找不到有水的地
方。大家只好通過狹窄的洞穴到沙洛基索克（地底下）去取

水，這一對夫妻也跟大家一樣的往沙洛基索克去取水。

　　有一次，妻子又揹著竹筒去沙洛基索克要取水，卻卡在那狹窄的洞穴動彈不得。兩個孩子等不到母親回來便出去尋找母親，他們在往沙洛基索克的洞穴中找到母親，可是不能接近好像已經不認得他們的母親，因此他們對母親說：「我們的母親留下我們，所以我們出來找母親。」母親說：「或許你們是我的孩子吧！讓我看看你們攜帶的東西！」母親看了兩個孩子所攜帶的東西，的確都是她自己親手做的，才呼喚他們：「喲！我的孩子，我的孩子！」兩個孩子才靠近了母親。

　　母親給了他們鵪鶉、黑色紅齒有毛的土蜘蛛、百步蛇、南瓜種、小螃蟹。又對他們說：「你們回到家，就讓鵪鶉拍打翅膀，那麼倉庫裡就會有許多的小米，水甕裡會有滿滿的水。螃蟹要放進水甕裡、百步蛇放在水甕口的左邊、土蜘蛛在右邊。用繩子把鬼茅草綁著在上面旋轉。南瓜種子要種在庭院，等結成南瓜就摘下扁的剖開，裡面會有穀物。」兩兄弟回去照著母親的吩咐做了。

　　過了幾天，田裡已經生了許多南瓜，他們摘了扁形的剖開一看，裡面真的有許多穀物。第二天又去田裡看，長的南瓜變成了許多豬、山豬、小鹿，成群的到別人家的田地吃穀物，破壞田地，結果招來眾人的忿怒指責。兄弟兩人只好把這些動物驅逐到山中，惟有豬不願意離開，被留下來飼養。

本則傳說故事敘述：

一、部落鬧饑荒，水源全都乾涸了，族人們只好通過狹窄的
　　洞穴到沙洛基索克（地底下）去取水。

二、有一次，母親又揹著竹筒去沙洛基索克要取水，卻卡在

　　那狹窄的洞穴動彈不得。兩個孩子等不到母親回來便出去尋找母親，可是母親被窄的洞穴動彈不得。

三、母親給了兩個孩子鵪鶉、黑色紅齒有毛的土蜘蛛、百步蛇、南瓜種、小螃蟹。並且交代孩子回家後：

　　1.讓鵪鶉拍打翅膀，那麼倉庫裡就會有許多的小米，水甕裡會有滿滿的水。

　　2.螃蟹要放進水甕裡、百步蛇放在水甕口的左邊、土蜘蛛在右邊。

　　3.用繩子把鬼茅草綁著在上面旋轉。

　　4.南瓜種子要種在庭院，等結成南瓜就摘下扁的剖開，裡面會有穀物。

四、過了幾天，田裡已經生了許多南瓜，他們摘了扁形的剖開一看，裡面真的有許多穀物。

五、第二天又去田裡看，長的南瓜變成了許多豬、山豬、小鹿。

肆、卑南族猴子教導人類飲食傳說故事

《老人的話知本卑南族發展史中的傳說》（上），Alton Quack 編，洪淑玲譯（1988）：④

　　遠古時期，月亮和太陽將孩子帶到世上，第一個是人類，再來是猴子、馬、鹿、魚、vaqerit鳥和一隻普通的鳥。

　　猴子知道什麼東西可食用，醫治疾病，牠嘗試吃所有草類，並告訴人們何者能食，並去掉黍和稻米的皮。

……

本傳說故事謂大地的動物是月亮和太陽的孩子，它們將這些動物帶到世上，第一個是人類，再來是猴子、馬、鹿、魚、vaqerit

鳥和一隻普通的鳥。

　　猴子很精明能幹，知道什麼東西可以吃，什麼東西可以醫治疾病，牠嘗試著吃所有草類，並且告訴人們何者可食，並且教導人們去掉黍和稻米的皮才可以吃。

【註釋】

① 黃智慧、許木柱主編《番族慣習調查報告書第二卷阿美族卑南族》，台灣總督府臨時台灣舊慣調查會，中央研究院民族學研究所編譯，2000.11。

② 曾建次編譯《祖靈的腳步》，台中，晨星出版社，民1998.6。

③ 林道生編著《原住民神話故事全集（一）》，台北，漢藝色研文化事業有限公司，2001.5。

④ 尹建中《台灣山胞各族傳統神話故事與傳說文獻編纂研究》，1994.4。

第十六章

卑南族身體裝飾口傳文學

卑南族古代也有紋身的習俗，〈卑南族的織布和衣物〉，《考古人類學刊》，王瑞宜：①

　　昔時知本社有一男子，他一生下來胸部即有人像
紋，社人覺得奇異而美麗，經過細心研究後，就發明紋
身。

本則傳說故事謂知本社有一位男子，他一生下來胸部就已經
有了人像的圖紋，族人們都覺得很奇異，而且覺得很美觀，便也
想要身體上也有圖紋，於是經過仔細的研究如何紋身後，就發明
了紋身的技藝。

〈荷蘭人搶掠紋身人kalukal〉，《祖靈的腳步》，曾建次編譯：②

　　次日，海邊部落的族人帶著洋人前往屯落拜訪。荷
蘭人到達屯落之後，在會所看到一位滿身刺青的人名叫
kalukal，他正躺在會所屋簷下休息，並以金磚塊當枕
頭。

　　原來這金磚塊就是荷蘭人在海上以望遠鏡所看見的
亮光物。荷蘭人頗懷疑紋身人的身分，便把那位紋身人
帶下山欲搭船離去，此外也帶走台東鯉魚山上一對金眼
睛。（按耆老輩傳云：台東鯉魚山有金礦，百姓視為該
山的一對金眼。）

　　他們走到現在的kahidangang（kahidangang指現在知
本地區建興里的崎仔頭林務局知本站處）稍作休息時，
屯落中有兩位紋身人的結拜兄弟helengu（別號叫
kalapiyat）和ngliw，他們有意以一頭種豬把紋身人贖回
去。

　　ngliw頭戴雲豹齒冠，裝扮得如同要面謁貴賓，像族
群大使與貴賓面對商議般慎重，藉此希望荷蘭人能看在
他們的誠意上放過他們的大哥。

　　他們趕到崎仔頭時，種豬的哭聲令人心驚，荷蘭人一聽到那哭嚎聲已是緊張無比，再眼見那位頭戴雲豹齒冠的ngliw，更使荷蘭人對他們防範有加，以為ngliw是食人族。

　　荷蘭人緊張之下，一手握斧頭，另一手抓毛毯，把ngliw的身體覆蓋起來，用斧頭往ngliw的頭劈下去。

　　ngliw命不該絕，荷蘭人下劈的工夫不準，竟錯把自己同伴劈死。ngliw一掀開毛毯，口中發出詛咒，「吓！」的一聲便與kalapiyat回山上屯落去了。

　　紋身人仍被荷蘭人帶回船上到台南的西港停泊。事隔幾天之後kalapiyat單獨一人往南去尋找其兄──紋身人。

本則傳說故事是卑南族紋身人被荷蘭人擄走的故事。紋身人被荷蘭人帶回到台南。據說事隔幾天之後kalapiyat單獨一人往南去尋找其兄紋身人。

〈傳奇人物kalapiyat〉，《祖靈的腳步》，曾建次編譯：③

　　kalapiyat為了要救出紋身人，不怕任何困難，白天躲在山洞或叢林，時刻保持警覺；夜間則繼續摸索，不曾闔過眼；他自稱說：「我像個螢火蟲，白天黑夜未曾閉眼。」因而自號kalapiyat。

　　有一天他終於摸索到荷蘭人在台南西港的船上，一見紋身人，即立刻要求一同逃離船隻回屯落，但紋身人卻說：「我的指甲已長，不宜耕種，且我已習慣這裡的生活，你還是自個兒回老屯落吧！」

　　紋身人kalukal不願與kalapiyat回屯落，kalapiyat難過之餘，獨自返回屯落。一路上他心中頗不是滋味，因為原先自負認為可以克服萬難把這位老兄帶走，沒料到紋

身人這般無情無義，竟然崇洋戀貴，枉費他大老遠奔跑
藏躲這般辛苦。……

　　　至於紋身人kalukal，荷蘭人把他帶到馬來西亞，與
當地馬來人同居生女取名叫malait。後來又把kalukal帶往
荷蘭，最後在那兒去世。荷蘭人把他身上紋有圖案的皮
剝下，發現居然連骨頭也有圖紋。

　　紋身人kalukal被荷蘭人擄走到台南後，kalapiyat便去營救他，
但是沒料到紋身人不願與kalapiyat回屯落。後來紋身人到馬來西
亞，與當地馬來人同居生女，最後死在荷蘭，荷蘭人把他身上紋
有圖案的皮剝下，發現居然連骨頭也有圖紋。

【註釋】

① 尹建中《台灣山胞各族傳統神話故事與傳說文獻編纂研究》，1994.4。
② 曾建次編譯《祖靈的腳步》，台中，晨星出版社，1998.6。
③ 同②。

第十七章

卑南族婚姻口傳文學

壹、卑南族兄妹創世情傳說故事

卑南族陳實以日女所寫的一篇題爲《台灣原住民族的來源歷史》手稿，經其三公子陳明仁翻譯成中文，文中〈知本ka-tipol族民傳說〉：①

太古時天地間發生了大地震及火山大爆發，山崩地裂，平原都被熔掉，所有的動植物都毀滅了。只倖存了五位兄弟姊妹：大發大婦tavatav（女）、巴魯俄palor（男）、蘇尬蘇告sokasokao（女），另二人名不詳（傳說昇天後變成了太陽和月亮）。

三人乘著米白（大概是小型魚舟），漂流到了「巴那巴那彥」panapanyan地的海岸（知本村南邊四公里處，離現在美和漁場約五百公尺處，有三株刺竹的所在處），（巴那巴那彥族知本語又稱「陸浮岸ruvoahan，發祥地的意思」。最初在那裡的一個自然岩洞（現已因山崩被埋沒了）構築了居所而住了下來。

不久因青春期之故，自然地想找個配偶，因此他們一起出發離開比地，沿著海岸線朝著北方前進。當時台灣島上的土地並不十分堅固，他們兄弟姊妹就在海岸線到處種植林投樹，而防止了土地的被侵蝕，就這樣地環繞了全島一周，而他們並沒有找到任何一個人類，他們再次巡繞到「陸浮岸」發祥地。

「大發大婦」和「巴魯俄」倆人自然地成了夫妻。但是最初的時候生下了魚蟹、蝦、鳥類，就是生不出人類，夫妻倆很傷心地就向著神（太陽和月亮）乞問，結果神就這樣地告訴他們：「睡覺的時候將挖了洞的獸皮隔在你們兩人之間而交合吧！」

他們照著辦後，但是結果卻生下了石頭，可是不久

後這個石頭漸漸地變大，柔軟地膨脹起來，後來出現了口，眼睛也出現，之後耳、鼻、手腳也出現了，很自然地生下了真實的人類了。

首先出生的就叫「弟那伊」，tinai-aqi方言意就是腸子，後來出生的就叫「布督克」pudek，方言意就是肚臍。

「弟那伊」生下了「督邦」dupan（男）和「魯給」lu-nge（女）並繁衍下來。這就是阿美族人、布農族人、泰雅族人的先祖。

「布督克」生下了「阿魯嘎戴」alungatai（男）、「法雅佣」vayajon（女）、「巴都告」patukau（女）、「拉歐拉歐伊」laolaoi（男），並繁衍下來。這就是「巴那巴那彥族」（現卑南族）（另稱八社族）……日治時代的先祖。

「大發大婦」、「巴魯俄」的妹妹「蘇尬蘇告」當初也和他們一起巡繞了全島一周，但是剛好繞到大武山kavorongan的時候，妹妹「蘇尬蘇告」因為太疲勞的關係無法和兄姊倆再一起繼續探旅，因此他們就在大武山上構築了房屋將她留了下來，預定在找到了其他的人後再過來接她過去。

自大武山下來後沿著海岸線再朝北方前行，不久後再次的到了「陸浮岸」地，之後「大發大婦」和「巴魯俄」自然地成了夫妻。哥哥「巴魯俄」回到了「陸浮岸」後偶而也會到大武山探視妹妹「蘇尬蘇告」，此後「蘇尬蘇告」也生下了子孫並自然地繁衍起來了。這就是排灣族人、魯凱族的先祖。

「蘇尬蘇告」的孩子「豆豆幹」totongan（男）、

「麗拔麗布」livalivu（女），在「金都歐魯」kintoor山
（即肯度布山），建立了村莊，這就是大南村魯凱族人的
先祖。

本則洪水兄妹再創世婚，不但造就了卑南族各家族，同時也
生就了許多種族。

一、洪水後只倖存了五位兄弟姊妹。

二、五位兄弟姊妹其中一男一女昇天變成了太陽和月亮。

三、剩下哥哥「巴魯俄」和妹妹「大發大婦」和「蘇尬蘇
　　告」，乘著米臼，漂流到了「巴那巴那彥」。

四、他們三人離開「巴那巴那彥」，以尋找其他生還的人作
　　為婚配的對象。

五、他們繞到大武山的時候，小妹「蘇尬蘇告」因為太疲勞
　　的關係無法和兄姊倆繼續探旅，因此就留下來住在那
　　裡。

六、兄姊巡繞了台灣一周，還是沒有遇見任何人，他們又回
　　到了「巴那巴那彥」，很自然地成了夫妻。

七、兄妹成了夫妻之後，生不出人類，而生下了魚蟹、蝦、
　　鳥類。

八、神指示兄妹挖了洞的獸皮隔在兩人之間交合。結果生下
　　了石頭。石頭出現了口、眼睛、耳、鼻、手腳等，變成
　　了真實的人類。

九、石頭首先出生「弟那伊」，再生出「布督克」。

十、哥哥也不時到大武山去探望小妹「蘇尬蘇告」，「蘇尬
　　蘇告」也生下了兒女。

卑南族知本部落的傳說：②

　　根據卑南族的口傳歷史：洪水時期，所有的一切全
被淹沒，連天上的太陽和月亮也在內，只剩五位兄弟姊

妹逃過劫難，乘坐木臼漂浮海上。

　　由於天地一片漆黑，五位兄弟姊妹商議後，決定要有一位上天成光體。於是，其中一男被四人推上天去，成了太陽；另一女亦被推上天成了月亮。光體白天黑夜輪流照耀大地。

　　洪水過後，台灣島浮出海面，其餘三人則漂流到台東附近被稱作「陸華罕」ruvuwahan或「巴拿巴拿揚」panapanayan的地方，即發祥地的意思。

　　三位登陸者分別是「巴陸赫」paluh（男）、「達夫塔芙」davutav（女）以及「蘇卡索高」sukasukau（女），他們就成了卑南族的祖先。

　　登陸之後，三人往北勘察。至大武山，蘇卡索高已走不動，願意留在當地安居而巴陸赫與達夫塔芙則到發祥地居住下來。

　　為繁衍人類，巴陸赫等二人遂探問太陽該如何？太陽指示兄妹應成親。兄妹同房之後，生下蝦、魚、蟹、飛禽等異形體。

　　兄妹大感驚訝，趕緊詢問太陽為何如此？太陽說：「把蝦、魚、蟹放生到河裡，作為你們未來的食物和祭祀品；把飛禽放生田野，作為你們未來鳥占之用。至於你們再行房時，兄妹不宜面對面，應隔板穿孔，只需生殖器接觸。」

　　兄妹按太陽指示行房，生下不同顏色的卵石，有白石、紅石、綠石、黃石、黑石，並由這些石頭蹦出人形來，白石蹦出來者即漢人，紅石、綠石、黃石蹦出來者即不同種族之西洋人。

　　黑石蹦出來者，即台灣原住民族。黑石蹦出來的原

住民有兩人，一個名叫「底那依」tinah，（意即腸子）
，另一個名叫「布德克」pudek（意即肚臍）。他們分別
繁衍後代，其子孫成了阿美族、知本部落、南王部落、
魯凱大南部落的祖先。

　　巴陸赫還不時到大武山探訪其妹蘇卡索高並與她同
房，生下的孩子已成人形，即成爲現在排灣族的祖先。

　　本則卑南族故事是整個人類的創生神話傳說，與洪水神話有
關，記載著西洋人、原住民阿美族、卑南族、排灣族等之創世神
話，敘述非常可愛。本則故事爲同胞兄妹型傳衍子孫後代的兄妹
創世婚「石生說」傳說故事。

　　值得注意的是本則故事之兄妹婚情是經過「太陽指示兄妹應
成親」，只是卻生下了蝦、魚、蟹、飛禽等異形體，原來這是太
陽藉著兄妹創生萬物，如「把蝦、魚、蟹放生到河裡，作爲你們
未來的食物和祭祀品；把飛禽放生田野，作爲你們未來鳥占之
用」。

　　而正確的行房應該是「兄妹不宜面對面，應隔板穿孔，只需
生殖器接觸」，這是一種具有避邪的巫術儀式的。

　　於是兄妹依太陽的指示（可見卑南族是尊崇太陽與聽其命令
的）使用正確的行房，而「生下不同顏色的卵石，有白石、紅
石、綠石、黃石、黑石，並由這些石頭蹦出人形來。」

　　一、白石蹦出來者即漢人，

　　二、紅石、綠石、黃石蹦出來者即不同種族之西洋人。

　　三、黑石蹦出來者，即台灣原住民族。

　　「黑石蹦出來的原住民有兩人，一個名叫「底那依」tinah，
（意即腸子），另一個名叫「布德克」pudek（意即肚臍）。他們
分別繁衍後代，其子孫成了阿美族、知本部落、南王部落、魯凱
大南部落的祖先」。

　　此即卑南族之「石生說」，唯其本質仍是一對兄妹婚情，生下許多不同的卵石，再從卵石中蹦出許多不同的人種，甚至西洋人也是此時從卵石中蹦出來的。

　　在另一方面「巴陸赫還不時到大武山探訪其妹蘇卡索高並與她同房，生下的孩子已成人形，即成為現在排灣族的祖先」。

〈卑南族歷史與傳說〉，曾建次：③

　　「知本」、「建和」、「泰安」、「利家」、「上賓朗」、「初鹿」等部落，屬於石生支系。故事開始於「蘭嶼」與「綠島」之中曾有的一塊版圖上。

　　一天，洪水淹沒了這塊土地，而當時存活下來的五個人，飄洋過海到台灣東岸就在知本往南五公里處，有一塊「知本」族人於民國四十九年時，在那片竹林立下石碑的地方，石碑上頭寫著「台灣山地人發祥地」。

　　在卑南族傳統的歌謠中，有一首「米呀咪」的歌曲，就是描寫當時開發此地的心情。

　　並在石碑的後方建造一個小石板屋，上頭寫著三個登陸人的名字，也為感念神明保護祖先上岸，又建了一間小屋來敬拜，據說阿美族人也曾在此居住過。

　　飄流過來的五個人，其中的一男一女，一個成了太陽，一個成了月亮。其剩餘的三人，上岸後並無發現任何人跡，便沿著海岸一直走到屏東的大武山。

　　其中一個女人留在此地，因此有人說她是排灣族人的祖先。至於另外一對兄妹，又回到原來登岸的地方，然而為了繁衍後代便相結合了。

　　但最初生下的並非人類，而是螃蟹、魚、蝦及飛鳥，兄妹不解，便詢問天上的太陽，太陽告訴他們，螃蟹、魚、蝦可作為海裡、河裡的生物，而成為他們的食

物。至於飛鳥，可替他們傳達訊息，因此在卑南族的習俗中，有個鳥占，據說出外打獵時，必須先聽聽鳥叫聲，才決定是否外出。

太陽又說了，由於他們是兄妹，因此結合時不得面對面，必須以一塊木板相隔。再一次，他們又生出了一堆石頭，有著不同的顏色，白的生出了白種人，黃的生出了黃種人，而我們祖先是從黑石頭裡蹦出來的。

然而最初生下的人類，像個異形人。因爲眼睛並非長在臉上，而是長在膝蓋上。因此有人提議，將一個眼睛放在臉上，另一個放在背後。但發現一天下來，還是在原地打轉，不能向前，亦不能向後，直到最後才演變至今天的模樣。

而當時，大地上並無任何動物，因此他們取了一種瓜子，播種在地上，沒想到瓜子蹦出了不少動植物。有些動物成了家畜；有些成了野生動物。這也說明了動植物與祖先之間密切的關係。

本則卑南族故事是全人類洪水神話的創生起源「石生」傳說，如「他們又生出了一堆石頭，有著不同的顏色，白的生出了白種人（西洋人），黃的生出了黃種人（東洋人），而我們祖先是從黑石頭裡蹦出來的（卑南人）」。

本則傳說故事也是各種動植物的的起源創生故事，如「最初生下的並非人類，而是螃蟹、魚、蝦及飛鳥，兄妹不解，便詢問天上的太陽，太陽告訴他們，螃蟹、魚、蝦可作爲海裡、河裡的生物，而成爲他們的食物。至於飛鳥，可替他們傳達訊息」。

至於動植物，「他們取了一種瓜子，播種在地上，沒想到瓜子蹦出了不少動植物。有些動物成了家畜；有些成了野生動物」。

　　本則傳說故事是同胞兄妹婚型。故事載原初人類近親結婚的模樣不是現在這個樣子，經過一段之演變（如眼睛並非長在臉上，而是長在膝蓋上。因此有人提議，將一個眼睛放在臉上，另一個放在背後。但發現一天下來，還是在原地打轉，不能向前，亦不能向後），才變成現在人類這個模樣。本則故事對於人類的演化過程有了初步的認識基礎。

　　台灣總督府臨時台灣舊慣調查會《番族慣習調查報告書第二卷阿美族卑南族》載〈陰部長齒的婦人〉：④

　　　　從nunur所插的竹枝中生出來的始祖pagumalay夫妻，他們的玄孫中，有名為pauras（男）、kabuyuan（女）的二人，此兄妹長大後結為夫婦，生下八個子女。……

　　本則傳說是「竹生說」故事，從竹生之始祖pagumalay夫妻，其孫中有名為pauras（男）和kabuyuan（女）的兄妹，長大成人後結為夫婦，生下了八個子女。

　　《老人的話知本卑南族發展史中的傳說》(上)，Alton Quack編，洪淑玲譯（1988）：⑤

　　　　遠古即存在這塊土地「台灣」。之後土地沒入海底，就連日月亦一起沈入海中，只剩下劫後餘生的五個兄弟姊妹，坐在一種研缽上，隨海飄浮著。

　　　　他們一直努力向前進，便在revoaqan處上岸了。……而其他二個兄弟姐妹，由於找不到存活人類只好躺臥而眠，繁殖下一代。……

　　本則傳說故事謂同胞兄弟姊妹，在洪水氾濫時期，人類滅絕，由於找不到其他存活的人類只好相婚，繁殖下一代，繼續人類之承傳。

　　河野喜六《番族慣習調查報告書，第二卷阿美族、卑南族，臨時台灣舊慣調查會第一部》（1914）：⑥

從nunor在panapanayan插在地上的竹枝，生出來有以下三人：pautibur（男）、amana（女）、takiu（男）。其中pautibur和amana兄妹成爲夫婦，二人生下kuladoui（男）和yamugai（女）二個孩子。……

本則傳故事竹生的pautibur和amana兄妹結成夫婦，並且生下了kuladoui（男）和yamugai（女）二個孩子繁衍人類。

貳、卑南族母子創世情傳說故事

《老人的話知本卑南族發展史中的傳說》（上），Alton Quack編，洪淑玲譯（1988）：⑦

遠古時期，月亮和太陽將孩子帶到世上，第一個是人類，再來是猴子、馬、鹿、魚、vaqerit鳥和一隻普通的鳥。……

由於當時只有猴子，人類只好與猴子結婚，生下了一個小男孩。男孩長大後，母親叫他送飯給父親，一連三天都沒見到人影，只看見一隻猴子啃地瓜，他便將猴子打死。

母親驚訝告訴他猴子是他父親，並要求孩子沿路走去，去見一個人。母親趕忙裝扮自己，並在路上等待孩子，他們遇見之後，互交擁抱作愛，於是她懷孕了，生下了一個人類。……

本則傳說故事敘述初始人類爲了傳衍子孫而不得已的措施，首先是最初大地上只有猴子與人類，不得已相婚生下一男孩，男孩長大後卻誤殺了猴子父親。

但是人類還是要解決繁衍傳承的問題，於是母親要求孩子沿路走去，去見一個人。自己則趕快裝扮，並在路上等待孩子，他們相遇之後，互交擁抱作愛，於是母親懷孕生下了一個人類，人

類得以從此繁衍。

《台灣高砂族系統所屬の研究》，移川子之藏（1935）：⑧

　　昔時，有洪水，有一女人（北絲鬮社之祖）抓著叫totolin的草，一男子（大南社之祖）抓著叫aringai的草以獲救，生存於肯度布kindopor（或kindoor）山。這個女人自然生產一男兒，母子結婚（一說與大南社之祖結婚），最初生一男兒名爲tair，次男孩名爲karimalao，最後生一女兒名叫moakai。

　　有一天，tair出獵看見二個姊妹。爲姊的叫做moaras，爲妹的名爲madikus，因爲爲姊的美貌，於是tair乃入贅於她爲其夫婿。這就是tavirin家。而sawawan家可能在其以前就已存在。

　　北絲鬮社之祖先，起初不知耕作之方法，唯有從事狩獵的生活，從大南社來了一男子，名喚karimalao，教以芋之種法，從此以後也有農耕生活了。

本則傳說故事敘述洪水過後北絲鬮社女始祖自然生產一男兒，後來母子結婚生下男女孩三人：長男tair、次男karimalao、小女madikus。人類自此開始重新繁衍。

參、卑南族少女與彩霞情傳說故事

〈少女與彩霞〉，《祖靈的腳步》，曾建次編譯：⑨

　　……從前有對母女，母親身體羸弱，女兒則年紀還小，因此兩人的體力都不好，無法在山上開墾足夠的田地種植作物，所以生活極其困苦。由於家裡貧窮，村人不怎麼同他們往來。女孩從小沒有玩具，也沒有玩伴，然而她最開心的事便是每天黃昏時刻坐在屋簷下觀看天際彩霞，並常喃喃讚嘆不已。

後來女孩漸漸長大了，有一個黃昏，她依舊坐在屋簷下望著彩霞讚嘆：「啊！多麼漂亮的彩霞啊！」那些彩霞知道女孩很喜歡他們，於是其中一片就變成一位英俊瀟灑的年輕人，來到女孩家向女孩求婚。女孩答應了婚事，但她並不知道這個青年就是彩霞的化身。

成婚以後，彩霞看到岳母的情況實在太困苦了，便在家裡搓繩子。他把繩子搓得很長很長，然後對岳母和妻子說：「現在我們一同到田裡去，你們除了要帶鍋子以外，還要多帶些米和盤子。」母女兩人不明白為什麼要多帶米和盤子，心想，也許是他墾地以後飯量會特別大吧！可是為什麼還要多帶盤子呢？她們心裡雖然這樣想，但並沒有問，只是依他所說拿了米和鍋盤湯匙等物一起往前山上的田地。

到了田裡，彩霞用他所搓的長繩在地上圈出一片寬廣的區域，然後對岳母和妻子說：「繩子已經擺好了，現在你們趕緊煮飯做菜，煮好後盛在盤子裡一個一個排起來，排成長長的一行。」母女兩人聽彩霞這麼說，就儘快把飯菜煮好裝進盤子裡，在地上排成長長一列。這時候，太陽已逐漸西下，東面海洋也開始出現幾片美麗的雲朵。

彩霞等飯菜都擺好了，便對他岳母和妻子說：「現在你們把眼睛閉上，不管聽到什麼聲音都不要張開。」母女兩人聽彩霞這麼說，顯得更困惑了：一天已快過去，為什麼不趕快吃飯或工作，反而要她們閉上眼睛什麼都不管呢？彩霞也看出了她們的困惑，便對她們說：「妳們先把眼睛閉起來吧！等一會妳們就明白了。」於是母女兩人就閉上了眼睛。

　　母女兩人剛閉上眼，海洋天際的片片雲彩立刻變成一批批年輕人到田邊來幫助已化身爲人的彩霞。他們在繩子所圈的範圍內忙碌地除草，翻土，播種。做完這一切，他們便把盤裡的飯菜一掃而光，再度回到天上。這時彩霞才對岳母和妻子說：「現在妳們可以張開眼睛了。」母女兩人張眼一看，哇！不得了，繩圈內的田地不但已經整地完畢，而且還種了各式瓜果和蔬菜，更讓她們驚喜得說不出話來的是，田中央蓋了一座工寮！

　　從此以後，他們每隔兩三天就去田裡看看，那些瓜果蔬菜長得可是既快又好，到了可以採摘的時候，彩霞要岳母和妻子帶著盤子和蒸糯米的工具到了田邊。彩霞指著田那頭兩個特別大的瓜說：「我先去把那兩個瓜剖開。」說著走過去剖開一個比較小的，裡面裝滿了糯米；再剖開另一個比較大的，裡面竟是一頭大豬，他們就用這米和豬製糕做菜。

　　等糯米糕和菜都做好了，又是快近黃昏的時候，海洋天際也出現了彩雲。和上次一樣，彩霞要岳母和妻子閉上眼睛，天上的片片彩雲又變成一批批年輕人來到田邊，他們迅速地幫彩霞摘下瓜果蔬菜藏進工寮，又津津有味地吃完糯米糕和菜肴，興高采烈地跟彩霞道別。

　　沒多久，他們採收了大量瓜果蔬菜放在工寮的事被別人知道了，便有人去偷竊。但是，去偷的人若是拿蔬菜，蔬菜立刻枯黃；若是拿瓜果，瓜果就乾癟得只剩子或核，根本不能吃，所以後來也就沒有人去偷竊。這對母女終於生活得不再那麼困苦了，村人也常和他們往來，一家三口幸福渡日。

本則傳說故事原本貧窮的母女兩口，女孩甚至連玩具與玩伴

都沒有，但是她對於天邊的彩霞卻情有獨鍾。女孩逐漸長大成少女，仍然對於天邊的彩霞讚嘆不已，彩霞就化成一位英俊的青年，與之結婚，並且運用神力從事農耕，從此一家三口過著幸福美滿的生活。

肆、卑南族騙婚記傳說故事

林道生編著《原住民神話故事全集（二）》，載射馬干社〈撒基諾變成烏鴉〉：⑩

有一次，射馬干社（kasabakan）的撒基諾來到了卑南社。撒基諾帶了一頭豬當作訂婚禮品來尋找結婚的對象。

他在卑南社到處殺豬請客，就是找不到合適的對象。後來，才遇到了兩位女孩子答應了撒基諾。

告訴他：「你走累了，先到外面睡一會，由我們來宰豬好了！」撒基諾到外面樹下休息。兩位女孩子開始宰豬解體，不一會撒基諾問：

「妳們在做什麼呀？」「我們正開始解豬體呀！」過了些時候撒基諾又問：「妳們在做什麼呀？」「我們還沒有把豬體解好呀！」

其實，兩位女孩子已經準備攜帶豬肉溜走。撒基諾又問：「妳們在做什麼呀？」

這時兩位女孩子已經攜帶豬肉逃走了。所以撒基諾只聽到一聲「ng！」的應答。又問一次，仍然是「ng！」的應答聲。於是，撒基諾覺得奇怪，便起來走向屋子裡，卻不見兩位女孩子而再一次的問「妳們在做什麼呀？」

這時又傳來了「ng！」的應答聲。仔細朝傳來的方

向走去一看，原來是luap（蓆子）底下的tatumug（臭蟲）在應答。撒基諾很生氣地一腳把tatumug踩死。

　　撒基諾仔細察看兩位女孩子的足跡，知道她們已經從後門逃走了。撒基諾跟著足跡，朝卑南溪的北岸追逐。他涉溪水往北走，溪水越來越深，終於無法再走而退回，想從另外的地方走，不過水還是很深涉水有困難，這樣試三次都不行。第四次，兩位女孩施了法術讓溪水減少，撒基諾才涉水過去。

　　當撒基諾涉水到了卑南溪的北岸，兩位女孩對他說：「我們在這裡煮豬油喝，那麼當你娶我們做妻子時，我們的身體會更好！」

　　撒基諾一聽就答應了。兩位女孩煮起豬油，撒基諾邊烤著火取暖邊等待，不一會就睡著了。

　　兩位女孩一看機會來了，端起大油鍋把滾燙的豬油從撒基諾頭上淋了下去。於是，撒基諾「嘎！嘎！嘎！」地叫起來，變成了一隻烏鴉，又說：「妳們看吧！以後我會吃掉妳們的玉米，妳們的薏苡」。（薏苡實中心的橢圓胚芽，仁白色，可供食用及藥用，俗稱薏苡仁或薏仁米）。

　　兩位女孩聽了緊張起來哀求道：「田邊小屋附近的部分請留給我們吧！」後來，真的只有田邊小屋附近的玉米、薏苡沒有被烏鴉吃掉能收成。

本則傳說故事情節要述如下：

一、射馬干社的撒基諾來到了卑南社，帶了一頭豬當作訂婚禮品來尋找結婚的對象。

二、撒基諾在卑南社到處殺豬請客，就是找不到合適的對象。

266

三、後來，撒基諾才遇到了兩位女孩子答應嫁給他。可是這兩位女孩子是老千，目的是要獲得那隻豬。

四、兩位女孩子請撒基諾在樹下休息，她們則解剖豬體。其實，這兩位女孩子是準備攜帶豬肉溜走。

五、後來撒基諾發現她們逃走了，便去追逐她們。撒基諾涉水到了卑南溪的北岸，兩位女孩騙他說：「我們在這裡煮豬油喝，那麼當你娶我們做妻子時，我們的身體會更好！」

六、兩位女孩煮起豬油，撒基諾邊烤著火取暖邊等待，不一會就睡著了。兩位女孩端起大油鍋把滾燙的豬油從撒基諾頭上淋了下去。於是，撒基諾「嘎！嘎！嘎！」地叫起來，變成了一隻烏鴉。

七、撒基諾變成一隻烏鴉，撂下「妳們看吧！以後我會吃掉妳們的玉米，妳們的薏苡」。

八、兩女哀求：「田邊小屋附近的部分請留給我們吧！」後來，真的只有田邊小屋附近的玉米、薏苡沒有被烏鴉吃掉能收成。

【註釋】

① 宋龍生《台灣原住民史卑南族史篇》，台灣省文獻委員會，1998.12。

② 曾建次〈卑南族知本部落口傳歷史及神話故事〉，《山海文化》雙月刊第二期，1993。

③ 曾建次〈卑南族歷史與傳說〉，載於行政院原住民委員會《第二屆全國原住民大專青年文化會議紀錄》，1999.8。

④ 黃智慧、許木柱主編《番族慣習調查報告書第二卷阿美族卑南族》，台灣總督府臨時台灣舊慣調查會，中央研究院民族學研究所編譯，2000.11。

⑤ 尹建中《台灣山胞各族傳統神話故事與傳說文獻編纂研究》，1994.4。

⑥ 同①。

⑦　同⑤。

⑧　同①。

⑨　同③。

⑩　林道生編著《原住民神話故事全集（二）》，台北，漢藝色研文化事業有限
　　公司，2002.1。

第十八章

卑南族懷孕與生育口傳文學

《番族慣習調查報告書第二卷阿美族卑南族》載〈老鼠之由來〉，這是一則有關懷孕的故事：①

在babaturan有叫做bungtus的農夫，農夫有一女。某日，住在dekal（現知本社）的某人，做好pukin（放置裁縫工具的藤製籃子）拿去賣，但是在balangaw（現今卑南）無人來買，最後他來到了babaturan，求bungtus家買下。

bungtus家的女兒隨手掀開籃蓋，竟然從中跳出帶有陰囊的男根並進入姑娘的大腿間，姑娘驚恐欲絕，但又怕他人知道此事，乃若無其事地推說不需要而退還了籃子。自此以後姑娘即懷孕生下一女。

bungtus夫妻雖對女兒的生產感到存疑，但仍把嬰兒留下來養育。其後女兒再懷孕又生下一女，女兒知道雙親的追問難免，便道出了此事的本末，雙親一時又驚又悲，但是事到如今亦無法可施，僅能對世人以及兩個孩子堅守此秘密。

如此度過一段歲月後，兩個女兒漸漸地長大成人，這時，生母命令兩女到集會所去陪伴父親歸來。姊妹相偕至集會所，但是卻不見人影，只有男根坐在那裡，於是便回家告訴母親這番所見光景。

母親告訴她們：「其正爲汝之父，當促其歸宅。」姊妹再前往集會所，依母親所示催促父親回家時，竟有如破鐘般的應允聲傳出，兩人驚慌地返回了家。

另一方面，生母煮了一大鍋沸水並攜此前往集會所，在途中挖大穴等待，不久，男根如青蛙般跳著歸來，穿過大穴時因跳不過，墜落在穴底深處，於是其妻便從上面注入沸水，穴裏傳出tus、tus、tus的哀嚎叫道：

「吾後世當咬汝之腰裙。」雖然其言畢即死，但卻因此產生了老鼠，老鼠甚且會咬嚼婦人之腰裙。

　　本則故事是一位少女因為掀開放置裁縫工具的藤製籃子，籃子裡突然跳出帶有陰囊的男根並進入姑娘的大腿間。這位少女莫名其妙的懷了兩次孕，生下了兩位女孩，但是她還是非常生氣，煮了一大鍋沸水，引導男根墜落於預先挖掘的穴底深處，把男根燙死了。因為男根將死的時候，摺下了咒語「吾後世當咬汝之腰裙。」因此產生了老鼠，老鼠甚且會咬嚼婦人之腰裙。

　　《老人的話知本卑南族發展史中的傳說》（上），Alton Quack 編，洪淑玲譯（1988）：②

　　　　遠古時代的阿美人眼睛是長在膝蓋上，小孩是在小腿肚懷孕，從足趾生出，而且前後均有一臉，行走時互相牽制，一直在原地，後來便將腦的那張臉去除，慢慢的成為真正的人類，那時候卑南族稱他們為varis（怪胎）。而現在則稱之為varangao，意指阿美人一再改變身體的結構和外表。……

　　本則傳說故事人的眼睛是長在膝蓋上，小孩是在小腿肚懷孕，從足趾生出，而且前後均有一臉，行走時互相牽制，一直在原地，真的是十足的怪人，所以那時候卑南族人稱阿美族為varis（怪胎）。

　　因為前後均有一臉非常不方便，故後來便將腦的那張臉去除，慢慢的成為真正的人類，如今卑南族人稱阿美族為varangao，意指阿美人一再改變身體的結構和外表。

　　〈變形人〉，《祖靈的腳步》，曾建次編譯：③

　　　　發祥地黑石頭迸裂所出現的變形人，他們的眼睛長在膝蓋上，婦女懷孕的地方在小腿，孩子則從母親的大腳趾出生。

後來他們覺得眼睛生在膝蓋很不方便，於是彼此討論：「我們的眼睛長在膝蓋不好，走路很不方便，常常會傷到眼睛，雜草或沙子也常常使我們的眼睛疼痛，所以我們應該把眼睛安放在頭上。」

這些人就把各一隻眼睛改放在臉上和後腦上。然而由於前後都有眼睛，問題可就來了，因為當要移動的時候，前面的眼睛要向前走，後面的眼睛也要向前走，結果從早到晚根本無法移動半步，整天都留在原地。

因此他們又互相商議：「這樣下去，我們根本就無法做事了。」於是他們就把後腦的眼睛移去，改放在臉上成了一個正常人。以前的那些人因此被稱為valis（變形人）。

這些valis的祖先是男子tinahi（腸子）和女子pedek（肚臍）。「腸子」、「肚臍」結合之後生了lepapg（男的）、zungi（女的）、rapih（男的）、panay（女的）、latuk（男的）、anay（女的）。

不久又生了vayayung（女的）、harungatay（男的）、pazungaw（男的）、rahurahuy（男的）、kalikali（女的）、vatengayan（男的）及danapan（女的），這些子女彼此結合，在發祥地附近形成聚落，其關係如下：

一、harungatay和vayayung結為夫妻，遷移到較高處的harawayan地方，他們是知本家族先祖。

二、vatengayan和danapan結為夫妻，他們遷移到mindupur（肯德布）山區地帶，成為魯凱族的祖先。

三、pazungaw、rahurahuy、kalikali為南王部落的先祖，遷移到北邊。pazungaw和pakuskus結合，

在vavaturan（在台東火車新站西邊與南王部落北方之間）地方成立了valangatu家族；rahurahuy和suarahaw結合，在maedatar（在台東火車新站東南邊）地方成立了pasarahad家族；kalikali和某（不詳）結合，在alawalaway（在台東火車新站東邊）地方成立了sapayan家族。

四、lepang和zungi結爲夫妻，遷往鹿野對岸的巒山成爲另一族群。

五、latuk和anay、rapih和panay各成一對居住在panapanayan形成一個pangcah族群（即爲目前的阿美族人）。在那一帶，居住於高處的是知本家族，下方則是pangcah家族。兩族互相往來，彼此間相處十分融洽。

本則傳說故事涉及石生系統的卑南族祖先懷孕生子後，子女相互結合，成家立業，建立家族的故事，本故事情節要述如下：

一、在卑南族祖先發祥地從黑石頭迸裂所出現的人是「變形人」：

1.眼睛長在膝蓋上。

2.婦女懷孕的地方在小腿。

3.孩子則從母親的大腳趾出生。

二、由於眼睛長在膝蓋上，走路很不方便，常常會傷到眼睛，雜草或沙子也常常使眼睛疼痛，因此商量把眼睛安放在頭上。

三、他們把眼睛各一隻改放在臉上和後腦上，結果從早到晚根本無法移動半步，整天都留在原地。

四、後來他們把後腦的眼睛移去，改放在臉上成了一個正常人。

五、這些valis（變形人）的祖先是男子tinahi（腸子）和女子pedek（肚臍）。「腸子」、「肚臍」結合之後生了。

六、祖先生下了許多子女，這些子女彼此結合，在發祥地附近形成聚落。

七、子女互相結合，建立家族，有的成了知本家族先祖；有的成為魯凱族的祖先；有的形成了阿美族的祖先。

台灣總督府臨時台灣舊慣調查會《番族慣習調查報告書》第二卷阿美族卑南族，載〈卑南溪之由來〉：④

amana的女兒yamugay，與alilengan的女兒amugay一同去耕地種植芋頭，其上置茅草，而下面雜草茂盛，她們用碎木片弄倒雜草時，發現茅草上面有某物的油脂。

yamugay拿起來試吃覺得其味甚佳，便勸amugay也試嚐，但amugay說：「並不如您所言般的美味。」便燒烤後才吃。

yamugay因為生食而懷孕，十個月後生下一名為tukubis的男嬰。……

本則傳說故事敘述有一位女孩叫做yamugay因為生吃了茅草上面某物的油脂，因而懷孕生下了一名叫做tukubis的男嬰。

yamugay生吃茅草上面某物的油脂，覺得其味甚佳，於是也叫他的同伴amugay來吃，可是amugay不覺得生吃美味好吃，便燒烤後才吃，因此amugay並沒有懷孕。

〈卑南族兩兄弟的傳說故事〉，《卑南族神話故事集錦》，陳光榮、林豪勳：⑤

……話說有位女孩，名叫「卡利卡利（kalykaly）」，沒有結婚就受孕於風，那女孩，因羞愧於見人，所以想盡辦法遮掩她的肚子不被人知道。

後來與同夥到田裡工作時，總是將所生的孩子「拉

鹿高（dadungaw）」裝在工作籃裡，藏在草堆裡，經常藉故方便，去探望孩子餵奶，日子久了，被同夥們知道了，不但沒有取笑，大夥都幫她餵奶水給「拉鹿高（dadungaw）」，因而小女孩長的很快。……

本則傳說故事是「感風而孕」的故事，有一位女孩叫做「卡利卡利（kalykaly）」，因為尚未結婚即「感風而孕」，因此在懷孕期間想盡辦法遮掩日漸膨大的肚子不被人知道。

「卡利卡利（kalykaly）」偷偷生下女嬰後，取名為「拉鹿高（dadungaw）」。後來到田裡工作的時候，總是偷偷將孩子裝在工作籃裡，藏匿於草堆裡，不讓人知曉，「卡利卡利（kalykaly）」在工作之中，便經常藉故去方便，其實是去探望孩子並且給女嬰餵奶。

經過了一段時間之後，與「卡利卡利（kalykaly）」同夥一起工作的人，發現了「卡利卡利（kalykaly）」此事，不但沒有取笑「卡利卡利（kalykaly）」，而且大家還幫忙「卡利卡利（kalykaly）」餵奶水給女嬰「拉鹿高（dadungaw）」，因此小女孩長得很快。

【註釋】

① 黃智慧、許木柱主編《番族慣習調查報告書第二卷阿美族卑南族》，台灣總督府臨時台灣舊慣調查會，中央研究院民族學研究所編譯，2000.11。

② 尹建中《台灣山胞各族傳統神話故事與傳說文獻編纂研究》，1994.4。

③曾建次編譯《祖靈的腳步》，台中，晨星出版社，1988.6。

④ 同①。

⑤ 林豪勳、陳光榮著《卑南族神話故事集錦》，台東縣立文化中心，1996.7。

第十九章

卑南族人與鬼的情感世界口傳文學

台灣總督府臨時台灣舊慣調查會《番族慣習調查報告書第二卷》載〈saremesim的復活〉傳說故事：①

　　malali之妻saremesim在她的兩個孩子變成鳥後不久懷孕了。某日，她請丈夫採蜜柑，其夫採了蜜柑給她，但她又要，丈夫再採給她，結果她又再要，由於妻子的請求頻繁無度，malali終於感到難以處理便告訴她：「若是要滿足妳的需求，蜜柑將採盡，耕作也將荒廢，既然如此，妳自己去吃個飽吧！」

　　他把妻子縛綁在蜜柑樹後便返家了，saremesim最後死在蜜柑樹下。但是她的身體雖然腐敗了，腹中的胎兒卻保住生命，出生後飲露水維生。

　　經過一段時間之後，其夫malali又再前往該地，看到母體已腐爛只有嬰兒（女）還活著，於是把嬰兒抱回家養育。

　　女兒長大後向父親malali詢問有關母親的事，父親回答道：「汝之母saremesim在懷孕期間，無止盡地吃蜜柑，妨礙了農作，因此我將她綁在蜜柑樹下，最後她死在樹下，唯獨汝出生存活了。」

　　父親又告訴她：「汝母便在那邊的蜜柑樹下。」女兒到該樹下後看見自己所思慕的母親的白骨就那麼樣地曝露著，便伏地而泣，冀望母親能夠復活。

　　她拾起母親的腳趾頭接腳上，說：「欲將此骨接上！」趾頭便接起來了，腳趾與腳、腳和胯部亦如法炮製，漸次地，肋骨、兩手、頭部等也接著完成。

　　女兒又說：「如果再長出血與肉就好了！」而血與肉便如其所欲般地長出。她又嵌入眼睛、牙齒及頭髮，然後說道：「母親若能如生前般開口說話便好！」結果

母親能說話了。

「如能走路便好了！」結果她的母親也能走路了。

少女大喜，偕同母親返家後，此女被命名為sernegneg。

本則傳說故事，敘述女兒日思夜思其已亡故的母親，也許是上天憐憫其真摯之情，讓其母親重新復活了過來。

本則傳說故事情節要述如下：

一、malali之妻saremesim在她的兩個孩子變成鳥之後，不久她懷孕了。

二、懷孕的妻子可能因為害喜，所以喜歡吃酸性的東西，因此請其丈夫採蜜柑，起初丈夫還很樂意採蜜柑給妻子。

三、妻子請其丈夫採蜜柑頻繁無度，丈夫心煩了，把妻子縛綁在蜜柑樹後。

四、妻子最後死在蜜柑樹下，她的軀體腐爛了，但是她腹中的胎兒卻還活著，嬰兒出生後就靠著飲露水維持生命。

五、過了一段時間之後，丈夫又再前往他縛綁妻子的蜜柑樹下，看到妻子身軀已經腐爛了，只有嬰兒（女）還活著，於是就把嬰兒抱回家養育。

六、女兒長大後一直向父親追問著有關母親的事情。

七、女兒得知母親死於蜜柑樹下，便前往樹下，卻「看見自己所思慕的母親的白骨就那麼樣地曝露著，便伏地而泣」。

八、女兒多麼冀望母親能夠復活。由於她的真誠，母親的趾頭、腳趾與腳、腳和胯部、肋骨、兩手、頭部等都接合起來了。血與肉也長出來了，又嵌入眼睛、牙齒及頭髮，最後母親能夠說話了，也能夠走路了，女兒非常高興，帶著母親一起回家。

【註釋】

① 黃智慧、許木柱主編《番族慣習調查報告書第二卷阿美族卑南族》，台灣總督府臨時台灣舊慣調查會，中央研究院民族學研究所編譯，2000.11。

第二十章

卑南族人與動物情口傳文學

壹、卑南族女與鹿情傳說故事

台灣總督府臨時台灣舊慣調查會《番族慣習調查報告書第二卷阿美族卑南族》載卑南族〈與鹿結爲夫婦的女子〉：①

本族之始祖padungaw夫妻之玄孫，即kalikali以及saremesim等姊妹中，有一名喚muwadar的姑娘，其父爲pauras，母爲kabuyuan。

某日，父親pauras發現所種的芝麻被野獸吃掉，遂命令muwadar當天夜裏到耕地去監視。

翌朝女兒向他報告說耕地並無異狀，然而父親pauras見到芝麻受害情況較第一次更甚，便責備其怠慢，並命令她再去監視。

翌朝依然有野獸潛入的形跡，所以他又叱責女兒，並且當夜自己親身去監視。

入夜後，他看見一頭大鹿入侵耕地，便立即射殺之，取其頭回家。將該鹿角頗爲巧妙地分爲三股，尖端又分爲三股，左右兩角張掛著langis（琉璃珠串），並且交錯張掛著用kulungungut、bakur、malay、mulimulisan、nilauy、sinubeseb、parenpen、maabu、matak、buraw、silanan、maygay、mudules、intulas、lingtes、iris、mareTur等各式各樣的琉璃珠串成的線。

女兒muwadar問父親在何地捕獲鹿，其父答道這頭正是啃食、破壞芝麻田的鹿，muwadar又問繫在鹿角的眾多飾物，是否自始就如此紛亂呢？父親答稱是射殺時所弄亂。

muwadar又說想看其最初的美麗原貌，其父親認爲這是輕而易舉之事，便如其所願恢復原來的裝飾。

muwadar再要求把它放在入口處，自己則站在樑上

指點放置鹿角的位置，然後要求其父遠離鹿角，一躍身便朝鹿角飛撲，結果鹿角貫穿胸部致其氣絕。

　　父親pauras雖是又驚又悲，但也終於瞭解了原委，儘管哀憐女兒之死，卻只有無可奈何地將女兒的屍體與鹿同葬。結在鹿角上爲數眾多的琉璃珠至今尚流傳在balangatu家。

本則卑南族故事是少女背著家人與鹿產生感情，而其家人則全然不知，因爲農田經常被鹿糟蹋，少女的父親便把鹿射殺死了，少女見狀非常傷心，便殉情死了，此時家人方才大悟，便將其與鹿同埋葬之。據說「結在鹿角上爲數眾多的琉璃珠至今尚流傳在balangatu家」。

　　在原住民中大多在有關人獸姦情的故事，不管其情節多麼曲折感人，但都有共通的結局，即以「死」作爲了結，這對於倫理教育具有正面之意義。

《台灣原住民的母語傳說》，陳千武譯述：②

　　很早以前一個家庭，父親在旱田播下苧麻種子，苧麻逐漸長大。他怕苧麻被鹿偷吃了，就派女兒毛阿沓，天天到旱田去看管。過了幾天，父親去旱田，卻看到作物有被鹿吃過的痕跡。

　　有一次，毛阿沓在睡覺的時候，父親去看苧麻，還沒有進入旱田的小木屋，就聽到鈴子嘹亮的聲音，嚇了一跳，便循著鈴子聲音漸漸走近小木屋裡，仔細一看，原來那是一頭花鹿吊在頸部的鈴響。

　　花鹿來到木柱的地方，用身體磨擦柱子，然後躺下來。父親間不容緩地射出了箭，花鹿當場就被射殺死了。

　　父親把鹿身解體，把角放在雨水滴落的地方。女兒

出來一看，非常悲傷。她說：「爸爸，這頭鹿已經年老了，鹿角再也不會增長了」。

父親說：「嗯！你說得不錯」。女兒就走進屋子裡去，她說：「爸爸，這麼漂亮的鹿角，請你拿著向我這邊，拿正一點」。

父親依女兒的要求，把鹿角拿直，女兒便以最快的速度衝過去，讓尖銳的鹿角刺入身體，刺破了肚子而死去。

父親說：「我竟不知道原來鹿就是妳的情人」，因此非常悲傷。他立刻通知家裡的人來搬運屍體回去。

埋葬的時候，把女兒和鹿放進同一個棺木裡埋了。從此，在我們族人裡，遇到同時死了的人，就要一起埋葬。

本則故事是山鹿與女子情的故事，卑南人遇到同時死了的人，就要一起埋葬，大概是源於本則傳說故事。

卑南族有一則公主與鹿相戀的神話：③

從前有個頭目的女兒，經常往園裡工作、散步，有一次一頭雄赳赳的水鹿，深情脈脈的看著她，還送給她一副項鍊，公主也深陷入溫柔情網，每逢她想念水鹿，趕往園裡，水鹿總會心有靈犀似的趕到；不過，族人看到的則是遭踐踏的農田，辛苦成果無法回收，紛紛要求頭目派勇士埋伏捕取。

頭目派出勇士埋伏守候一週，公主為了保護水鹿，機靈的等勇士無功而返時，才趕往相見訴衷情，族人則更憤怒農田繼續遭踐踏，強烈要求勇士日夜埋伏。

事隔數日，不耐相思之苦的水鹿仍帶來項鍊冒險出現了，但也隨即被勇士射殺身亡。

　　公主雖然很傷心，但嘴裡不敢講，只央求著在族人
分屍煮食享用時務必留下水鹿的頭。

　　公主看著心愛的水鹿，覺得自己的生命無望，想著
就將身體撲在鹿角上身亡，而族人在百思不得其解時，
發現公主有很多項鍊，和水鹿所繫的項鍊一模一樣，這
才發現這段戀情。

本則傳說故事情節要述如下：

一、頭目的公主經常往園裡工作、散步。

二、一頭雄赳赳的水鹿，深情脈脈的看著公主，並且送給公
　　主一副項鍊，公主也深陷入溫柔的情網。

三、公主與水鹿經常心有靈犀的相會。

四、公主與水鹿相會，族人的農田遭踐踏，辛苦耕作，結果
　　收成不豐。

五、族裡的勇士強烈要求頭目派人日夜埋伏農地。

六、公主仍然利用勇士們狩候空檔之餘，趕往田園與鹿相見
　　訴衷情。

七、有一日，「不耐相思之苦的水鹿仍帶來項鍊冒險出現
　　了，但也隨即被勇士射殺身亡」。

八、族人把鹿帶回家分屍煮食享用的時候，公主突然將身體
　　撲在鹿角上身亡。

九、族人「發現公主有很多項鍊，和水鹿所繫的項鍊一模一
　　樣，這才發現這段戀情」。

曾建次〈卑南族歷史與傳說〉亦有一段載卑南族「神鹿與美
女」：④

　　在「建和」流傳著一個「神鹿與美女」的愛情故
事。描寫一個女孩將她與鹿的戀情告知了父親，但父親
卻不以為意。

有一天，來到田間工作，發現農作物全被一隻鹿踐踏，於是將牠射殺後帶回家。

女兒看了一驚，傷心欲絕，決定與牠一起離開人間。至今，建和仍珍惜這個故事，於是就在村口建了「神鹿與美女」的雕像，當做部落的精神圖騰。

「建和」村「神鹿與美女」的愛情故事，雖然是悲劇下場，但是建和村的村民至今對於「神鹿與美女」的愛情故事仍然眷戀不忘，還在村口建了「神鹿與美女」的雕像，當做部落的精神圖騰。

從本則傳說故事來看，建和村的村民對於與神鹿發生愛情關係的美女，族人們都抱以無限的同情與憐憫的態度緬懷，眞是令人心酸與悲愴。

〈美少女爲公鹿殉情〉，《祖靈的腳步》，曾建次編譯：⑤

由於tusariyariyang地帶鹿多田沃，因此仍有不少tuku的後代留在那裏，從tuku起的第四代rawaraway有一位非常漂亮的女兒名叫samulikan。

有一天，這女孩到山上田裏去工作，正在工作時，從田邊草叢裏發出了「嘛」的聲音，samulikan一時不爲意，仍繼續做她的事。但那聲音不斷由草叢裏發出，令samulikan開始害怕。

當她有意放下工作返回家裏時，從草叢裏跳出一隻非常雄壯的山鹿，鹿角上還懸掛著好幾串的珠鍊。那頭鹿看到女孩長得那麼漂亮，想要與她成婚，女孩也喜歡那頭鹿。她欣賞了鹿角上的項鍊，然後把它從鹿角上取下，對鹿說：「你戴上這些項鍊是要來向我求婚嗎？」那頭鹿點點頭。女孩又說：「那……現在我們算是訂婚了！」那頭鹿高興地叫了一聲「嘛」，就把頭低下來讓

女孩觸摸牠的角，之後就轉身離開女孩回到草叢裏。

　　女孩回到家後對父母親說：「我現在有了一個喜歡的對象，將來我們要結婚。」接著又說：「我的對象是一頭鹿。爸爸，你去田裏工作時如果看到一頭鹿的話，那就是我的未婚夫，你會發現他的角相當漂亮！」

　　可是女孩的父母並沒有很留意女孩所說的話，他們只擔心田裏種的東西收成如何，因為近來田裡農作物常常受到踐踏，損失很大。

　　有一天，父親就上山躲在田邊的草叢裏，看看有什麼東西會來。他左等右等，終於看到來了一頭山鹿。他心裡想：「我們的田地常被踐踏，八成就是這頭鹿幹的好事吧！」這時他早忘了女兒對他所說的話，就用箭把鹿射殺了。

　　那頭鹿被打死後，父親把牠帶回家，很高興地將事情的經過告訴妻子和女兒。女兒看見死鹿，知道整個經過後傷心欲絕地痛哭不已，遂想自殺殉情。女孩於是對她父親說：「爸爸，我曾經跟你說過，如果你在我們的田裏看到一頭角長得很漂亮的鹿，那就是我未來的丈夫。你看看我戴的這項鍊，就是這頭鹿給我的。」接著又悲痛地說：「我要你不要傷他，你卻把牠打死了。」

　　女孩就要求她爸爸把鹿角放在門口，然後說：「爸爸，你把鹿角擺好，我上屋頂，讓我最後一次好好瞧瞧鹿角。」爸爸信以為真，便順著女兒的意思把鹿角放在門口。女孩上了屋頂後吩咐父親把鹿角放正，對準她的正前方。

　　待父親把角度調好後，女孩朝著鹿角往下跳去，就這樣「碰」地一聲鹿角刺穿胸口死了。

父母親悲慟之餘來到女兒房間查看有何物品作爲陪葬，赫然發現女兒的衣箱裡全是那頭鹿所給她的珠鍊。

本則傳說故事女孩與鹿情，事先女兒已經告知父親她與鹿的情緣，但是父親並沒有十分在意，也就是並沒有完全傾聽，因此，仍然對於女兒所說的話並不清楚。所以有一天父親就把女兒心愛的情夫在田裡射殺死了。女兒非常痛心，朝著鹿角刺穿胸部殉情而死。

《蕃族調查報告書》卑南族卑南社，佐山融吉著（1913），黃文新譯：⑥

從前有一個姑娘每日均到田中小屋過夜。他的父親一日到田地去發現有水鹿的腳跡，問女兒但女兒答不知。翌日再去看亦是如此。

到第三夜父親帶槍前往，將水鹿射死，女兒見此悲傷不已，就以腹撞鹿角而死。父親憐其情，將他們合葬。

本則傳說故事父親將水鹿射死，女兒悲傷遂以腹撞鹿角而死。父親憐其情，將女兒與鹿合葬。

貳、卑南族女與魚情傳說故事

《番族慣習調查報告書第二卷阿美族卑南族》載〈與魚結爲夫妻的故事〉：⑦

saremesim的女兒sernegneg，前往kanmaidang山，獲得稻與小米之種歸來。之後她常伺候父母並且勤於稼業，然而sernegneg之padekan（藤製的簍，裡面放必需品，懸於頭上）中，必放有自己的sadalan（藤製枕頭），且出入皆不離身，雙親只覺女兒奇怪，對此舉置之未理。

　　　　某次，sernegneg把padekan藏到屋內而前往耕地，其母為好奇心驅使而拿起該枕頭反覆細看，不覺得有何異常處，只發覺裡面有一條魚，時值用餐時刻，她便隨意把魚烤來吃。

　　　　sernegneg一如往常，日暮歸來後就急忙找尋padekan中的東西，母親知道女兒是在找魚，便告訴她魚已經成了午餐。

　　　　sernegneg聽到此消息後，就到炊鍋旁撿起魚骨，猛刺自己而亡。至此雙親始解其意，他們為女兒之死感到悲痛，並且仔細地將女兒的屍體和魚骨共同埋葬。

　　本則卑南族〈與魚結為夫妻的故事〉與其他的傳說故事，都是不正常的人獸關係的感情，在原住民各族群處理這類的故事，多是以「悲劇」收場，這是正面的教育意義。

　　本則傳說故事，父母親見女兒用魚骨自刺殉情，始知女與魚情，他們為自己的女兒之死感到非常的悲痛，因此就謹慎地將女兒的屍體和魚骨共同埋葬。

參、卑南族女與猴情傳說故事

《老人的話知本卑南族發展史中的傳說》（上），Alton Quack編，洪淑玲譯（1988）：⑧

　　　　遠古時期，月亮和太陽將孩子帶到世上，第一個是人類，再來是猴子、馬、鹿、魚、vaqerit鳥和一隻普通的鳥。……

　　　　由於當時只有猴子，人類只好與猴子結婚，生下了一個小男孩。男孩長大後，母親叫他送飯給父親，一連三天都沒見到人影，只看見一隻猴子啃地瓜，他便將猴子打死。母親驚訝告訴他猴子是他父親。……

本則傳說故事情節如下：

一、遠古時候，月亮和太陽將孩子帶到世上，第一個是人類
　　（女子），其次是猴子、馬、鹿、魚、vaqerit鳥和一隻普
　　通的鳥。

二、由於當時只有猴子和人類，只好人類的女子與猴子相
　　婚，他們生下了一個小男孩。

三、男孩漸漸長大，有一天，母親吩咐孩子送飯給父親，孩
　　子一連三天都沒見到人影，只看見一隻猴子啃著地瓜，
　　於是便將猴子打死了。

四、母親得知後，非常驚訝地告訴孩子說，此猴子正乃是汝
　　父親也。

【註釋】

① 黃智慧、許木柱主編《番族慣習調查報告書第二卷阿美族卑南族》，台灣總
　督府臨時台灣舊慣調查會，中央研究院民族學研究所編譯，2000.11。

② 陳千武譯述《台灣原住民的母語傳說》，台北，台原出版社，1995.5。

③ 張慧君〈卑南水鹿木雕完美詮釋台灣精神〉，中國時報，1998.8.12。

④ 曾建次〈卑南族歷史與傳說〉，載於行政院原住民委員會《第二屆全國原住
　民大專青年文化會議紀錄》，1999.8。

⑤ 曾建次編譯《祖靈的腳步》，台中，晨星出版社，1998.6。

⑥ 尹建中《台灣山胞各族傳統神話故事與傳說文獻編纂研究》，1994.4。

⑦ 同①。

⑧ 同⑥。

第二二章　卑南族性交口傳文學

〈卑南族歷史與傳說〉，曾建次：①

「知本」、「建和」、「泰安」、「利家」、「上
賓朗」、「初鹿」等部落，屬於石生支系。故事開始於
「蘭嶼」與「綠島」之中曾有的一塊版圖上。

一天，洪水淹沒了這塊土地，而當時存活下來的五
個人，飄洋過海到台灣東岸就在知本往南五公里處。⋯⋯

飄流過來的五個人，其中的一男一女，一個成了太
陽，一個成了月亮。其剩餘的三人，⋯⋯便沿著海岸一
直走到屏東的大武山。其中一個女人留在此地，因此有
人說她是排灣族人的祖先。至於另外一對兄妹，又回到
原來登岸的地方，然而為了繁衍後代便相結合了。

但最初生下的並非人類，而是螃蟹、魚、蝦及飛
鳥，⋯⋯太陽又說了，由於他們是兄妹，因此結合時不
得面對面，必須以一塊木板相隔。再一次，他們又生出
了一堆石頭，有著不同的顏色，白的生出了白種人，黃
的生出了黃種人，而我們祖先是從黑石頭裡蹦出來的。

然而最初生下的人類，像個異形人。因為眼睛並非
長在臉上，而是長在膝蓋上。因此有人提議，將一個眼
睛放在臉上，另一個放在背後。但發現一天下來，還是
在原地打轉，不能向前，亦不能向後，直到最後才演變
至今天的模樣。⋯⋯

本則傳說故事敘述遠古時代因為洪水氾濫，大地已無其他人
類，不得已兄妹只好再創世婚，但是兄妹婚是不被允許的。

因此兄妹為了傳衍人類不得不交媾，所以太陽指示他們說：
由於你們是兄妹，因此結合時不得面對面，必須以一塊木板相
隔。這樣就可以解除禁忌了。

但是因為兄妹近親婚的關係，最初由石頭蹦出來的人，「像

個異形人，因爲眼睛並非長在臉上，而是長在膝蓋上。因此有人提議，將一個眼睛放在臉上，另一個放在背後。但發現一天下來，還是在原地打轉，不能向前，亦不能向後，直到最後才演變至今天的模樣」。

《老人的話知本卑南族發展史中的傳說》（上），Alton Quack 編，洪淑玲譯（1988）：②

　　遠古時代洪水淹沒了現在居住的地方，劫後餘生的五個兄弟姊妹，思索著生存之道，於是派遣一男一女到世界頂端成了月亮和太陽。

　　天漸明亮tavtav、paroaq及sokasokao便去找尋其他人類，一無所獲，只好回到revoaqan。

　　在太陽和月亮的指示下tavtav與paroaq便成了一對，……但兄妹作夫妻總是不好，太陽告訴他們在居處築道牆挖個小洞，想生育時再將陰莖塞入。……

本則傳說是遠古洪水侵襲氾濫大地後兄妹再創世的故事，故事謂「兄妹作夫妻總是不好」，因此太陽指示他們「在居處築道牆挖個小洞，想生育時再將陰莖塞入」。

《蕃族調查報告書》卑南族卑南社，佐山融吉著（1913），黃文新譯：③

　　從前有二個女人因要洗頭將竹筒盛滿水倒在頭上，不知何時捲頭布解脫變成腸子纏住婦人的腳，甚至要爬上身；另一婦人驚恐想要把它拿開，便拉住一端，但仍無法解脫，而另一端卻進入陰部，那時正有鳩在屋頂鳴「totototolu、akililla、nannalisurai」，未幾生下一子。……

這是一則很奇異的性交行爲，捲頭布解脫變成腸子，進入婦女陰部，不久就產下了一子。

【註釋】

① 曾建次〈卑南族歷史與傳說〉，載於行政院原住民委員會《第二屆全國原住民大專青年文化會議紀錄》，1999.8。
② 尹建中《台灣山胞各族傳統神話故事與傳說文獻編纂研究》，1994.4。
③ 同②。

第二二章

卑南族生殖器口傳文學

壹、卑南族女性生殖器傳說故事

《生蕃傳說集》，佐山融吉、大西吉壽著(1923)，余萬居譯：①

　　古時卑南社有一美女，名爲toko，雙親厭其utsi有牙，把她裝箱放流海上。箱子漂至panapanayan海邊，知本社青年sigasigao以檳榔及綠玉兩個爲供物，並將鐵屑投入海中，之後，從箱子裡把toko拖了出來，費盡苦心後，把她那裡的牙都磨掉，納爲己妻，生了rugado、murako、burigai三子。

　　大竹高社的傳說也雷同，只有女名爲rigagurau一事有異而已。

本則傳說故事情節要述如下：

一、卑南社有一美女，名爲toko。

二、toko的utsi（陰部）有牙，其父母厭之，遂將其裝入箱中放流於海上，任其漂流。

三、知本社青年sigasigao以檳榔及綠玉兩個爲供物，並將鐵屑投入海中，之後，從箱子裡把toko拖了出來。toko美女獲救。

四、toko美女的utsi（陰部）之牙被磨掉後，sigasigao將之納爲己妻。

五、這位有牙的美女險些喪生，獲救並且把女陰之牙拔除後，也生下了三個子女rugado、murako和burigai。

台灣總督府臨時台灣舊慣調查會《番族慣習調查報告書第二卷阿美族卑南族》載〈陰部長齒的婦人〉：②

　　從nunur所插的竹枝中生出來的始祖pagumalay夫妻，他們的玄孫中，有名爲pauras（男）、kabuyuan（女）的二人，此兄妹長大後結爲夫婦，生下八個子女，其中次女叫做kalikali。

　　kalikali長大後生下私生女dengeraw。dengeraw是世上罕見的美人，其聲名傳遍遠近，但是與她結婚的丈夫都早逝，相繼死了三個丈夫。

　　其母kalikali知道女兒有世人引以為恥的身體障礙，如果不想個辦法，總有一天會被世人知道而致蒙羞，於是心中暗自下了個決定。

　　她做了一個可以容納女兒大小的箱子，然後到babaturan西方的山上，採擷iteng（可夾在檳榔裡食用），另外再備妥檳榔和黏糕。

　　某日，她將女兒放入箱內，把那些備妥的黏糕、iteng及檳榔置於其旁，緊緊地加蓋後，又把接縫堵塞起來，然後放進卑南溪任其向南漂流。

　　此時其母又為了讓女兒得到幸運而召喚北風（他們認為人來自南方，因此人死後其靈將往赴南方祖靈之地，這可能意謂著他們的祖先是從南洋漂流到本地的人吧）。木箱漂流出海後因北風之故而南流，漂到了知本社海岸。

　　知本社族人paled在狩鹿的歸途，看見海上漂浮著很怪異的東西，以為是紅毛人發生船難後，他們的器具漂浮至此，所以決定先把箱子打開來看看。

　　他用肩上的矛把木箱拉近海灘，然而箱子非常堅牢，很難辨識箱蓋的開啟處，但他又不想打破，於是派人報告頭目，與頭目sigasigaw商量一番後，仍不知道裡面放的到底是什麼東西。

　　他們認為隨便用手碰觸或許會遭神罰，因而先放了一束小米桿做祈禱後，才把箱子拉至砂地（在拉上岸時，裡面發出kelkel的聲音，是故以後稱此地為

keruban，至今地名尚存）。

　　拉上岸的箱子其開啓處很不好找，但是頭目注意到接縫堵塞處，把刀插入接縫，終於打開了箱子。

　　令人驚訝的是，裡面竟然橫躺著一位驚世美人，正嬌然地望著他們。他們因事出意外而吃驚，稍過一會兒才詢問其名，她答道自己名爲dengeraw，又再問其名之由來，她回答此地名您們應早已知曉。

　　族人們昔時早聞有陰部長齒的女人，於是便直接詢她可否接受檢查。dengeraw感到羞恥而沒有馬上作答，稍候始首肯答應，他們立即檢查，亦覺得驚奇。

　　頭目命令壯丁取一支竹子來，將其插入陰門，但竹子一插入即被切斷。頭目詢問美人dengeraw是否願意除掉此齒，得到允諾後即用石頭打斷該齒，但試插入的竹子仍立刻被切碎。

　　再磨損該齒後讓狗去接觸，狗因莖皮剝脫而悲鳴不止；又再將齒片除去後讓壯丁試，結果壯丁久久不停止動作，頭目怒而砍斬了壯丁。

　　頭目命令用竹子造轎，把dengeraw抬到社民uradak家，勸主人rasiras娶她爲妻。

　　但是rasiras認爲她是頭目所救，不可與其結爲夫婦，因而未首肯。最後頭目sigasigaw就把她帶回家做妻子。

　　dengeraw與sigasigaw非常和睦，夫婦間生下aibuwan（男）、aunayan（男）、rasiras（女）（也稱爲rasian）這三個兒女。

　　當兒子長至十二、三歲時，母親dengeraw告訴他們：「我的生家有用朱漆畫花紋的日常用杓子、梭、盛飯及檳榔用簍，你們到babaturan去尋找庭院裡有一、兩

棵檳榔樹的房子，把那些東西拿回來，那裡正是我的生家。」

aibuwan、aunayan兄弟於是相偕出發抵達了母親所說的那房子，在拿到母親所指示的三樣物品正要走出屋外時，遭到該人家的責難。他們雖想置之不顧地離去，卻還是返回爬上庭院內的檳榔樹摘採檳榔。

此時，以前把dengeraw放在溪中漂流的祖母kalikali站出來，並問他們：「汝爲誰子？」兩子回答：「我等乃dengeraw之子。」

其祖母原本以爲dengeraw於昔日漂流至大海時早已死去，因而喜泣道：「汝等正是吾孫啊！」然而兩個小孩不解其意，正感掃興拂袖欲歸時，祖母kalikali加以攔阻，兩兄弟因而既驚且畏，丟下所採的檳榔，不顧祖母的叫喚及追奔，奔逃回家。

而當時所摘採的檳榔，後來成爲長在知本社的檳榔樹種子，至今慣例上所有的祈禱都要供奉檳榔，向aibuwan、aunayan兩神致謝：「此果實乃由昔日之aibuwan、aunayan二神所持歸，我等於茲供奉以表謝意，敬請嘉納」。

本則故事敘述古代有一位婦女「陰部有齒」，把「齒」打掉後，後來與知本社頭目結爲夫妻，並且生下三個子女，其兩個男孩aibuwan和aunayan，後來成爲了檳榔之神。

本則傳說故事情節要述如下：

一、從前有一位女子叫dengeraw，是世上罕見的美人。

二、dengeraw美人相繼與三個男子結婚，卻都死了。

三、原來dengeraw美人的陰部長有牙齒，所以與她結婚的男子都死了。

四、母親覺得女兒陰部長有牙齒是奇恥蒙羞的事，因此準備將女兒裝箱任其漂流海上，自生自滅。

五、母親將女兒裝入廂中，準備了一些黏糕、檳榔及iteng（可夾在檳榔裡食用）在廂內。放進卑南溪任其向南漂流。

六、箱子漂流到知本社海岸，知本社族人paled在狩鹿的歸途，發現海上漂浮著很怪異的箱子。

七、paled派人報告頭目，他們認為隨便用手碰觸或許會遭神罰，因而先放了一束小米桿做祈禱後，才把箱子拉至砂地。

八、把箱子打開後，裡面竟然橫躺著一位驚世美人。他們早已說過有陰部長牙齒的女人，最後他們把這位美女陰部的牙齒拔掉了。

九、最後頭目sigasigaw就把美女帶回家做妻子。生下aibuwan（男）、aunayan（男）、rasiras（女）（也稱為rasian）這三個兒女。

十、當兒子長至十二、三歲時，美女媽媽dengeraw告訴兒子：「我的生家有用朱漆畫花紋的日常用杓子、梭、盛飯及檳榔用簍，你們到babaturan去尋找庭院裡有一、兩棵檳榔樹的房子，把那些東西拿回來，那裡正是我的生家。」

十一、aibuwan、aunayan兄弟抵達了母親的家拿到美女媽媽指示的三樣物品，又爬上庭院內的檳榔樹摘採檳榔。

十二、孩子們的美女媽媽的母親，亦即孩子們的祖母kalikali站出來得知孩子正是其孫而喜泣。兩個小孩不解其意，正感掃興拂袖欲歸時，祖母kalikali加以攔阻，兩兄弟因而既驚且畏，丟下所採的檳榔，不顧祖母的叫喚及追奔，奔逃回家。

十三、而當時所摘採的檳榔，後來成為長在知本社的檳榔樹
　　　種子，至今慣例上所有的祈禱都要供奉檳榔，向
　　　aibuwan、aunayan兩神致謝。

〈不祥之女〉，《祖靈的腳步》，曾建次編譯：③

　　有一天，sihasihaw看到有個木箱在海上漂浮，他便帶著幾位年輕人準備把那木箱打撈上來，當年輕人們下海伸手去撈時，箱子卻越漂越往外海去。sihasihaw眼看年輕人無法撈上，就自己唸咒使木箱漂靠海灘，撈起打開之後，木箱竟躺著一位漂亮女孩。sihasihaw很納悶地詢問這女孩為何躺在木箱內漂流在海上？

　　原來這女孩名叫zazengraw，南王卑南族人，是被父母裝箱拋在卑南大溪流走的。倒不是因為她犯了什麼滔天大罪而用這種方式來懲罰她，那是因為她有個會鉗斷男人生殖器的陰戶，她曾嫁給幾位rarenges（據述故事者言rarenges是目前阿美族人先祖的一支系，其後代分布在池上線一帶），他們都在新婚之夜一命嗚呼。她的父母認為她是個不祥的人物，是會剋夫的女人，擔心有一天女孩這件事會被族人知道，不如趁早把她拋棄在河裡，否則消息傳出就無面見人。

　　這女孩把前因後果一一告訴了sihasihaw，sihasihaw看到這女孩面貌慈祥，自己又急著找人來照顧前妻所留下的三個孩子，於是對她說：「如果讓我診治妳可願意？」從她臉上的表情看得出來她很贊成。於是就把她帶回家。

　　sihasihaw很細心地照料她，替她把陰戶的齒物銼掉，然後首先讓狗來嘗試，結果狗的生殖器還是被鉗斷死了；第二次他用手指頭試，稍有一點壓力但不致有危

險；第三次則完全安全，於是sihasihaw納她為妾。這位
繼母把丈夫前妻的孩子撫育成人，自己也生了兩男一
女，大兒子是vasakalan，二兒子ruhasayaw，女兒叫
rarihin。

本則傳說故事敘述sihasihaw在海上打撈陰部有齒的女人，經
sihasihaw將齒物銼掉後納她為妾。Zazengraw不但撫養了sihasihaw
前妻的的兒女，自己也生了兩男一女。

《老人的話知本卑南族發展史中的傳說》（上），Alton Quack
編，洪淑玲譯（1988）：④

diangrao是sakalikali的女兒，當她還是女孩時，陰部
裡便長出了銳齒，後來與人結婚，一連三次均咬掉丈夫
的陰莖，他的父母覺得很羞恥，便將她裝在箱內，隨水
飄走，飄到了revoaqan，老sixasixao幫忙將其陰部牙齒拔
掉，並與之結婚，生下小孩vasakaran、roasajao及女兒
rarixin。

本則傳說故事敘述陰部有銳齒的女子被狠心的父母裝箱隨水
飄走，結果飄到了revoaqan，被老sixasixao救起，並且幫忙將其陰
部牙齒拔掉，又與之結婚，他們還生下了小孩vasakaran、roasajao
及女兒rarixin。

〈卑南社の祖先〉，《人類學雜誌》，森丑之助著（1916），
劉佳麗譯：⑤

在知本社南方海岸的banabavhiyan有一塊大石，據
說卑南社的祖先是由長在石上的竹子中產生出來。竹子
上節生出男子叫gomaraeru，下節生出女子叫gomuseru，
他們結為夫婦後，遷到puyuma，創立了卑南社。

到第三代時出現了一容貌豔麗的絕世美女
tadokurau，她嫁了好幾個丈夫，但丈夫都早死，探究原

因後才知其陰部長了牙，父母視爲莫大的羞恥，將她裝
在木箱裡偷偷丟於卑南溪。

後來漂到知本海岸爲同社族人拾獲救起，她將漂流
之因據實以告，引起同社族人sikasigao的惻隱之心，爲
她拔掉陰部的齒並與她白頭偕老，生下兩男兩女。……

本則傳說故事敘述卑南族「竹生」的第三代，出現了一位絕
世美女，但是因爲她的陰部有牙齒，因此嫁了好幾個丈夫都死了。
這位美女的父母親以女兒陰部有牙齒而引以爲恥，偷偷地把她裝箱
丟棄於卑南溪。上天疼惜無辜的人，漂到知本海岸終被救起，她俱
實以告她的身世情形，引起sikasigao的惻隱憐憫之心，替她拔掉了
陰部的牙齒，而且與她白頭偕老，他們生下了兩男兩女。

〈卑南族兩兄弟的傳說故事〉，《卑南族神話故事集錦》，陳
光榮、林豪勳：⑥

……話說有位女孩，名叫「卡利卡利」（kalykaly）
，沒有結婚就受孕於風，那女孩，因羞愧於見人，所以
想盡辦法遮掩她的肚子不被人知道。

後來與同夥到田裡工作時，總是將所生的孩子「拉
鹿高」（dadungaw）裝在工作籃裡，藏在草堆裡，經常藉
故方便，去探望孩子餵奶，日子久了，被同夥們知道
了，不但沒有取笑，大夥都幫她餵奶水給「拉鹿高」
（dadungaw），因而小女孩長的很快。

不多時，「拉鹿高」（dadungaw）已是婷婷玉立的
少女了，長的非常漂亮，其貌美難於形容，在村裡沒人
能比，很多村裡的青年喜歡她，但她卻只跟外族來往
（拉拉恩斯，現今卑南文化遺跡，已消失的民族），而不
跟自己的族人來往。屢次成婚沒幾天丈夫便死亡，接連
幾次都是如此。

　「拉鹿高」（dadungaw）的母親覺得奇怪，就在她女兒熟睡時，查看女兒的私處。竟然發現女兒的陰部長了牙齒，難怪丈夫都會死，是因爲媾合時，被其女私處咬斷而死的。

　母親「卡利卡利」（kalykaly），覺得可恥不已，就找人訂製了木箱，顧了幾名村裡的壯丁，將木箱帶到村子北邊的卑南大溪，把女兒放流到大海裡去。

　那只木箱，被風吹到南方的知本部落的海域時，正好被一群，正在海邊捕魚的知本青年所發現，大家爭先恐後的游過去，把那只木箱拖回來，但怎麼也拉不上岸。後來，知本部落的酋長也來了，就用酋長的長矛把木箱撬動時，從木箱裡傳出話，說：請不要把我拉上岸，請放流到海上吧！大家驚嚇地，趕忙把箱子打開來看，竟然裡面躺著，一個漂亮的美女。

　酋長盤問之後，才知道，她是傳說中的卑南美女。由於酋長的好奇心使然，砍了一根竹子，去測試傳說中的事，竟然一口就把竹子給咬斷了，酋長嚇的立刻跌倒，坐在地上發楞，久久不起。

　「拉鹿高」（dadungaw）姿色嬌美，酋長有意把她納娶回家，但又怕受害。問「拉鹿高」（dadungaw）可否願意嫁給酋長，而且打掉那可怕的牙齒。「拉鹿高」（dadungaw）都一一答應了。

　酋長將「拉鹿高」（dadungaw）帶回家以糯米酒將該女灌醉之後，才逐一將該女私處的牙齒敲掉，再用一隻狗來實驗，結果那隻狗還是立刻慘叫死亡。

　酋長又再次挖深一點，把牙齒敲乾淨之後，再找一位壯士來實驗，結果那位男士，不但沒事反而更是樂不

思蜀。酋長頓時吃醋，又恐那位壯士往後與「拉鹿高」（dadungaw）有所不軌，立刻拔刀殺死了那壯士。自此人們才開始有爭風吃醋之說。

知本酋長「西卡西高」（sygasygaw）與「拉鹿高」（dadungaw）成婚之後，生了四個孩子。第一個是男孩，名叫「奧那樣」（awnayan），第二個是男孩，名叫「儀布灣」（ibuwan），第三個是女孩，名叫「拉西拉斯」（rasyras），第四個是女孩，名叫「卡拉兒」，自小眼睛就瞎了，因長的美，所以依然結婚生子，有個兒子叫「卡拉畢特」（kalapyt），現在還有後代子孫在知本。

當「拉鹿高」（dadungaw）的兩個男孩大約到了，要進入少年會所的年齡時，他們的母親「拉鹿高」（dadungaw）就告訴那兩兄弟，說：你們還有一位外祖母，在卑南部落裡，你們可以去玩玩，讓她認認你們，也讓她知道，以為已經死去了的女兒「拉鹿高」（dadungaw），如今，還活在人間。

在當地，只有你們外祖母家門前有棵檳榔樹，其他就沒有第二家有檳榔樹了，母親「拉鹿高」（dadungaw）還囑附他們說：如果你們的外祖母給你們水喝，如果不是我所使用過的那個，你們不要接受。一定要是我所使用的，你們才可以接過來用。還有，你們外祖母留你們吃飯時，也必須是我所使用過的湯匙，你們才可以接受，否則就不要吃飯。母親「拉鹿高」（dadungaw）又再三的告訴他們說：如果你們外祖母要跟你們回家，千萬不可帶回家。

沒幾天，那二位小兄弟到卑南部落，去探望外婆的家，到了卑南部落，就依照母親所描述的去尋找，果真

找到了那地方。兩位小兄弟就故意進去討水喝。

　　有一位老太婆出來，用水瓢盛水，給那兩位小兄弟喝，但那不是母親所說的那個，所以要求再換一個，直到拿出母親所描述的容器後，他們才接受喝水。外婆留他們吃飯時，也是如此。

　　「拉鹿高」（dadungaw）的母親「卡利卡利」（kalykaly）已經可以確定，自己的女兒還活著，而這二位一定是「拉鹿高」（dadungaw）的孩子。

　　「卡利卡利」（kalykaly）要求他們說：要跟他們一起到知本部落去，但那兩小兄弟怎麼也不肯。那兩位小兄弟為了避開外婆，就故意迂迴兜圈子，從海邊走，到了「馬當」（今之台東市豐里里）時，「拉鹿高」（dadungaw）的母親「卡利卡利」（kalykaly），因為累了，歇腳休息，且拿出檳榔袋嚼檳榔，因眼看那兩位小兄弟就要不見了，慌張之餘，將裝石灰的小容器掉落在草叢裡，在尋找容器之後，也跟丟了那兩兄弟。……

本則傳說故事情節要述如下：

一、女孩「卡利卡利」（kalykaly）「感風而孕」。

二、「卡利卡利」（kalykaly）長大後是一位美女。

三、「卡利卡利」（kalykaly）屢次成婚沒幾天丈夫便死亡，
　　接連幾次都是如此。

四、「卡利卡利」（kalykaly）的母親發現其女陰有牙齒，難
　　怪其丈夫因為媾合時，被其女私處咬斷而死的。

五、「拉鹿高」（dadungaw）的母親「卡利卡利」（kalykaly）
　　，因為女兒女陰有牙齒，覺得可恥不已，就找人訂製了
　　木箱，顧了幾名村裡的壯丁，將木箱帶到村子北邊的卑
　　南大溪，把女兒放流到大海裡去。

六、裝著「拉鹿高」（dadungaw）的木箱，被風吹到南方的知
　　本部落的海域時，被一群正在海邊捕魚的知本青年所發
　　現，大家爭先恐後的游過去，把那只木箱拖回來。

七、知本部落的酋長用長矛把木箱撬起，箱子裡竟然躺著一
　　個漂亮的美女。

八、知本部落的酋長有意把姿色嬌美的「拉鹿高」（dadungaw）
　　納娶回家。

九、酋長將「拉鹿高」（dadungaw）帶回家以糯米酒將該女灌
　　醉之後，才逐一將該女私處的牙齒敲掉。

十、最後美麗的「拉鹿高」（dadungaw）嫁給了知本部落的酋
　　長「西卡西高」（sygasygaw），他們生下了四位男女小孩。

十一、「拉鹿高」（dadungaw）的兩位男孩，逐漸長大，要進
　　　入少年會所的年齡時，他們的母親「拉鹿高」
　　　（dadungaw）就告訴那兩兄弟，說：你們還有一位外
　　　祖母，在卑南部落裡，你們可以去玩玩，讓她認認你
　　　們，也讓她知道，以為已經死去了的女兒「拉鹿高」
　　　（dadungaw），如今，還活在人間。

十二、「拉鹿高」（dadungaw）的母親終於知道，當年被裝箱
　　　放水流的女兒如今還活在世上。

十三、「拉鹿高」（dadungaw）的母親欲跟隨小孫子到知本
　　　去，卻在半路上追丟了。

貳、卑南族男性生殖器傳說故事

林道生編著《原住民神話故事全集（二）》，載卑南社〈阿米
利米利康的mitas〉：⑦

　　　　從前，有一個叫阿米利米利康（amilimiligan）的
人，他有一根非常長的mitas（生殖器）。

　　有一次，他到河裡去洗澡，遠方也正有婦女們在沐浴，阿米利米利康在水中解下他的mitas從水中一直潛伸到婦女那邊去騷擾她們，把婦女們驚嚇得大叫。

　　阿米利米利康走路時，總是把mitas捲掛在肩膀上。

　　後來，人們由於阿米利米利康之經常嚇唬婦女，而也想嚇唬他來報復。大家就在阿米利米利康家門前的路上撒了許多植物的尖刺，然後齊聲大叫，阿米利米利康不知道發生了什麼事便從屋子裡衝了出來，來不及把mitas捲在肩膀地拖在地上，結果mitas刺到許多尖刺，痛得「哇啦！哇啦！」叫。

　　等到看清楚也沒有什麼事發生，只是大家的惡作劇才進入屋內，把mitas的尖刺一支支拔出來丟入空酒壺內用蓋子蓋起來。

　　過了些時日，阿米利米利康邀請大家到家裡喝酒作樂。當大家都圍坐來，阿米利米利康打開酒壺的蓋子要為大家倒酒，這時一群熊蜂、虎頭蜂、蜜蜂從裡面飛了出來，見人就猛刺，大家被嚇得趕緊逃回家，蜜蜂們也飛追出屋外，從此部落裡便有了許多熊蜂、虎頭蜂、蜜蜂。

本則傳說故事情節要述如下：

一、有一位叫做阿米利米利康的人，他有一根非常長的生殖器，平常總是把生殖器捲掛在肩膀上。

二、有一次，阿米利米利康河裡去洗澡，遠方也正有婦女們在沐浴，阿米利米利康在水中解下他的生殖器從水中一直潛伸到婦女那邊去騷擾她們，婦女們都驚嚇得大叫。

三、有一次，婦女們要報復阿米利米利康，在其家門前的路上撒了許多植物的尖刺，然後齊聲大叫，阿米利米利康

　　來不及把生殖器捲在肩膀上就拖著衝出來，結果生殖器
　　刺到許多尖刺。

四、阿米利米利康把生殖器的尖刺一支支拔出來放入空酒壺
　　內用蓋子蓋起來。

五、過了一段時間，阿米利米利康邀請大家到家裡喝酒作
　　樂。當大家都圍坐來，阿米利米利康打開酒壺的蓋子，
　　一群熊蜂、虎頭蜂、蜜蜂從裡面飛了出來，見人猛刺，
　　大家被嚇得趕緊逃回家，蜜蜂們也飛追出屋外。

六、據說從這時候開始，部落裡便有了許多熊蜂、虎頭蜂和
　　蜜蜂。

《蕃族調查報告書》卑南族卑南社，佐山融吉著（1913），黃
文新譯：⑧

　　　古時知本社有一婦人，有一日，在庭院採棉時，有
　　人在其旁開籠，從籠中有男根飛出鑽入婦人下身，不久
　　之後生下二子。

　　　有一日，母親叫小孩去集會所叫父親回來，小孩到
　　了那卻未見其人，只見一條男根在茅上滾轉，小孩回家
　　把看到的情形告訴母親，母親說那就是你們的父親。

　　　於是小孩又去集會所叫父親回來，當時母親正在庭
　　院中掘穴，其父一過來就跳入穴中，母親從上面灌以熱
　　湯，那條男根就變成了老鼠。

本則傳說故事情節要述：

一、知本社有一婦人，有一日，在庭院採棉。

二、有人開籠，從籠中有男根飛出鑽入在庭院採棉婦人的下
　　身。

三、這位被突如其來的男根鑽入下身的婦人，不久之後懷孕
　　產下了二子。

四、有一日，母親叫小孩去集會所叫父親回來，母親偷偷在
　　庭院中掘穴，男根一過來就跳入穴中，母親從上面灌以
　　熱湯，那條男根就變成了老鼠。

【註釋】

① 尹建中《台灣山胞各族傳統神話故事與傳說文獻編纂研究》，1994.4。

② 黃智慧、許木柱主編《番族慣習調查報告書第二卷阿美族卑南族》，台灣總
　督府臨時台灣舊慣調查會，中央研究院民族學研究所編譯，2000.11。

③ 曾建次編譯《祖靈的腳步》，台中，晨星出版社，1998.6。

④ 同①。

⑤ 同①。

⑥ 林豪勳、陳光榮著《卑南族神話故事集錦》，台東縣立文化中心，1996.7。

⑦ 林道生編著《原住民神話故事全集（二）》，台北，漢藝色研文化事業有限
　公司，2002.1。

⑧ 同①。

第二三章　卑南族神罰與賞善口傳文學

壹、卑南族殺父變成瘸子傳說故事

古時候，有兩兄弟建築屋舍，他們不希望人家進入工地，便向大家宣布說：「閒人等勿進，否則殺無赦」。

有一天，他們的父親想要去看兩個孩子屋舍建築得如何了？兩兄弟不知來者何人？便把他打死了，走近看清楚才知道是父親。

他們闖下了大禍，殺死了自己的父親，上天非常震怒，使弟弟變成瘸子，他的腳不能夠伸直，讓他走路非常不方便，他們怎麼請巫醫也治不好。……

本則傳說故事是兩兄弟建築房屋而誤殺了父親，上天非常震怒，使弟弟變成了瘸子，如何請求巫醫都無法醫治。

〈卑南族兩兄弟的傳說故事〉，《卑南族神話故事集錦》，陳光榮、林豪勳：①

……話說有位女孩，名叫「卡利卡利」（kalykaly），沒有結婚就受孕於風，……總是將所生的孩子「拉鹿高」（dadungaw）裝在工作籃裡，藏在草堆裡，……不多時，「拉鹿高」（dadungaw）已是婷婷玉立的少女了，……履次成婚沒幾天丈夫便死亡，……

「拉鹿高」（dadungaw）的母親……竟然發現女兒的陰部長了牙齒，……就找人訂製了木箱，……把女兒放流到大海裡去。

那只木箱，……正在海邊捕魚的知本青年所發現，……首長有意把她納娶回家，……逐一將該女私處的牙齒敲掉，……成婚之後，生了四個孩子。……

當「拉鹿高」（dadungaw）的兩個男孩大約到了，要進入少年會所的年齡時，他們的母親「拉鹿高」（dadungaw）

就告訴那兩兄弟，說：你們還有一位外祖母，在卑南部落裡，你們可以去玩玩，讓她認認你們，……

不多久，兩兄弟再度去探訪外婆時，其大妹「拉西拉斯」吵著要跟去，但兩位哥哥嫌她妹妹腳程太慢，怕會耽擱回家會太晚，為了讓妹妹知難而退，兩兄弟就加快腳程，好讓她跟不上就回頭，但其妹「拉西拉斯」（rasyras）依然尾隨在後，不回頭，在中途就迷失了。……

話說那兩兄弟自卑南部落回來之後，其父親「西卡西高」（sygasygaw）沒見到大女兒「拉西拉斯」（rasyras）跟他們一起回來。質問那兩兄弟，他們才知事情不妙，立刻就回頭循線跟蹤大妹的腳印去尋找，在中途發現其妹「拉西拉斯」（rasyras）的腳印，並沒有往卑南部落的方向走，而是往海邊走。

到了「母日那烏難」（murnaunan）的地名之後腳印就往大池塘方向走，到了大池塘邊，發現大石頭上放著「拉西拉斯（rasyras）所穿的衣服。

他們認為大妹「拉西拉斯」（rasyras）可能來玩過水，就繼續在池塘周圍找尋時，竟然發現有大蛇從水中上來的痕跡，痕跡相當的大。

兩兄弟懷疑其大妹在玩水時，被大蛇吃了。他們跟著大蛇的痕跡走，大蛇是進入了山下的大洞裡。

他們為了要確定，大妹是否被大蛇吃了，決定殺死那條大蛇來查看。想好應對的方法之後，把刀磨利成可以砍斷石頭，由弟弟「儀布灣」（ibuwan）用長長的竹子去捅蛇洞，由哥哥「奧那樣」（awnayan）持刀殺蛇，但當蛇頭伸出洞口時，因為那條蛇太粗大了，嚇壞了哥哥「奧那樣」（awnayan），而下不了手。

　　其弟弟「儀布灣」（ibuwan）趕緊接過哥哥手上的刀，砍殺了那條大蛇。當砍到大蛇的腹部時，一聲「鏗鏘」的聲音，從大蛇腹中掉了個硬的東西出來，一眼就看出那是妹妹「拉西拉斯」（rasyras）所戴的手鐲。

　　兩兄弟所殺的蛇，是一隻百年老蛇，因蛇身有濃毒，所以將它埋在較荒蕪的岩灣附近，也因而埋蛇地點的草木都枯萎。因此族人不讓那兩兄弟進入部落。自此族人非常忌諱殺老蛇。

　　兩兄弟被拒在村外後，只好流浪在野外。有位族裡長老，見他們長久露宿野外不是辦法，就建議他們搭蓋高腳屋。就是今日少年會館的始祖(takuban)。兩兄弟看上了今日地名郡界附近叫(bulabulak)的地方，房子是依照鳥占的指示，搭蓋方式及式樣至今沒有多大的改變。

　　兩兄弟搭蓋的房子接近完成時，放話到部落裡，也放話到知本部落說：搭蓋的房子即將完成了，任何人都不得接近那房子的周圍。這話也傳到了他父親耳裡，其父親「西卡斯高」（sygasygaw）覺得納悶，他們到底蓋了什麼房子，這麼神祕詭異，難不成連身為他父親的我也不能去看嗎？於是「西卡斯高」（sygasygaw）戴上酋長的頭冠，沿著海邊去探望那兩個孩子。

　　快到該處（bulabuluk）時，兩兄弟發現不遠處有太陽反射的閃爍光，他們注視之後，才知道那是他們的父親。他們對父親的硬闖，感到非常的生氣，事先話已說出了，一言既出駟馬難追，出爾反爾有違諾言。哥哥「奧那樣」（awnayan）拿起弓箭跳下屋，就對準父親準備射箭，但始終下不了手。弟弟「儀布灣」（ibuwan）搶下弓箭，一箭就射中了父親，就以父親的血做為祭品，塗

在新蓋的房屋上。這也就是卑南族少年組織中，軍令不
可違及少者比長者強悍的由來。「儀布灣」（ibuwan）因
弒父遭天譴責，使一腳不良於行動。……

本則傳說故事敘述：有一對兄弟因為大蛇吃掉了他們的妹
妹，因此他們報仇殺死了那條巨蛇，但是殺蛇在族人是非常忌諱
的，因此族人拒絕他們進入村社，他們就在郡界附近叫bulabulak
的地方依照鳥占的指示，搭蓋房屋。

兩兄弟搭蓋的房子接近完成時，宣布任何人都不得接近那房
子的周圍。他們的父親還是硬闖來了，兩兄弟非常生氣，但是哥
哥手持弓箭卻遲遲下不了手，弟弟就搶下弓箭，一箭就射中了父
親，就以父親的血做為祭品，塗在新蓋的房屋上。

不過，弟弟「儀布灣」ibuwan，因為弒父遭受到天的譴責，
使他的一腳變成跛腳而不良於行動。

貳、卑南族狠心後母變成老鼠傳說故事

卑南族有一則狠心的媽媽變成老鼠的故事：

　　從前有一位叫「哈古」的小孩，他的媽媽生病死
了，爸爸再娶了後母。後母生下了弟弟「阿孟」。

　　「哈古」的後母不喜歡他，一直想要陷害他置於死
地。有一天，後母把一袋泡過熱水的花生交給「哈古」
，騙他說：「泡過熱水的花生，種植後會長得比較快，
發芽後你就可以下山了」。

　　「哈古」的後母又把一袋沒有泡過水的花生交給弟
弟「阿孟」，叮嚀種完發芽後早一點回家。

　　在出發上山的途中，好心的「哈古」拿出他的花
生，對弟弟說：「哥哥的花生泡過熱水，很快就會長出
嫩芽，你就可以早點回家了」。

　　他們交換了之後，就各自前往不同的山田去種植花生。但是弟弟永遠也回不來了，因為泡過熱水的花生怎麼可能長出芽來呢！

　　當父親知道後母的壞心眼之後，非常震怒，後母無地自容，非常羞愧，變成了一隻老鼠。

本則傳說故事情節要述如下：

一、「哈古」的媽媽生病死了，爸爸再娶了後母。後母生下了弟弟「阿孟」。

二、後母不喜歡丈夫前妻生下的「哈古」，一直想要陷害他置於死地。

三、有一天，後母把一袋泡過熱水的花生交給「哈古」，騙他說：「泡過熱水的花生，種植後會長得比較快，發芽後你就可以下山了」。

四、「哈古」的後母又把一袋沒有泡過水的花生交給弟弟「阿孟」，叮嚀種完發芽後早一點回家。

五、兩兄弟一起出發到山上種花生，途中，好心的哥哥「哈古」拿出他的花生與弟弟交換，對弟弟說：媽媽說花生泡過熱水，很快就會長出嫩芽，你就可以早點回家了。

六、兩兄弟各自前往不同的山田去種植花生。但是弟弟永遠也回不來了，因為泡過熱水的花生怎麼可能長出芽來呢！

七、丈夫知道後母的壞心眼之後，非常震怒，後母無地自容，非常羞愧，變成了一隻老鼠。

參、卑南族遺棄祖父遭報應傳說故事

《老人的話知本卑南族發展史中的傳說》（上），Alton Quack 編，洪淑玲譯（1988）：②

老lexlex從sizaizaia地區的mareoleps遷出，背著他的祖父往zengean，可是愈背覺得負擔愈重，只好將老人放置於樹洞中任他腐爛而死，自此他的子孫，那些piaover人（排灣），遭受報應一直有疾病纏身。……

本則傳說故事敘述背負老祖父認為是一種負擔，因此就把老人放置於樹洞中任他腐爛而死。從此以後，他的子孫，那些piaover人（排灣），遭受了「天」的報應，一直有著疾病纏著身心，生活當然就不愉快了。

肆、卑南族殺舅子生下視力不良女兒傳說故事

《老人的話知本卑南族發展史中的傳說》（上），Alton Quack編，洪淑玲譯（1988）：③

mavario家最早是源於sixasixao建立的。他的兩個兒子趁其不注意將alisao和palingez拿走，方能遷移至kazekalan，老人kazanglaqan則待在mavario家和dolai，生下tanavas遷居tavoali，ranao與karimazao結婚，但karimazao卻殺了他的大舅子pisao，所以生下一視力不良的女兒kalalo。……

本則傳說故事敘說karimazao殺死了他的大舅子pisao，所以「上天」讓他生下了一個視力不良的女兒叫做kalalo。這個女兒何其不幸，父親的罪過卻嫁禍於她。

伍、卑南族賞善傳說故事

〈人變山羊的故事及其他——卑南族民間故事研究〉，《大陸雜誌》，金榮華（1989.5）：④

古時候有一個漂亮的女孩，她懷孕時遇到了大洪

水，大家都淹死了，只有她抓著蘆葦草得以活命。

　　因為她是一個很乖很聽話的女孩，所以她能存活，
人類就是靠她生下的孩子，才綿延不絕的。

本則傳說是洪水神話人類再創生的故事，本故事的情節要述
如下：

一、古時候有一個漂亮的女孩，她已經懷孕了。

二、有一天，發生洪水，大家都淹死了，只有她抓著蘆葦草
　　得以活命。

三、因為她是一個很乖很聽話的女孩，所以上天讓她存活。

四、後來人類得以繼續綿延不絕，就是靠她生下的孩子。

【註釋】

① 林豪勳、陳光榮著《卑南族神話故事集錦》，台東縣立文化中心，1996.7。

② 尹建中《台灣山胞各族傳統神話故事與傳說文獻編纂研究》，1994.4。

③ 同②。

④ 同②。

第二四章

卑南族器物口傳文學

壹、卑南族杵與臼傳說故事

曾建次《祖靈的腳步》載一則〈神奇的小米〉傳說故事：①

　　……傳說中只知道在對面的蘭嶼島，種有非常可口的米糧，……有棵榕樹樹根越過海洋，向東一直到蘭嶼，……有一次tala的妹妹ruviruvi和她的未婚夫沿這樹根過去到了蘭嶼，……就偷一些藏在身上準備帶回台灣。……經過幾次……終於想出一個好辦法，就是分別把小米種子藏在自己的私處，於是男的藏在包皮裏，女的藏在陰戶裏，這樣才得以夾帶成功。……當時的小米……只需煮一粒就夠一個人吃飽。……有個孕婦覺得一粒一粒剝過於耗事，就做了一枝杵和一個臼，將一把小米放在臼裏搗殼，接著又把搗好的小米通通放下鍋去煮。

　　結果因為米太多，煮的時候水滾得太厲害，全部溢出來，往海邊流去，以致在海邊形成了海浪。

本則傳說故事涉及到一位懶惰的孕婦，因為覺得小米一粒一粒撥殼而嫌麻煩，於是她發明了杵和臼。

本故事也涉及到「海浪」的形成，由於孕婦煮了太多的米粒，水滾得太厲害，全部溢出來，往海邊流去，以致在海邊形成了海浪。

貳、卑南族風箏傳說故事

〈祖母的咒詛〉，《台灣原住民族口傳文學選集》，林道生：②

　　從前在卑南社住著兩兄弟。他們經常在夜晚去鄰近阿美族的田裡偷摘甘蔗吃。……幾位守夜的阿美族人，一起衝了上去，捉到了偷甘蔗的弟弟，卻跑了哥哥。

　　他們把弟弟關在牢裡，……逃回家的哥哥為了救弟

弟，花了幾天時間做了一條很長的麻繩，又做了一隻大的紙鳶（風箏）。

　　然後帶著長繩子和紙鳶來到卑南溪的北岸，把自己綁在紙鳶上，……讓紙鳶隨風揚升到天空，飛到南岸的阿美族部落，繩子的另一頭綁在大石頭上以免紙鳶飛走了。

　　哥哥以弟弟為目標地引導紙鳶飄飛到弟弟的上方。弟弟看了紙鳶知道是哥哥要來救他而趕緊爬到牢頂。……他們飛到卑南溪的北岸，哥哥放下了弟弟。

本傳說故事是卑南族一則哥哥以風箏深入阿美族救走弟弟的傳說故事。從本故事來看，卑南族人很早就已經有了「風箏」。

《老人的話知本卑南族發展史中的傳說》（上），Alton Quack 編，洪淑玲譯（1988）：③

　　diangrao是sakalikali的女兒，當她還是女孩時，陰部裡便長出了蛀齒，後來與人結婚，一連三次均咬掉丈夫的陰莖，他的父母覺得很羞恥，便將她裝在箱內，隨水飄走，飄到了revoaqan，老sixasixao幫忙將其陰部牙齒拔掉，並與之結婚，生下小孩vasakaran、roasajao及女兒rarixin。

　　當vasakaran、roasajao長大時，母親便叫他們回到卑南去，看看她的父母與檳榔樹，並吩咐他們非銅製物品就不用，並帶上父母給她的圍裙以便相認。他們如是做了，又回到了家。

　　過一陣子他們又想去卑南，在途中他們到阿美人的甘蔗園偷吃東西，哥哥vasakaran被抓到，roasajao向爺爺rawaqan求救，結果用風箏將其救出。

　　兩兄弟便思量如何報復，他們便將天弄黑，製造大

地震，使得阿美人死得所剩無幾，所有的東西化爲灰燼。……

本則傳說故事vasakaran、roasajao兩兄弟是陰部有蛻齒的女人diangrao的兒子，長大後，他們又回到外祖父母的家。有一次，兩兄弟又想到外祖父母的家，在途中他們到阿美人的甘蔗園偷吃東西，哥哥被抓到，弟弟向爺爺求救，結果用風箏將哥哥救出。兩兄弟很生氣，便將天弄黑，製造大地震，使得阿美人死得所剩無幾，所有的東西化爲灰燼。

〈卑南社の祖先〉，《人類學雜誌》森丑之助著（1916），劉佳麗譯：④

在知本社南方海岸的banabavhiyan有一塊大石，據說卑南社的祖先是由長在石上的竹子中產生出來。竹子上節生出男子叫gomaraeru，下節生出女子叫gomuseru，他們結爲夫婦後，遷到puyuma，創立了卑南社。

到第三代時出現了一容貌豔麗的絕世美女tadokurau，她嫁了好幾個丈夫，但丈夫都早死，探究原因後才知其陰部長了牙，父母視爲莫大的羞恥，將她裝在木箱裡偷偷丟於卑南溪。

後來漂到知本海岸爲同社族人拾獲救起，她將漂流之因俱實以告，引起同社族人sikasigao的惻隱之心，爲她拔掉陰部的齒並與她白頭偕老，生下兩男兩女，次女嫁給知本社人，此時父母雙亡，其餘三名子女乃回到卑南社老鄉。

一天他們到卑南溪洗衣時，長女被大蛇吞歿，同行的兄弟當時不在身旁就先回家了，事後才知大蛇吃了姊姊回到猴仔山西方岩底的洞穴，乃帶了刀將大石一分爲二殺了大蛇，報了弒姊之仇。

　　　　族社的人忌諱不吉拒絕他們回到社裡，不得已只好
　　到距社北方約兩里的地方。後來，弟弟迫於饑餓偷了ami
　　族人的蕃薯而被捕。

　　　　哥哥為了救弟弟，作了一個大風箏，將線綁在加路
　　蘭附近海岸buraturatuto地的巨岩上，放風箏在猴仔山的
　　天空，弟弟一看到風箏上自己的衣服就攀上線，因而獲
　　救。……

　　　　他們為報被ami族人捉捕之仇，乃祈天發生地震，
　　結果也震死了同族的人，並發生火災，燒燬了家園。

　　　　據說僅留下一根柱子，如今已變成化石，在現今卑
　　南社北方的草原上，高約一丈寬五尺的石盤，而這兩兄
　　弟昇天後再也不曾回來。

本則傳說故事發生在卑南族「竹生」的第三代出現陰部有牙
齒的絕世美女的兩個兒子身上，兩兄弟因為姊姊被大蛇吃了，便
去把大蛇殺了，但是族人忌諱，不讓他們回到社裡，他們只好到
距社北方約兩里的地方。

有一次，因為弟弟迫於饑餓偷了ami族人的蕃薯而被捕。哥哥
作了一個大風箏，救起了弟弟。

他們為了要報復弟弟被ami族人捉捕之仇，於是祈天發生地
震，結果也震死了同族的人，並發生火災，燒燬了家園。據說當
時僅留下一根柱子，如今已經變成了化石，在現今卑南社北方的
草原上，高約一丈寬五尺的石盤。

〈卑南族兩兄弟的傳說故事〉，《卑南族神話故事集錦》，陳
光榮、林豪勳：⑤

　　　　……話說有位女孩，名叫「卡利卡利」（kalykaly）
　　，沒有結婚就受孕於風，……總是將所生的孩子「拉鹿
　　高」（dadungaw）裝在工作籃裡，藏在草堆裡，……不多

時，「拉鹿高」（dadungaw）已是婷婷玉立的少女了，……
……屢次成婚沒幾天丈夫便死亡，……

「拉鹿高」（dadungaw）的母親……竟然發現女兒的陰部長了牙齒，……就找人訂製了木箱，……把女兒放流到大海裡去。

那只木箱，……正在海邊捕魚的知本青年所發現，……酋長有意把她納娶回家，……逐一將該女私處的牙齒敲掉，……成婚之後，生了四個孩子。……

當「拉鹿高」（dadungaw）的兩個男孩大約到了，要進入少年會所的年齡時，……就告訴那兩兄弟，說：你們還有一位外祖母，在卑南部落裡，你們可以去玩玩，讓她認認你們，……

不多久，兩兄弟再度去探訪外婆時，其大妹「拉西拉斯」吵著要跟去，……兩兄弟就加快腳程，好讓她跟不上就回頭，但其妹「拉西拉斯」（rasyras）依然尾隨在後，不回頭，在中途就迷失了。……

兩兄弟懷疑其大妹在玩水時，被大蛇吃了。……兩兄弟所殺的蛇，是一隻百年老蛇，……因此族人不讓那兩兄弟進入部落。……

兩兄弟被拒在村外後，……兩兄弟看上了今日地名郡界附近叫（bulabulak）的地方，房子是依照鳥占的指示，搭蓋方式及式樣至今沒有多大的改變。……

話說那兩兄弟，經常到外族「raranges」的蔗園裡去偷甘蔗，主人發現蔗園中，不斷有枯黃的甘蔗。白天探究的結果，沒有任何可疑的地方，他們確定那是晚間造成的事。

異族人利用晚間守候，到了半夜，每當有甘蔗的斷

裂聲時，就有很奇怪的鳥叫聲出現，他們因不知爲何物，所以也不敢接近一探究竟。

白天他們用木灰撒在蔗園的周圍，看看到底是什麼東西。第二天查看的結果，確定是人的腳印。

第三天夜裡，等到怪叫聲再度出現時，就上前圍捕他們，因弟弟「儀布灣」（ibuwan）跛腳行動不便來不及逃，被raranges捉去關在地勢較容易囚禁的地方。後來族人取名該地爲「litung」，爲圍困之意。

raranges異族人爲了洩恨，將「儀布灣」（ibuwan）餵食各種昆蟲，如蜈蚣，蜥蜴，蛇等，一些可怕的東西。

其兄「奧那樣」（awnayan）一直苦無營救弟弟的對策，有一天突發奇想，想從空中營救，於是製造了巨大的風箏，把黃藤削成簧片裝在風箏上，被風吹動時，會發出巨大的「嗡嗡」聲。

其兄利用黑夜接近囚房，告知其弟，早上一大早他將駕風箏從空中來營救，要他準備好，之後丟給他一把刀以備不時之需。

第二天，天剛亮，就聽到風箏的簧片，在囚牢的上空「嗡嗡」作響。異族的婦女正在屋外杵米，聽到空中怪聲，各各都在抬頭觀望發悶，弟弟「儀布灣」（ibuwan）就說他大概知道那是什麼，只是在屋內看不清楚，要他們放他出來一點，異族婦女不疑有詐，就把「儀布灣」（ibuwan）放出了一點，也已夠「儀布灣」（ibuwan）脫逃。

等風箏第三次低空掃過時，「儀布灣」（ibuwan）跳上一把抓住風箏的尾巴，飛上了天，而異族婦女不停咒

罵那兩兄弟，其弟「儀布灣」（ibuwan）一怒之下，就將
插在腰上的刀子丟下來，正好剖開了一位懷胎婦女的肚
子。所以因此有了雙胞胎之說了。……

本則傳說故事敘述：兩兄弟為了要為妹妹報仇，殺死了一條
巨蛇，但是因為殺巨蛇為族人之忌諱，因此兩兄弟被拒在村外
後，於是他們自己搭建屋舍居住。

兩兄弟，經常到外族「raranges」的蔗園裡去偷甘蔗，弟弟
「儀布灣」（ibuwan）因為跛腳行動不便，不幸被raranges捉去關起
來囚禁。異族人為了洩恨，餵食「儀布灣」各種昆蟲，如蜈蚣、
蜥蜴、蛇等，一些可怕的東西。

哥哥則苦思營救弟弟的對策，就製造了巨大的風箏，把黃藤
削成簧片裝在風箏上，被風吹動時，會發出巨大的「嗡嗡」聲。
並且利用黑夜接近囚房，告知其弟，次日早上一大早他將駕風箏
從空中來營救。

第二天，天剛亮，就聽到風箏的簧片，在囚牢的上空「嗡嗡」
作響。異族的婦女紛紛抬頭觀望，當風箏低空掃過時，「儀布灣」
趁機跳上一把抓住風箏的尾巴，飛上了天，脫逃了。而異族婦女
不停咒罵那兩兄弟，其弟「儀布灣」（ibuwan）一怒之下，就將插
在腰上的刀子丟下來，正好剖開了一位懷胎婦女的肚子。所以因
此有了雙胞胎之說了。

〈放風箏救人〉，《祖靈的腳步》，曾建次編譯：⑥

有一年，哥哥vasakalan和弟弟ruhasayaw又到南王外
公外婆家去玩，半路上看到rarenges族所種的甘蔗，就商
量偷甘蔗吃。他們講好，若在折甘蔗時發現有人，便發
出「給！給給給！」的聲音，讓rarenges人以為是野獸或
老鼠在偷吃。

可是他們他們偷的實在太多了，rarenges人不免心生

懷疑，便在甘蔗田周圍灑上石灰，以便從足跡辨別偷甘蔗的到底是人還是野獸。結果他們終於被埋伏的rarenges人發現了，哥哥vasakalan就被rarenges人抓進村子關在豬舍裡，弟弟ruhasayaw則逃進了南王sapayan（石生族群先祖中的一位女性遷往南王社）家族的部落裡。

在那部落裡，ruhasayaw向一位老人請教搭救他哥哥的好辦法。他說：「我哥哥被人抓走了，我想救他，不知道有什麼比較好的辦法？」那老人說：「你最好做一個風箏，用一條長繩子讓它飛起來。」

ruhasayaw聽了便依老人所說去做了一個很大的風箏，又編了一條很長的繩子，然後再問老人：「風箏和繩子都做好了，現在我該怎麼救我哥哥呢？」

老人說：「首先，你趁著黑夜到關你哥哥的地方去告訴你哥哥，說你明天會將風箏放到他那兒去，要他抓住風箏尾巴。然後，隔天你把風箏放過去，等他抓住風箏後將他拉上來。還有記得要在風箏上加一串鈴璫。」

ruhasayaw照老人的話，當夜潛入關他哥的那個村子找到他哥哥，把救他的計畫告訴了他。第二天，ruhasayaw在風箏上加上了一串鈴璫把風箏放上天去，風箏在關他哥哥的那個村子上空忽高忽低飛著，鈴璫也不斷發出「鈴鈴鈴」的響聲。rarenges人都抬起頭來看這掛著漂亮鈴璫的大風箏，想抓住它。但是風箏忽高忽低，他們始終抓不到。這時候vasakalan對他們說：「請放我出去，讓我來抓，我一定抓得到。」於是rarenges人把vasakalan放了出來，讓他來抓風箏。

vasakalan等風箏飛低下一點時跳起來抓，差一點就抓到了風箏尾巴。因此他對周圍的rarenges人說：「請給

我一張椅子，我站在椅子上一定可以把鈴璫摘給你們。」rarenges人就給了他一張椅子，vasakalan站上椅子後，果然抓住了風箏尾巴。這時他又對rarenges人說：「再給我一把刀，讓我將鈴璫割下來。」聽vasakalan這麼說，真的就有人給他一把刀。

vasakalan剛接過刀，風箏便立刻將他拉上了天空。vasakalan在空中對rarenges人說：「我把刀子還給你們，你們接刀子吧！」說著便將刀子往地面拋去，地面人群沒有人敢去接，結果那把掉下來的刀就正好插在一名孕婦的肚子上，弄死了胎兒。從此以後，在rarenges部落若有胎兒在母腹死亡，都被認為是vasakalan在作祟。……

本則傳說故事與前面幾則傳說故事之不同是，前面幾則傳說都是說弟弟被抓到關起來，哥哥製作風箏營救弟弟；本則故事則恰好相反，本故事謂哥哥被俘虜，弟弟製作風箏營救哥哥。

【註釋】

① 曾建次編譯《祖靈的腳步》，台中，晨星出版社，1998.6。
② 林道生《台灣原住民族口傳文學選集》，花蓮縣立文化中心，1996.6。
③ 尹建中《台灣山胞各族傳統神話故事與傳說文獻編纂研究》，1994.4。
④ 同③。
⑤ 林豪勳、陳光榮著《卑南族神話故事集錦》，台東縣立文化中心，1996.7。
⑥ 同①。

第二五章

卑南族織布口傳文學

黃師樵〈卑南王的故事〉，《台北文獻》，載卑南族關於織布的故事：①

> 遠古時候卑南族有二個女孩，一個叫biyago，一個叫kudayiau，兩人是要好的朋友，一日她們拿東西去會所時，聽見鳥叫：「拿麻線織布，要打緊布及搖動線絖。」於是便依著鳥聲，去學織布，成為卑南族最早會織布之人。

> biyago及kudayiau兩人後來相約織布，過了幾天biyago覺得自己已經織好，而kudayiau則認為還沒好，但將織好的東西拿來比較，biyago只織了兩三件，而謙虛的kudayiau已經織好一大堆，兩人之名由此而來。因她們最早學會織布，而被推為卑南族的織布之神。

本則傳說故事情節要述如下：

一、有二個女孩，一個叫biyago，一個叫kudayiau，兩人是要好的朋友，是卑南族最早會織布之人。

二、她們學會織布是鳥的指示與教授，有一日，「她們拿東西去會所時，聽見鳥叫：拿麻線織布，要打緊布及搖動線絖」。她們便依著鳥聲，學會了織布的技藝。

三、biyago和kudayiau二個女孩被推為卑南族的織布之神，但是kudayiau比較謙虛。

台灣總督府臨時台灣舊慣調查會《番族慣習調查報告書》第二卷阿美族卑南族，載〈織布之源起〉：②

> 在panapanayan之地，由nunur所插之竹枝生出來的人masyusyu（成為dutur家之祖），與padungaw、pakuskus夫婦之女aliyade（paraapi、palabu的姊妹）結婚。masyusyu做出了織布機，其妻aliyade及rasiras家的女兒malay兩人皆初次紡麻，好不容易才織成了布。

　　takuban新建完成後，兩女即攀登其上（takuban亦出自masyusyu的創意，當時僅有patapang、kinutul、gamugamut三集會），面向西方織布三日，忌諱masyusyu前來（禁忌男子碰觸織布機），第三日夜晚，她們與takuban一同飛往liwaliwad（北絲龜派出所、北方山麓），又於第七日的半夜再歸返，織布直至破曉。

　　masyusyu因在前一夜聽到恐怖的聲音，同時takuban及兩女也消失無蹤，因此深信此必爲神蹟，正爲兩女哀悼服喪時，隨著一陣如強風掠過的聲響，又傳來織布聲，他覺得怪異便走出屋外探望，結果原本以爲死去的aliyade，正愉快地坐在takuban上織著布。

　　masyusyu大喜，脫去marelalibu（喪服），安心地在集會所過了一夜。翌日aliyade終日織布，但至半夜時又與takuban一起飛往東方，登上東方的高空，坐在近abaywan神處織布，將所織成的布丟到pasaraad家之屋頂上。

　　demaluway撿起布，被眾人推爲ragan（demaluway擅於祈神禱告且效驗顯著，據說其預言如神，因而社眾推爲ragan〔巫師〕），指揮社民從事稻穀、小米之播種及收穫（後世長老、頭目在祭典祈禱時，肩膀所披掛的labyt〔袈裟〕，即源自於demaluway披掛此織布）。

　　從此以後demaluway到了播種小米、稻穀的季節時即進行夢卜，如得吉夢即命pasaraad家（織布所掉落的家）之女兒，將要播的種子裝入小瓢內。

　　播種當日若砍伐樹木或割茅草，則所播之種將無法培育，因此禁之；隨後社民仿傚pasaraad家進行播種。

　　當時demaluway所拾得的織布成爲族人最初的織

布，balangatu、arasis之各家婦女學習織布，以後才產生織布技術。

　　後世奉aliyade、malay兩女爲織布之神，凡要織布時必先對此二神行祈禱。基於aliyade曾忌避丈夫masyusyu前來之往事，因而忌諱男子碰觸織布機。

　　〔附記〕aliyad所織的布至今尚在pasaraad家當作寶物保存著。除一定的祭祀以外，其他時候碰觸此布必死，是故平常絕對不從櫃中拿出來，並且嚴禁碰觸櫃子。據聞該布是以紅、藍、黃三色線織成，現在已腐蝕得相當嚴重，僅勉強保住原形。

本則傳說故事情節要述如下：

一、在panapanayan之地，從竹枝生出來的人masyusyu與aliyade結婚。

二、masyusyu做出了織布機。

三、masyusyu的妻子aliyade及malay兩人皆初次紡麻，好不容易才織成了布。

四、據說takuban（會所）也是出自masyusyu的創意。

五、takuban新建完成後，aliyade及malay兩女即攀登其上，面向西方織布三日。

六、aliyade織布的時候，忌諱丈夫masyusyu前來，禁忌男子碰觸織布機。

七、aliyade及malay兩女在takuban織布第三日夜晚，她們與takuban一同飛往liwaliwad，又於第七日的半夜再歸返，織布直至破曉。

八、masyusyu在前一夜曾經聽到一種恐怖的聲音，而takuban及兩女也消失無蹤，因此認爲此爲神蹟。

九、masyusyu正在爲兩女哀悼服喪，突然一陣強風掠過，傳

來織布的聲音，出外探望，aliyade正愉快地坐在takuban上織著布。

十、第二天，aliyade整天織布，但到了半夜，又與takuban一起飛往東方的高空，坐在近abaywan神處織布，將所織成的布丟到pasaraad家之屋頂上。

十一、擅於祈神禱告且效驗顯著，預言如神的巫師demaluway撿起布，自此demaluway當有祭典祈禱時，即披掛此織布（袈裟）。

十二、據說demaluway所拾得的織布是族人最初的織布。

十三、後來漸漸有許多婦女學習織布，織布技術也日臻精巧。

十四、後世的人則奉aliyade、malay兩女為織布之神，凡要織布時必先對此二神行祈禱。

十五、由於aliyade織布的時候，曾忌避丈夫masyusyu前來之往事，因而忌諱男子碰觸織布機。

【註釋】

① 尹建中《台灣山胞各族傳統神話故事與傳說文獻編纂研究》，1994.4。

② 黃智慧、許木柱主編《番族慣習調查報告書第二卷阿美族卑南族》，台灣總督府臨時台灣舊慣調查會，中央研究院民族學研究所編譯，2000.11。

第二六章

卑南族戰爭與出草口傳文學

壹、卑南族出草馘首之起源

《生蕃傳說集》，佐山融吉、大西吉壽著（1923），余萬居譯：①

　　古時，有一名叫mauir的ami族，每天晚上都要到卑
南社砍取小孩的頭，社人便設陷阱抓mauir，終於抓到，
砍下其頭，是獵頭之始。

　　本則傳說故事謂因為有一名叫做mauir的ami族，每天晚上都
要到卑南社砍取小孩的頭，於是族人們便設置陷阱捕抓常來獵殺
小孩砍取首級的mauir，最後終於抓到了mauir，族人亦砍下mauir
頭，於是也興起了獵頭之開端。

　　卑南族人認為獵首與小米有關：②

　　卑南族出草一定與小米有關，在種小米之前必須獵
到一個人頭回來。因為曾經發生種小米時，整個部落的
人正在工作，卻遭受其他部族的攻擊。從此之後，部落
有了警覺，在種小米時，只有女人可以耕種，男人必須
固守崗位，保護整個部落。

　　本則傳說故事情節要述如下：

一、本故事認為卑南族出草與小米有一定的關聯。

二、族人在種小米之前必須獵到一個人頭回來。亦即卑南族
　　出草之時機是在播種小米之前。也就是說出草的動機是
　　為了要播種小米。

三、卑南族人播種小米之前必須獵到一個人頭回來，是「因
　　為曾經發生種小米時，整個部落的人正在工作，卻遭受
　　其他部族的攻擊」，因此後來才有播種小米之前必須獵
　　到一個人頭之習俗，這可能具有恐嚇之作用與意義。

四、古代卑南族人從事農耕，尤其是播種小米，只有女人下
　　田從事耕種，男人則固守崗位，保護整個部落之安全。

貳、卑南族與同族之出草與戰爭

《老人的話知本卑南族發展史中的傳說》（上），Alton　Quack
編，洪淑玲譯（1988）：③

　　在知本人居住在kazekalan時，因卑南人沒有交付獵
物，而跑去卑南協商，但卻引起凶烈的爭吵，知本人只
好離開。

　　遽料卑南人放竹棒埋伏使知本人跌倒，並砍下他們
的頭，雖然沒當場殺酋長，卻帶他到卑南一刀刀的砍他
的肉，當割下胸肉，酋長就死了。

　　此時知本的戰士paroxrox（pangorian和pazok的兒
子），亦商討著對策，決定去卑南復仇。

　　到卑南時，當時田裡有四個女孩在工作，他們先看
到一堆糞便，覺得糞便很美，心想留下糞便之人應該更
美。

　　paroxrox便一人獨自去探看，看到了一群人，其中
有一絕色佳人loxawan；於是paroxrox摘下了qepeng草，
走過去送給他們，他們便用草將牙齒塗黑。

　　那群戰士見paroxrox去那麼久，也過去探看，發現
了那群女孩。那群女孩說：「我們將牙齒塗黑，則我們
無罪。」於是他們就沒有殺那群工作的女孩，而paroxrox
則娶了loxawan，入了sapajan家。

按古代卑南社是臣屬於知本社的，所以必須納貢於知本社，
但是卑南社人沒有交付獵物，知本人前去卑南社交涉，卻引起凶
烈的爭吵，知本人只好離開。又卑南人在路上埋伏砍下知本人的
頭，更把酋長帶回卑南一刀刀砍至死。

　　知本的戰士paroxrox決定去卑南復仇，當時田裡有四個女孩在
工作，其中有一絕色佳人loxawan；於是paroxrox摘下了qepeng草，

走過去送給他們，他們便用草將牙齒塗黑。於是他們就沒有殺那群工作的女孩，而paroxrox則娶了loxawan，入了sapajan家。

〈爲貢品慘遭殲滅〉，《祖靈的腳步》，曾建次編譯：④

　　在當時若有誰不納貢品，必被知本人催繳。對此，南王部落的青年心中一直不以爲然；雖然長老一輩還是遵守規定按時納貢，但搬運貢品的差事仍需由年輕人負責送達知本屯落。有一年各族各部落的貢品都已送齊，唯獨南王部落的貢品遲遲未送達，於是知本的年輕人組隊前往南王部落欲探究竟。

　　他們一入村即詢問長老群爲何今年不送貢品，長老直言此事由青年人負責。知本青年心想事有蹊蹺，於是趕到青年會所，向南王青年興師問罪。此時南王青年早有防備，兩邊青年話不投機立時爭鬥了起來。知本青年寡不敵眾，衝出門外向南奔逃，直到南王部落南邊的小徑上。由於對路況環境不熟悉，青年們一時心急，竟陷入南王人早已鋪設好的圓竹筒道上，逃奔者個個踩上圓竹筒而滑倒。日後便將該處名爲duludalusan。（duludalusan指現在卑南地區過去卑南鄉公所之對面往南邊道路）

　　留守在那裏的南王青年，立刻上前逐一砍下滑倒的知本青年的頭顱，唯獨留下帶隊者回會所百般羞辱，從他身上割下一塊肉說：「瞧！這是你們的貢品。」當割下他的乳頭時，那位知本青年隊長便即闔眼斃命。這一趟知本青年可謂全軍覆沒，而這慘烈的結果帶給做爲盟主的知本一記當頭棒喝，知本青年個個很不服氣，遂再次組隊，由paruhuruh領軍，準備前往南王報仇。

　　南王部落因爲不繳納貢品給知本部落，知本部落青

年來催討，結果慘遭殲滅，這時候也正是南王部落發展武力與勢力的時候，拒絕受制於知本部落。

參、卑南族與阿美族之出草與戰爭

《老人的話知本卑南族發展史中的傳說》（上），Alton Quack 編，洪淑玲譯（1988）：⑤

　　tiptipan和aporo是一夫妻，生下了兩個小孩，並找了一個男孩照顧，當孩子們長大，tiptipan與男孩日久生情有了關係，而且懷了孕。

　　aporo不甘受辱，便帶著大兒子向北方，一直到阿美人的村落，阿美人將他殺死並取下他的首級，掛在舞場的中央，圍起頭起舞。

　　知本的ngiliu和karapiat及南王的loai便出發尋找aporo，當他們發現aporo頭作為祭品時，便展開報復屠殺阿美人，並掠奪了一個名叫lalajan的女孩，回到了kazekalan。

　　阿美人又再次出發獵取首級，將loai用矛刺傷，loai一直負傷逃亡，等回到南王故鄉時，才瞑目死去。……而ngiliu則娶了lalajan。

本傳說故事是卑南族與阿美族出草戰爭的故事，在古代原住民彼此之間的出草戰爭是很頻繁的，有時候還會俘虜敵方的女孩作為自己的妻子。

《老人的話知本卑南族發展史中的傳說》（上），Alton Quack 編，洪淑玲譯（1988）：⑥

　　……在知本人村落是adawajan時，是居住在阿美人的上面。那時候小孩子流行玩從山坡上將石輪滾下的遊戲，那些石輪一直滾，滾到了阿美人的居處附近，阿美

人就抓住了一個小孩，便把他藏在屋下的洞穴。

　　adawajan人便去阿美人村落一家家找，終於在有石輪痕跡屋子裡的洞穴找到了那個小孩，可是他全身發青，臉色蒼白，回去後的黃昏就斷了氣。從此便不再將阿美人視作兄弟姐妹，而將其看作是奴緣（papian）。

　　本則傳說故事敘述卑南族玩石輪的小孩被阿美族人藏在屋下的洞穴。當孩子被找到時全身發青，臉色蒼白，回去後的黃昏就斷了氣。從此以後卑南人便不再將阿美人視作兄弟姐妹，而將其看作是奴緣（papian）。

肆、卑南族與魯凱族之出草與戰爭

〈遭受大南人襲擊〉，《祖靈的腳步》，曾建次編譯：⑦

　　住在kazekalan的知本mavaliw氏族於tuavudu（在知本溫泉森林遊樂區西邊深山內）附近的tuahunal（在知本溫泉森林遊樂區西邊之山麓）地方狩獵，在歸途時經過ruvaruvangan，於是順便要求招待用餐，可是pakaruku家氏卻無任何準備，所以引起知本mavaliw氏族的怨恨，將附近所栽培的粟樹和果樹的根底全部切斷，導致土地上的作物全部枯萎而死，ruvaruvangan的人難以在該處繼續謀生。再加上由於建和人的lumaladas家氏誤信知本mavaliw氏族的勸導，要ruvaruvangan的人遷到kazekalan，所以他們就離開了ruvaruvangan。可是當他們一行人遷移過去時，又因人數過多而不被允許居住，因此全體只好遷到kazekalan西南方的pinahilid和tavutavuk。

　　來到pinahilid居住的人，在釘椿設村時事先並未取得大南魯凱族的容許。於是當大南人得悉自己的獵區被外人侵佔擅自設村時，心中自是十分不悅，於是大南人

趁著pinahilid的青年舉行大獵祭，夜宿於荒野草蓬時侵襲而來。

　　他們手持粗大長竹竿一聲不響地潛入蓬內，把躺在床上的青年人，用竿子在兩端壓住併列睡覺者的胸膛和臂膀，使躺者動彈不得，再趁勢逐一砍下頸項。蓬內這群青年除了一名啞巴倖免於難，其餘可謂全軍覆沒。原來那名啞巴早已發現有敵人入侵，只因無法表達且又受到同伴忽視，最後竟釀成如此重大災難。這些人受到大南部落的襲擊，終日驚恐，最後只得再移到海邊附近的kana-luvang（沼澤地）居住。

　本則傳說故事敘述住在ruvaruvangan的卑南族人移居到魯凱族之獵區pinahilid，引起魯凱族之不悅，遂利用卑南族青年舉行大獵祭，夜宿於荒野草蓬時侵襲，最後只有一名啞巴倖免於難。卑南族人最後只得再移到海邊附近的kana-luvang（沼澤地）居住。

伍、卑南族出草馘首之禁止

《生蕃傳說集》，佐山融吉、大西吉壽著(1923)，余萬居譯：⑧

　　古時，卑南社二兄弟出草，誤殺其父，兄弟痛悔，自此，出草之習大廢。另，又一次，masugusugu及kurasai二人與takeyasan交惡，出草去，途中，想到殺戮同族之非理，遂與之修好，不復出草，於是，同族出草被禁。

　本則傳說是敘述卑南族廢棄出草馘首習俗的故事，有兩兄弟誤殺其父，悔恨當初，自此，出草之習大廢。又masugusugu及kurasai二人與takeyasan交惡，本想去出草之，左思右想，終於想通殺戮同族之非理，遂與之修好，不復出草，於是，同族出草被禁。

陸、卑南族「卑南王」的傳說故事

〈卑南王的故事〉，《台北文獻》，黃師樵（1973）：⑨

　　在清道光年間，台灣盜匪橫行，搶奪族社姦淫婦女，當時幸有卑南王領導群眾，團結各社，將盜匪消滅。

　　一日一暹羅船在海上遇風，前來求救，卑南王令人前去相救，爲感念其恩德，暹羅人教其巫術並贈一錫杖，據說只要卑南王手持錫杖，在社外唸唸有詞，可使該社在三日之內瘧疾流行，眾人爲怕降禍，紛紛獻上禮物臣服，不敢有二心。

　　二年之後，英船欲往北京貿易，途中遇風飄流至卑南海域，透過翻譯，英人得知卑南王屢立奇功，實爲一英雄，願爲其代奏清帝。

　　二月後船已修葺，卑南王與英人一同進京，清帝見其相貌堂堂，封他爲卑南王，賜他黃龍馬褂、王冠。近半月後，卑南王始離京返台。

　　在其由福州坐船時，當地總督對其遭遇心生不滿，特意戲弄趁其酒醉將黃龍馬褂換爲戲服，但卑南王不自知著戲服回台。

　　因此一行，卑南王聲勢更爲大增，對人亦十分嚴厲，動輒斬首。不過其到五十歲即死，而其兒子性情仁弱，改以猴頭祭祀，自此卑南王的名聲已不足服眾社了。

本則傳說故事情節要述如下：

一、在清道光年間，台灣盜匪橫行，卑南王團結各社，將盜匪消滅。

二、卑南王曾相救暹羅船，暹羅人教其巫術並贈一錫杖，卑南王有了巫術與錫杖法寶，各社紛紛獻禮臣服。

三、英船遇風飄流至卑南海域，英人得知卑南王的勳績願爲其代奏清帝。

四、卑南王與英人一同進京，清帝封他爲卑南王，賜他黃龍馬褂、王冠。

五、卑南王入京近半月後始返台。

六、卑南王由福州坐船時，當地總督對其遭遇心生不滿，特意戲弄趁其酒醉將黃龍馬褂換爲戲服，但卑南王不自知著戲服回台。

七、卑南王上京見皇帝並似「卑南王」封號，聲勢更爲大增，對人亦十分嚴厲，動輒斬首。

八、卑南王五十歲即死，而其兒子性情仁弱，改以猴頭祭祀，自此卑南王的名聲已不足服眾社了。

【註釋】

① 尹建中《台灣山胞各族傳統神話故事與傳說文獻編纂研究》，1994.4。

② 曾建次〈卑南族歷史與傳說〉，載於行政院原住民委員會《第二屆全國原住民大專青年文化會議紀錄》，1999.8。

③ 同①。

④ 曾建次編譯《祖靈的腳步》，台中，晨星出版社，1998.6。

⑤ 同①。

⑥ 同①。

⑦ 同④。

⑧ 同①。

⑨ 同①。

第二七章

卑南族的情誼傳說故事

壹、卑南族與排灣族的情誼傳說故事

〈大武山排灣族東移〉，《祖靈的腳步》，曾建次編譯：①

　　kalapiyat沿著南邊的海岸一路走去，當他來到現在的加津林村（kechiling）時，看到兩對一大一小的腳印，納悶之餘，眼前忽然出現一對父子，一問之後才知道是由西南部大武山來的palang，是排灣族族長。他倆不懷好意，父親手握大刀邊走退邊觀察適當的地標物，正好來到大樹邊，大刀一劈，砍下記號並宣布：「我的獵區以此樹為疆界。」

　　kalapiyat立刻機敏地抱走那位排灣小孩往屯落跑去。經過十天之後，這孩子的族人由大武山脈的山峰翻山越嶺來到屯落要孩子。知本的先祖質問他們：「為何如此侵越我們的獵區？」這些人回答說因為他們嚮慕東方日出之地。知本人聽到後就加以訓斥，最後發出仁慈之心，吩咐族人帶隊把這些人安置在他們所喜愛的地方永久居留。

　　全隊幾十人於是往南走，到了現在的大竹村時，一部分的人自願留在tuhutuhu（tuhutuhu指現在台東縣大武鄉大竹村），意既茄苳樹林區。其他的則繼續往南走，到了kechiling（kechiling現在台東縣大式鄉加津林村），意即靠山邊的地方也留下一部分人員。其餘的再往南來到patsaval（意即沼澤區，現大鳥村），全部留下來定居。知本人並把墾地的工具和穀類、瓜類的種子全分贈予這批排灣族人做為日後生計之用。就這樣頭批的排灣族人由大武山向東移。

　　本則傳說是排灣族人的遷徙故事，排灣族人由大武山脈的山峰翻山越嶺來到卑南族的獵區，雖然知本人加以訓斥，但是最後還

是發出仁慈之心，吩咐族人帶隊把這些人安置在他們所喜愛的地方永久居留，例如：tuhutuhu（現在台東縣大武鄉大竹村）、kechiling（現在台東縣大式鄉加津林村）以及patsaval（現大鳥村）。

知本人還提供墾地的工具和穀類、瓜類的種子給排灣族人，就這樣頭批的排灣族人由大武山向東移。

貳、卑南族與日本人的情誼傳說故事

《老人的話知本卑南族發展史中的傳說》（上），Alton Quack 編，洪淑玲譯（1988）：②

> 日本人來台灣時在longkiao處上岸，排灣族人早在岸上等候，待他們一來就攻擊他們，差一點將日本人全部殲滅，活口的則跑到venkiat那求救，並藏身於此，排灣族人亦追查到venkiat，並問他知不知道日本人的下落，他說不知道，但排灣人卻將他殺了，日本人就將venkiat的兒子帶到台南去唸書。

本則傳說故事是排灣族與日本人作戰的故事，日本人戰敗，逃到venkiat那裡求救，並藏身於此，排灣族人也追查到這裡，並且殺了venkiat。後來venkiat的兒子被日本人帶到台南去唸書。

傳說中「卑南王」曾經統馭過東台灣，惟日據時「卑南族對外族的進入，只要是善意過來的，皆不曾過發生爭戰，反而展現出好客及熱情的一面。因此在歷史中，並無激烈的抗日或抗中的事件發生」。③

參、卑南族與荷蘭人的情誼傳說故事

〈荷蘭人到屯落〉，《祖靈的腳步》，曾建次編譯：④

> 定居於屯落時代裡發生了與其他民族接觸之種種事蹟。

　　tuku 的後代與荷蘭人在知本海邊的沼澤地帶曾有初步接觸，大約是在荷蘭人入侵台灣的初期（公元一六四一年左右）。當時荷蘭人在知本海邊不斷用望遠鏡向山上觀望，發現在屯落位置有個閃閃發亮的光體，並隱約看到一些建築物。於是下船和 tuku 的後代比手畫腳，問及如何才能到達那個屯落。在荷蘭人未被帶往屯落之前，村民注意到與自己髮膚臉貌不同的這些外族人，其一舉一動都引起他們的注意和好奇。

　　白天在田園工作的時候，忽然聽到「碰碰」如雷之聲響，族人仰天觀望並無下雨跡象，卻見田野中的水鹿隻隻應聲倒地死亡。族人不知這些外族人是何方神聖，竟然只舉起木棒動物就應石斃命。大家好奇地圍著荷蘭人而坐，又見荷蘭人嘴裡冒出煙來，驚問道：「那是什麼？」荷蘭人答：「tabako」。

　　族人好客，將白天射殺的水鹿當作上等菜餚請他們。這些荷蘭人亦禮尚往來，將從台南安平帶來的美酒給族人品嘗，並把空酒罈贈予族人留念。

　本則傳說故事是卑南族人與荷蘭人初步接觸的情形，族人對於與自己髮膚臉貌不同的這些外族人，以及槍枝等器物等都感到好奇。兩族彼此交往甚歡。卑南族人以水鹿等獵物款待荷蘭人，荷蘭人亦禮尚往來，將從台南安平帶來的美酒給族人品嘗，並把空酒罈贈予族人留念。

　據曾建次說：「此酒罈原被 pakaruku 氏族後代之司祭 asiver〔高順德〕所保存，民國三十八年國民政府推行「家庭生活改進」時，鼓勵將舊東西一概丟棄。所幸該酒罈仍被保留到民國四十二年，當時又有人到部落蒐購古物，差點賤賣給商人。恰巧有瑞士籍傳教士將其高價收買，該傳教士病逝前交由知本人保存」。⑤

【註釋】

① 曾建次編譯《祖靈的腳步》，台中，晨星出版社，1998.6。

② 尹建中《台灣山胞各族傳統神話故事與傳說文獻編纂研究》，1994.4。

③ 曾建次〈卑南族歷史與傳說〉，載於行政院原住民委員會《第二屆全國原住民大專青年文化會議紀錄》，1999.8。

④ 同①。

⑤ 同①。

國家圖書館出版品預行編目資料

卑南族神話與傳說／達西烏拉彎・畢馬著．；－
－初版.－－台中市：晨星，2003〔民92〕
面；　　公分.－－（台灣原住民系列；51）
著者漢名：田哲益

ISBN 957-455-477-5（平裝）

539.529　　　　　　　　　　　　92010513

台灣原住民系列　51

卑南族神話與傳說

著者	達 西 烏 拉 彎　・　畢 馬
文字編輯	薛 尤 軍
美術編輯	柳 惠 芬

發行人	陳 銘 民
發行所	晨星出版有限公司
	台中市407工業區30路1號
	TEL:(04)23595820　FAX:(04)23597123
	E-mail:service@morning-star.com.tw
	http://www.morning-star.com.tw
	郵政劃撥：22326758
	行政院新聞局局版台業字第2500號
法律顧問	甘 龍 強 律師
製作	知文企業（股）公司　TEL:(04)23581803
初版	西元2003年9月30日

總經銷	知己實業股份有限公司
	〈台北公司〉台北市106羅斯福路二段79號4F之9
	TEL:(02)23672044　FAX:(02)23635741
	〈台中公司〉台中市407工業區30路1號
	TEL:(04)23595819　FAX:(04)23597123

定價290元
（缺頁或破損的書，請寄回更換）
ISBN 957-455-477-5
Published by Morning Star Publishing Inc.
Printed in Taiwan

請填妥後對折裝訂，直接投郵即可，免貼郵票。

廣告回函
台灣中區郵政管理局
登記證第267號
免貼郵票

407
台中市工業區30路1號

晨星出版有限公司

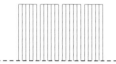

------ 請沿虛線摺下裝訂，謝謝！ ------

更方便的購書方式：

(1) **信用卡訂閱**　填妥「信用卡訂購單」，傳眞至本公司。
　　　　　　或　填妥「信用卡訂購單」，郵寄至本公司。

(2) **郵政劃撥**　帳戶：晨星出版有限公司　帳號：22326758
　　　　　　在通信欄中填明叢書編號、書名、定價及總金
　　　　　　額即可。

(3) **通　　信**　填妥訂購人資料，連同支票寄回。

◉如需更詳細的書目，可來電或來函索取。
◉購買單本以上9折優待，5本以上85折優待，10本以上8折優待。
◉訂購3本以下如需掛號請另付掛號費30元。
◉服務專線：(04)23595819-231　FAX：(04)23597123
　E-mail:itmt@ms55.hinet.net

◆讀者回函卡◆

讀者資料：

姓名：_____　　性別：□ 男　□ 女

生日：　／　／　　　　　　身分證字號：_____

地址：□□□_____

聯絡電話：　　　　　（公司）　　　　　　（家中）

E-mail _____

職業：□ 學生　　　□ 教師　　　□ 內勤職員　□ 家庭主婦
　　　□ SOHO族　□ 企業主管　□ 服務業　　□ 製造業
　　　□ 醫藥護理　□ 軍警　　　□ 資訊業　　□ 銷售業務
　　　□ 其他_____

購買書名：_____

您從哪裡得知本書： □ 書店　□ 報紙廣告　□ 雜誌廣告　□ 親友介紹

□ 海報　　□ 廣播　　□ 其他：_____

您對本書評價：（請填代號 1. 非常滿意　2. 滿意　3. 尚可　4. 再改進）

封面設計_____版面編排_____內容_____文／譯筆_____

您的閱讀嗜好：

□ 哲學　　□ 心理學　□ 宗教　　□ 自然生態　□ 流行趨勢　□ 醫療保健
□ 財經企管　□ 史地　　□ 傳記　　□ 文學　　□ 散文　　□ 原住民
□ 小說　　□ 親子叢書　□ 休閒旅遊　□ 其他_____

信用卡訂購單（要購書的讀者請填以下資料）

書　　　名	數　量	金　額	書　　　名	數　量	金　額

□VISA　　□JCB　　□萬事達卡　　□運通卡　　□聯合信用卡

● 卡號：_____　● 信用卡有效期限：_____年_____月

● 訂購總金額：_____元　● 身分證字號：_____

● 持卡人簽名：_____（與信用卡簽名同）

● 訂購日期：_____年_____月_____日

填妥本單請直接郵寄回本社或傳真(04)23597123